读客文化

Babel: Around the World in 20 Languages
Gaston Dorren

人类语言的故事

为什么大多数语言都管妈妈叫"mama"？
一本书满足你对人类语言的全部好奇！

[荷] 加斯顿·多伦　著

阎佳　译

文汇出版社

图书在版编目（CIP）数据

人类语言的故事 / （荷）加斯顿·多伦

(Gaston Dorren) 著；闫佳译 . — 上海：文汇出版社，

2021.6

  ISBN 978-7-5496-3532-0

  Ⅰ . ①人… Ⅱ . ①加… ②闫… Ⅲ . ①语言学 – 研究

Ⅳ . ① H0

中国版本图书馆 CIP 数据核字（2021）第 088470 号

BABEL: AROUND THE WORLD IN 20 LANGUAGES By GASTON DORREN
Copyright: © Gaston Dorren, 2018
First published in Great Britain in 2018 by Profile Books, 3 Holford Yard, Bevin Way, London, WC1X
9HD www.profilebooks.com.
This translation is published by arrangement with Profile Books.
Through Andrew Nurnberg Associates International Limited.
Simplified Chinese edition copyright:
2021 Dook Media Group Limited
All rights rerserved.

中文版权 © 2021 读客文化股份有限公司

经授权，读客文化股份有限公司拥有本书的中文（简体）版权

著作权合同登记号：09-2021-0449

人类语言的故事

作　　者 / ［荷］加斯顿·多伦（Gaston Dorren）
译　　者 / 闫　佳

责任编辑 / 徐曙蕾
特邀编辑 / 王小月　　阙先婕　　赵芳葳
封面装帧 / 张　璐

出版发行 / 文汇出版社
　　　　　上海市威海路 755 号
　　　　　（邮政编码 200041）
经　　销 / 全国新华书店
印刷装订 / 三河市龙大印装有限公司
版　　次 / 2021 年 6 月第 1 版
印　　次 / 2021 年 6 月第 1 次印刷
开　　本 / 890mm×1270mm　 1/32
字　　数 / 294 千字
印　　张 / 12.5

ISBN 978-7-5496-3532-0
定　　价 / 52.00 元

侵权必究
装订质量问题，请致电 010-87681002（免费更换，邮寄到付）

目　录

第六名　孟加拉语 / 2.75亿使用者　　247

世界上几乎所有地区，总有一种文字占主导地位，除了南亚。论南亚的书写系统，没有哪个地方比西孟加拉邦更多样化。如果你正考虑去大城市之外的地方来一场文字探险，那西孟加拉邦就再适合不过了。

第五名　阿拉伯语 / 3.75亿使用者　　271

许多欧洲人认为阿拉伯世界是典型的"他者"，说着典型的"番邦话"。但阿拉伯人认为他们的语言就是世界，他们对自己语言的崇拜之情，连法国人都略逊一筹。

第四名　印地-乌尔都语 / 5.5亿使用者　　291

印地语和乌尔都语是一对双胞胎，但一如印度与巴基斯坦的分开，它们必须也必然是分开的。作者把印地语和乌尔都语当成一种语言讨论，是他在动手脚吗？或许有那么一点点吧。但真正动手脚的人并不是他。

第三名　西班牙语 / 5.75亿使用者　　311

西班牙语是一种占有欲很强的语言。从英语使用者的角度来看，西班牙语大概是本书介绍的语言里他们最容易掌握的一种。作者提醒我们，其实也没那么容易。西班牙语也有能让你泪流满面的地方。

第二名　汉语（普通话）/ 13亿使用者　　327

中国正在吸引全世界的目光，把赌注押在它上面肯定不会输，所以，会说汉语必定是一项值得拥有的技能。但如果你要问："汉语会成为下一个全球性的通用语吗？"这又是另一回事了……

第一名　英语／15亿使用者

英语大量借用了各种语言的词汇，所以没有任何一种语言跟它足够相似，能让以英语为母语的人轻松学会。说葡萄牙语的人能轻而易举地学会西班牙语，但说英语的人，大多数都只会说英语这一种语言。

前　言

20种语言：半个世界

　　盘点这世界上有多少种语言，就像盘点这世界上有多少种颜色一样困难。全球有数十种标准化语言，如英语、法语、俄语和泰国语。清点它们的总数，就像数出蒙德里安（Mondrian）画作里的颜色一样简单。[1]但大多数语言从未有过标准化。不少地区都有着种类繁多的地方语言，判断一种语言和另一种语言的分界处，就跟在透纳（Turner）的画作里判断不同的颜色一样困难。[2]所以语言的总数不可能有一个确定的数目。按普遍估计，当今世界，人们用来对话和签名的语言有6000种——平均每125万人使用一种语言。[3]这是多么惊人的多样性啊——我们生活的世界，多么像是通天塔垮掉之后

1　蒙德里安是几何抽象画派的先驱，其代表作是若干种颜色方块的构图，故有此说。——译者注（本书注释如无特殊说明，均为译者注）
2　透纳是英国风景画家，他的画作几乎很难辨别出物体的轮廓，颜色的过渡也非常微妙。
3　本书保留了英文原版书中有关语言的种类、使用人数等数据（作者统至2018年）。

的巴比伦啊！[1]

可真的是这样吗？这里还有另一项统计数据：只要熟练掌握4种语言——英语、汉语、西班牙语和印地-乌尔都语——你就可以在世界上大部分地区通行自如，根本用不着翻译。印地-乌尔都语和汉语在世界上两个人口最多的国家里可谓无人不晓，西班牙语在美洲的大部分地区能很好地为你服务，英语是我们拥有的最接近全球通用语的语言。有人可能会想，巴比伦也无非如此罢了。

世界上最主要的语言（也就是本书的主题）正导致数百甚至上千种小语种走向衰落。这是一个悲剧，随着小语种在各大洲遭到淘汰，文字、故事和名字里所囊括的宝贵知识——用阿洛克·拉伊（Alok Rai）的话来说，"这些是人所生活世界中的微妙结构"——也消失了。与此同时，主流语言本身所代表的语言、文化和历史的多样性，也远远超出了人们通常的认识。这种对比，赋予本书甜蜜而苦涩的复杂滋味：书中描述的20种语言既美味又危险。

这些语言构成了世界上至少一半人口的母语。若把第二语言的使用者考虑在内，这个数字还要大得多。毫无疑问，具体的数字存在争议，但这么说应该很保险：地球上至少有75%的人能够用本书所提及的20种语言中的一种进行交流。还有一个不太切题但更为准确的数字是这样：超过90%的人类所生活的国家，其中央政府规定使用这20种语言中的一种或多种。

这些主要语言是怎样发展到今天的地位的呢？不同的语言，有着不一样的故事，但大多数都有一个共同点：它们是通用语——也就是在持不同母语的人之间架起沟通桥梁的语言。

---

1 在《圣经》故事里，人们本来使用同一种语言，齐心合力修建高塔，后来上帝让人们的语言产生变异，彼此无法沟通，无法继续修建高塔。

本书提到的两种通用语——斯瓦希里语和马来语，起初是以贸易语言的身份发展起来的。后来，一些政府将其作为行政语言使用，但即便是今天，它们也大多是使用者的第二语言（桥梁语言），而非母语。但是，通用语的主要创造者和推行者，始终是帝国主义——波斯语、葡萄牙语和英语都是这样从摇篮中一路成长起来的。其他亚洲语言也经历过类似时期：阿拉伯帝国传播了阿拉伯语，中国历代王朝传播了汉语，奥斯曼帝国传播了土耳其语，越南国王和军队传播了越南语。跟葡萄牙语和英语一样，其他欧洲语言也依附于殖民帝国。西班牙语和法语由海路传播，而俄语则从陆路传播。而且历史从不改变它的做派——至少，南印度的民众这么想，故此，他们强烈反对把印地语发展为全印度通用的语言。

至此，我已经提到了13种语言。剩下的7种语言分别是德语、日语、爪哇语、韩语和南亚的3种语言：孟加拉语、旁遮普语和泰米尔语。把这些语言归类为通用语显得有些过头，它们的共同点是恰好占据了人口密集的地区。

如果说，书中提到的这20种语言以不同的方式取得了胜利，那只是它们多样化的开始。不足为奇，所有的语言在构成的词汇、所用的语法和传播的声音上都不一样。它们的书写系统不仅在样子上千差万别，在功能上也大相径庭。人们对自己的语言有不同的集体感受：我们能从中感受到尊敬、自豪、保护，有时也有冷漠，但还有（尤其是对将之作为第二语言的人来说）臣服，甚至厌恶。语言会付诸不同的用途：大多数（但并非所有）受政府和企业欢迎；有些有着悠久丰富的文学传统，有些没有；有些靠着数代移民维持，另一些则很快遭到放弃。所有的语言都展现出内部的多样性，但模式不同：一般来说，它们有着地方差异性；有时候，一种用于口头表达，一种用于书面表达；有时候，一种用于正式对话，一种用于非正式交谈；或者，对位高权重者、对下级或平辈，各有不同的版本，反之亦然。换句话说，除了是一种独特的交流系统，本书提及的20种语言，每一种同样也有自己的历史和文化。它们自成格局。

在接下来的20章中，我将深入其中的每一个世界，从最小的世界开始，逐渐迈向最大的世界——全世界的"语言超级大国"。尽管每个故事都聚焦于一种语言，但它还聚焦于一个议题，聚焦于该语言的一个具体特点。例如，说俄语和英语"相关"，到底是什么意思？印度和中国的非字母文字，是怎么起到跟26个字母一样的作用的呢？如果比利时和加拿大难以维系语言和平，像印度尼西亚这样的多语言国家是怎么做的呢？小国葡萄牙是怎么孕育出一种世界主要语言的呢？荷兰为什么没做到？为什么日本女性跟男性说话不一样？本书作者是怎么冒出两个越南侄女来的？

本书用法

每一章开头会先对该语言做简短的概要介绍：它的各种名称、语言谱系、使用者人数、一些基本语法、声音和文字系统，以及外来语信息（借用外来语的主要来源，英语的哪些词是来自这种语言的）。当然，由于语言的统计数据很不稳定，这些数字都有商榷的余地。我参考了很多资料，忽略了那些似是而非的异常值，我采用了其余数字的平均值，并把结果四舍五入成最接近的数字。

如果不使用国际音标，要表示外语中不熟悉的声音很难，然而非专业人士一般并不认识国际音标。我使用了两种方法处理这个问题。大多数情况下，我会参考英语拼写惯例（如，使用bee中的/ee/来表示长音）或一些"大陆式"拼写（相同的发音可以用/i/来表示，甚至有一些段落元音长度至关重要，我会使用/ī/），以近似的方式表现外语词汇的发音。有少数情况没法这么做，我会把参考发音放到自己的网站（languagewriter.com），在菜单"BABEL"下，有一个声音文件的页面。

在引用单词、短语或句子作为例子时，我尝试按以下方式保持排版上的一致性：

BABEL	大写字母：外语单词。但是为了便于阅读，整个句子用斜体引用。
Babel	斜体：英语单词，以及其他语言的句子。斜体还用来表示强调。
/baybl/	斜线：语音近似。
"Babel"	引号：单词的英语翻译。
（Babel）	如果英语翻译放在括号里，则不加引号。[1]

准确地说，本书中有一半的语言是用罗马字母之外的文字书写的。俄语、中文等语言的单词，是音译或抄录的。有若干语言分别流传着一种以上的体系。所以，如果你觉得本书中提到的韩语、日语或阿拉伯语跟你学过的有些不同，原因或许在这里。

这本书中引用的许多外来单词都让我费尽心思，但它仍然可能包含了拼写错误，尤其是非欧洲语言。读者若能对此加以更正，

1　根据国内编校出版规范，上述说明调整为：
　BABEL 大写字母：外语单词。
　Babel 正体：英语单词及句子。
　Babel 斜体：除英语之外的外语单词及句子。
　/baybl/ 斜线：语音近似。

我会非常感谢（可通过我网站上的联系页面languagewriter.com告知），这将为后续版本和翻译提供信息。同时，这些错误的存在也是一件值得欣慰的事，这是我们仍然生活在巴别语言变乱时代的证据。

加斯顿·多伦（Gaston Dorren），2018

第二十名

越南语

Vietnamese
TIẾNG VIỆT

8500万使用者

以越南语为母语的人士，约有7500万居住在越南，这是该国唯一的官方语言；还有50万住在柬埔寨。大约有200万越南人居住在美国，还有相当数量的越南人居住在法国、澳大利亚、加拿大、德国、捷克共和国和英国。在越南，还有大约500万～1000万人以越南语作为自己的第二语言，他们大部分是该国少数族裔（少数民族）。

越南语

自称　TIẾNG VIỆT，有时为TIẾNG VIỆT NAM或VIỆT NGỮ。

语系　越南语属于南亚语系（柬埔寨的国家语言高棉语也属于南亚语系），是该语系中迄今为止使用人数最多的语言。在整个东南亚和印度东部地区，少数民族使用着100多种较小的南亚语系语言。

书写方式　含大量变音符（重音）的罗马字母。直到20世纪初，越南人使用的仍是一种以汉语为基础的字符书写方式。

语法　见正文。

发音　见正文。

外来语　在越南有成文历史之前，农耕时代的术语是从邻近的泰国语中引入的。在差不多两千年的历史中，越南语从汉语中借用了大量的词汇，这一时期到20世纪中叶才结束；据估计，30%～60%的越南语词汇源于汉语。在法国殖民统治期间，越南语又将大量法语单词改为越南语音和拼写。在今天，英语单词慢慢地出现在越南语里。相关示例请参见正文。

语言输出　英语会使用越南语单词来指代越南文化元素。最著名的可能是pho（PHỞ，越南米粉），这是一种很受欢迎的汤菜。在越南战争期间，一些越南语词汇短暂地渗透到美国军事术语中，如di di（ĐIĐI）指代"离开"，Quan Canh（QUÂN CẢNH）指代"宪兵"，so mot（SỐMỘT）指代"最好的"，也就是"第一"。

口音障碍　越南语在语法方面放诸各地皆准，但在发音和词汇方面存在很强的地域多样性。对于学习这门语言的学生而言，主要的障碍是这样：判断主要几种口音很容易，但是理解很难，尤其是南方口音。事实上，哪怕母语是越南语的越南北方人，也很难应付一些不太熟悉的南越方言。标准发音混合了若干南部特点，但更侧重于北部特点。

20　越南语

语言登山

　　我在河内停留了三个星期，时间过去一半的时候，我听见自己说："*Bác học tiếng Việt một năm và ruỗi*——不，等等——*ruỗi–rồi nhưng chưa có thể nói không được!*"

　　我的话说得断断续续，但我看到老师鸾（Loan，发音是"lwahn"）点点头，所以我可能真的把我想说的话说了出来：我已经学了一年半的越南语，但还是不会说。但我真的做到了吗？如果是这样，那我刚刚说出了一句迄今为止说得最长也最自相矛盾的越南话。

　　鸾沉默了一两秒，接着摇摇头："我们来纠正一下。"

　　我按捺下心里的失落感，努力让自己的回答听起来轻松愉快："怎么了？你觉得'我不会用越南语说话'这句话说错了？"

　　"这个句子有几个不对的地方，"她逐一为我点明，"现在再试试。"

　　"*Bác học tiếng Việt một năm rưỡi rồi nhưng chưa thể nói được.*"

　　我喜欢跟着鸾学习。她不仅英语说得好（虽说这可能是一把双刃剑），而且还活泼、有趣，对学习语言充满热情——不管是学生学，还是她自己学。我们一起去了博物馆、书店和餐馆，她甚至把我介绍给她的几个朋友。她是位敬业的老师，毫无疑问，她有时也挺严厉。她不爱表扬我取得的进步，而是坚信她的失望能激励人进一步学习。她会说："*bác*（大叔），你怎么会不知道那个词呢？我们昨天才刚刚读到过！"

"没错，我们是读过，但我不可能记得住我们碰到的每一个单词啊，*cháu*（侄女），哪怕是一半，我也记不住！学习越南语词汇太*khó khan*——太难了！"

"你应该记得住的。你是个很好的学生呀！"

我坐起身。

"但你的对话技巧确实没有多大提高。"

我又变得泄气了。

"当然你还是有进步的，你的发音肯定进步了。"

但并不是现在，现在的我毫无进步，因为这少见的恭维让我一句话也说不出来。

可我为什么要来到跟家人和朋友远隔万里的越南，挣扎着学习一门只有怪中之怪的怪咖外国人才胆敢一试的外国语呢？答案是：为了这本书。

正如我在前言中提到过，一个人只需要学习20种语言，就能跟全世界一半的人以其母语进行交谈了。有些人真的做到

位于河内市中心的玉山祠。几个世纪以来，大多数越南书面文字都是用古汉字来书写。其改编版至今仍在越南语中使用。

了这样的事。我曾与通晓多种语言的美国人亚历山大·阿格勒斯（Alexander Argüelles）握过手，他能说这20种语言里的十六七种，外加好些并不在这20种之列的语言。就我个人而言，我曾在人生的不同阶段分别学习过这20种语言中的7种（英语、德语、西班牙语、法语、葡萄牙语、俄语和土耳其语），有些语言使用得很流利，也有些语言只不过称得上是熟悉（后一种情况更多）。想到有机会涉猎全部的20种语言，我有一阵颇觉心动。但很快我就意识到，哪怕只是掌握这20种语言的最基础部分，我的出版商、银行账户甚至是我的预期寿命都不允许。所以我决定只尝试其中一种——但这一种也进行得很难。

越南语似乎是个不错的选择。与阿拉伯语、印地语和韩语等大多数其他选择不同，它不需要学习全新的字母表，也不需要学习数千个汉字。再加上越南语将会是开篇的主角，我能从一开头就深入介绍外国语言的许多特点。还有一个我私人的动机是，我希望能用家里越南清洁女工泰雅特（Tuyet）的母语，出其不意地跟她说上一番话。于是，我拿定了主意，选了一本感兴趣的自学书[1]，开始了我的旅程。本章便叙述了那一趟旅行。

最初的相识

书面越南语给人留下了深刻的第一印象：据我所知，没有其他语言有这么多的变音符。小时候，我觉得爸爸的《巴黎竞赛画报》（*Paris Match*）充满异国情调，因为里面有着数不清的*é*、*à*和*î*，以及

---

[1] 谢谢阿希米尔（Assimil）为我提供了他们的越南语课程。在本书最后的"主要参考文献及推荐阅读"部分，我列出了自己使用过的学习资源。——作者注

无穷无尽的撇号，但跟越南语比起来，法语显得朴实无华。越南语有不少于9种不同的变音符（á、à、ả、ã、ạ、â、ǎ、đ和ơ，对最后一个，我喜欢它非正式的名字，"长胡子的o"），这是一门眼尖的人才学得好的语言。有若干变音符的单词甚至字母一点也不稀罕：我很快发现，泰雅特的名字其实得拼成Tuyết（它的意思是"雪"）。

为保证发音正确，这些变音符必不可少，但它们也增加了记忆负担。好在书面越南语似乎也有加分的一面：几乎所有的单词都是单音节。单词最多只有6个字母，肯定比长得像蜈蚣的德语、俄语和土耳其语单词好记住。

还有一些好消息：跟英语不同，越南语的拼写相当准确地反映了发音，但不是所有的拼写规则都符合直觉。一个/z/的发音，写法却有3种——可为什么字母z反倒不在其中？此外，为什么/k/的发音也有3种不同的写法？（不过，英语里其实也一样，我们写can、keen和queen，而不是kan、keen和kween。）越南语另一个复杂之处是t和th的区别，前者发音为/t/，后者发音是/tʰ/（也就是/t/加少许出气音）。在英语里，我们把两者都写成t，越南语想表达得更精确些，我们似乎没法抱怨。

总体而言，要不是房间里有头大象，我会说越南语的发音很简单。这头又胖又大还唱着歌的大象，便是大多数东亚语言折磨人的地方：声调。每个单词都必须按照一个声调来发音（越南语总共有六声）。我事前就知道这一点，但我原本以为，既然我的母语是一种带声调的地方语言——林堡语（在荷兰、比利时和德国的少部分地区使用），我应该能从容对付它。别做梦了：越南语的六声跟我习惯的微不足道的两个声调完全不同。如果使用了错误的声调，"这儿"就变成了"那儿"（ĐÂY，ĐẤY），ĐI的意思就从"去"变成了"妓女"（ĐĨ）、"阴囊"或"虐待"（后两者发音都为"ĐÌ")。好在越南语的拼写有所帮助：9个变音符中有5个表示正确的声调；如果没有这5个变音符，那就表示第6声。这样一来，书写越南语，就必须同时写出字符和变音符。

越南语的语法里有个狡猾的东西。我从经验知道，学习各地的语言都要付出辛苦的努力。比方说，大多数欧洲语言的严峻考验是动词的词性变化。越南语没这回事：你只需要加上几个绝不会改变的简单助词，而且往往还可忽略。像拉丁语、希腊语、斯拉夫语和德语中的词格呢？越南语里完全不存在。斯拉夫语[1]、丹麦语和德语的不规则复数怎么样？据我们所知，越南语根本就没有复数形式。所有这一切可以总结为：没有词尾变化！越南语的单词始终都是一个样，它们从无变化。难以置信，但一点不假。

但就在我开始指望越南语比我想象的要简单的时候，几个磨人的小妖精出现了。

小妖精1：人称代词，也就是……见鬼，我们从哪里开始呢？越南语代词的问题是，它太多了。你不能简单地说"我"和"你"——相反，有大量的"我"和"你"可供选择，部分取决于性别，但也取决于尊称和年龄。你选择的代词创造了特定类型的关系。哪怕你用最中性的"我"（TÔI）来形容，它也并非真正的中性，因为它让你听起来冷漠得可怕，没法赢得朋友。

比中性代词或远距离代词更常见的是那些表示各种家庭关系的代词。如果你比我年长，我会称呼你为ANH（哥哥）或CHỊ（姐姐），同时自称为EM（小辈，弟弟或妹妹）。但是，如果你更年轻，我会叫你EM，并自称为ANH（如果我是男性的话）。请注意，这3个词的意思，既可以是"我"，也可以是"你"，这取决

1　请注意，斯拉夫语在许多方面与越南语完全相反。——作者注

于是谁在对谁说话。如果越南语对话中的人物使用这些代词，首先要做的是根据上下文找出谁年轻、谁年长，这样你才能判断哪个代词指的是谁。如果年龄差距更大，会使用另外几个完全不同的词汇。在上面的对话中，我和鸾互称BÁC和CHÁU（前者的字面意思是叔叔/嫂嫂，后者是"侄女/侄子"）的原因是，我和她父母的年龄差不多。顺便说一句，我在对话中加入这些词不是为了渲染地方色彩：越南人说英语也经常使用它们。

第二个小妖精是我所说的"迷宫般的句子"。诚然，当你开始学习一门新语言的时候，感到毫无头绪很正常。但对其他语言，就算不明白单词的意思，我通常也能分辨出它们是什么种类的单词。无数的信号——词尾、相邻的冠词和代词等——能帮助我分辨出，自己到底是被一个动词难住了、被一个名词迷惑了，还是被一个形容词搞垮了。这令人感到欣慰，也很有用处，就像能够从黑暗中辨认出模糊的形状。可由于越南语没有词尾，没有冠词，而有太多的代词，在一个句子里彻彻底底地迷失再容易不过了。

我很快发现了另一个难题。许多常见的越南语词汇可以是动词、名词、介词，甚或其他词性，而词义既可能相关，也可能毫无关系。CHỈ可以是"指"（to point），也可以是"只"（only）。Ở通常意味着"在"（at），但也可能意味着"to be""to stay"（在汉语中也都可以译为"在"）。LÀ可以指"to be"（is、are、was等），也可以指"that"，比如"she said that..."ĐƯỢC则有着太多的含义和语法目的，当地人告诉我，只有通过大量的练习，才能对它培养出一点感觉来。

还有另一个小妖精：词序。基本的词序是小儿科：主语、谓语、宾语，跟英语一样。形容词跟在名词后面，跟英语不同，但跟法语或西班牙语类似。遗憾的是，其他类型的越南语词汇和短语，在位置偏好上既模糊又无常。有一个意思是"非常"的词，放在形容词之前（RẤT LỚN，"非常大"的意思），另一个同义词则只能放在后面（LỚN LẮM，意思是"大非常"）。KHI NÀO（当，when）放在句末，往往指回到过去，而它着眼于未来时，则多放在句首。有一个过去时态助词放在动词之前（ĐÃ），另一个放在之后（RỒI）。诸如此类，无穷无尽。

发音和语法有难的地方，但也有不少容易的地方。而词汇方面容易的部分就少之又少了。考虑到19世纪末以来欧洲对越南的影响，我本指望能发现很多外来词。可惜这只是个美好的愿望。除了外国名字和少数罕见的外来词，越南语的字词都由1~6个极为陌生、令人费解的字母构成，只能死记硬背。我不知道这样的前景对我的学习动力能有多大的提升。

我在现实生活中跟这门语言的初次接触，也对我的学习动力毫无帮助。我刚刚做了一场TED演讲，主题是多语言能力对个人和群体的益处，讲演过程中，我简要提到了我在学习越南语过程中的一些趣事。就在这时，一个东亚模样的年轻男子友好地向我打招呼。他说的话我一句也听不懂。他好心地切换成了德语，解释说自己刚刚是用母语跟我问好——实际上，那是我在第一堂越南语课上学到的一句短语，只可惜我没能听出来。过了一段时间，我用越南语向家里的清洁女工泰雅特问好，她的反应与其说是惊喜，倒不如说是愤怒。我猜，我选择的代词暗示她比60岁的实际年龄要小，这在越南文化里并不恭敬。

经过半年的挣扎，到了4月初，我叫了暂停。

疏远与重识

　　整个夏天，直至着手写这本书的时候，我对越南语都提不起兴趣。但这几个月，我还去了欧洲边缘的几个地方，当地使用相对较小的语种（保加利亚语、挪威语、爱尔兰语），我感觉自己对语言的饥渴感又回来了。随着越来越临近写越南语的章节，我开始讨厌自己这么快就摇白旗。3月里一个凉飕飕的晚上，我一边在健身房喘粗气，一边下定决心：我还是得把这条线索拾起来，但要找个更能激励人的条件。我要给自己从网上找一个老师，还打算去越南旅行。就在同一个星期，我预定了来年3月去越南的机票和住宿。通过italki.com，我联系上了慧妍（音译，原文是Huyền），她说自己是一个"偶然通晓多种语言的人"。她在找西班牙语老师的时候遇到了自己的男朋友，因为他的母语是加泰罗尼亚语，所以她也掌握了这门语言。男友的父母使用加泰罗尼亚语的梅诺卡方言。跟他们说话时，她喜欢时不时地抛出这门方言里的一些元素。她似乎正合我意。

　　计划成功了。我们一对一的课程很有趣，因为我不想丢脸，所以我努力修正语法、更新词汇。好消息是慧妍能理解我在说什么。我自己说不了太多，但当我大声朗读句子，它们是可以被理解的。坏消息是，她说的话在我听来简直像是白噪声。她本身有极轻微的地方口音，但这只是个很小的问题，公平地说，真正的问题出在我身上，还有越南语。对任何语言，理解对话都是我最糟糕的一项。至于越南语，阅读时的障碍——没有词尾、没有冠词、代词太多——放到听上更加艰巨。此外，几组元音（ơ和â，e和ê，a、o和ă）的发音在我听来很类似，许多词尾的辅音我几乎听不出来：BÁT和BÁC我能靠读唇语分辨出来，而BẠT和BẠN连这个花招都没法使。

不学习的时候，我阅读跟越南语相关的书籍。我总算知道为什么越南语单词在西方人听来很少有耳熟的了。直到20世纪，汉语[1]仍然是越南语主要的借用来源。这部分是由于两千年的习惯，部分是由于语音上的相近，使得借用汉语相对容易。当然，对我来说，汉语单词和越南语单词一样陌生。不过，至少有一个词例外——慧妍告诉我，越南语里的"HIỆN ĐẠI"跟韩国品牌"Hyundai"源自同一个中文单词，它们同指"现代"。

可是，且慢：不是所有的越南语单词都应该是单音节的简短词语吗？事实证明，它们只是表面上如此。成千上万个单词实际上由两个音节组成，有时甚至更多。只不过每个音节都是分开写的，这是越南语用汉语方块字书写的时代留下的遗产，每个音节对应一个汉字。同一组字母的左右两边都留有空间，它既可以是一个单词，也可以是一个音节，完全取决于上下文。在英语里，这就好比把"context"（语境）写成"con text"，把"protocol"（协议）写成"pro to col"。

越南语里的俄语外来词少得惊人，我只发现了"kulak"（富农）、"soviet"（苏维埃）、"ruble"（卢布）和"tsar"（沙皇），在越南语里分别是CU-LẮC、XÔ VIẾT、RÚP、SA HOÀNG（字面意义的"沙俄皇帝"）。我最喜欢的是"Marxism-Leninism"（马克思列宁主义）：CHỦ NGHĨA MÁC-LÊNIN。

自从越南向以英语为主导的全球经济开放以来，一些英语词汇进入了越南语，比如internet（互联网）、photocopy（影印）、data（数据）、blog（博客）和golf（高尔夫）。但这是涓涓细流，

1　这里的汉语，作者使用的是"Chinese"一词，而不是普通话"Mandarin"。普通话并非越南语借用词汇的主要源头。中国南方语言扮演了更重要的角色。——作者注

并非洪水泛滥。对website（网站）、cyberspace（网络空间）和app（手机应用软件）这些在别处广泛使用的英语单词，这里常用的是本土术语。就连借用也会改成反映了越南语发音的全新拼写，像这样：IN-TƠ-NÉT、ĐA-TA、BỜ LÓC（blog）和GÔN（golf）。

如果说，这些拼写上的变化，让一些来自英语的外来语难以辨识，那么，对有着更长融入时间的法语外来语就更是如此了。在殖民时期（19世纪末和20世纪上半叶），数十甚至上百个法语单词进入了越南语，其中大部分是文化上的新奇之处和技术创新。你能认出以下单词吗？SÔ-CÔ-LA、SÂM BANH、MÙ TẠC、CÔNG-TẮC、GIĂM BÔNG、XI MĂNG、KEM、KI-ÓT、LƠ。[1]

如果说，越南语不喜欢直接从西方语言借用，而且喜欢把借用来的少数词汇加以本土化。那么，对一个刚接触这门语言的人来说，建立像样的词汇量差不多得从零开始，即便只是打个基础都要大费周章。我们不见得总能意识到，在学习法语、西班牙语或德语时，我们从一开头就具备了颇为可观的词汇量，从organisation（组织）到hygiene（卫生），从algebra（代数）到yogurt（酸奶）。诚然，到了欧洲语言的边缘地带，我们盘子上的礼物就已经没那么多了，但多亏了数百年来的文化交融，盘子里也并非全空：manager（管理者）和法语里指代"景观"的单词PAYSAGE，俄语和土耳其语里也都有。哪怕是更遥远的语言，如斯瓦希里语、泰米尔语和马来语，来自欧洲语系的词汇也绝不罕见。至于在我们看来极有异国风情的阿拉伯语，几个世纪的交流也带来了远超我们通常以为的共性（见"第5名　阿拉伯语"章节）。反过来说，在越南语里，

1　这些越南外来语的法语源头分别是：chocolat（巧克力）、champagne（香槟）、moutarde（芥末）、contact（接触）、jambon（火腿）、ciment（水泥）、crème（奶油）、kiosque（小亭子）和bleu（蓝）。——作者注

我们不得不跟MÙ TẠC和SÂM BANH打交道。

　　事实证明，语法更是比乍看起来更加棘手。比如"你住在这座漂亮的房子里吗"，在越南语里就有着一种完全不同的简单意味，从这儿走到那儿去要花上好几步。第一步：针对性别、年龄和尊称，为"你"选择一种恰如其分的形式。第二步：把"你"这个字放在最开头。第三步：如果这句话是疑问句，把英语里的"do"删除，在句尾加上问号。第四步：把"这座漂亮的房子"重新排序为"房子漂亮这座"。你看，就像这样：*Chị sống ở nhà đẹp này không?*

　　"差不多对了，"慧妍说，"只错了一个词。"啊，对了。那么还有第五步："房子"之前必须再加上个小东西，把"任意一座房子"的一般性概念变成我们正在说的这个具体例子。在英语里，限定词"this"就能很好地完成任务，但越南人往往坚持在名词之前加上一个所谓的"量词"，在本例中，量词是"CÁI"。渐渐地，我发现有些语法规则很复杂。量词就是个很好的例子，正确选择这些淘气的小东西，要受数十条语法规则的控制，更何况还有更加麻烦的例外。幸好，CÁI可以用于许多具体对象，但还有无数其他类别，每一种都需要一个不同的量词，书有书的量词，植物有植物的量词。有一个量词用来形容圆形的东西，比如鸡蛋和球，好吧，我觉得这个量词可以用来形容大部分水果——但为什么香蕉（它可不是圆的）竟然使用同一个量词？还有，为什么河流、刀子、眼睛和其他不同东西，在语法上表现得就像是动物？还有一些自负的名词，用什么量词都不行。我不知道这一类词是怎么定义的。

　　一些意外的语法很有趣（至少在某些人看来是这样）。比方说，在疑问句"how long was the snake"（这条蛇有多长）和"how scary was the snake?"（这条蛇有多吓人）中，越南语会用不同的词来发挥"how"的作用。长度可以测量，所以第一个问句可以说成是"the snake is long how much?"（这条蛇长多少）。反过来说，吓人程度无法非常精确地表达，所以第二个问句的正确措辞更类似："The snake is scary like how?"（这条蛇像是多吓人？）这让人想起英语里"many/few"与"much/little"的区别。越南人意识到，一条几厘米（few centimetres）长的蛇"little scariness"（不怎么吓人），而数十厘米长的蛇，就可怕得多。

　　虽说又努力了好几个月，我还是听不懂慧妍说的越南语。好在我的阅读技能在她的教导下小有改观。有些词的含义现在对我来说一目了然，无须有意识地在心理词汇表中检索。这样一来，句子的结构变得越发清晰。这倒不是说我能理解句意了。当我的眼睛扫过一行越南文字，我脑子里出现的画面大概像下面这样（每个数字代表一个单词，或是一个音节，谁说得清呢）：

1. 年轻的男性或女性；

2. 做某事；

3. 在；

4. 某个地方；

5. 已经（一定是过去时）；

6. 因为；

7. 他/她；

8. 想要；

9. được（老天哪，帮帮我，这个"được"可有99种意思——这里大概是被动语态？）；

10. 肯定是个动词，但搞不清是哪个；

11. 可以是任何东西；

12. 房子（或者家，或者专家）；

13. 摸不着头脑；

14. 搞不懂，我晕了；

15. much/many。

整个阅读过程差不多就是这样。

蹩脚的演出，你大概会这么说。但在某种程度上，我做得比谷歌翻译好些。一方面，谷歌翻译喷出来的都是纯粹的胡言乱语。它在代词上跌跟头，被语法弄得晕头转向，被大量的同音异义词搞得手足无措。"我只有在想大笑的时候才用它。"慧妍说。另一方面，谷歌确实知道上万的单词，所以在这一点上它比我有优势。

过了一阵，我还知道怎样在笔记本电脑和电话上输入越南变音符号（不过，它们用的是两套不同的系统，分别叫作VNI和Telex），没过几个星期，我就能像个老手那样召唤出ê、đ和ư了。

出发前几周，我去大使馆办理签证。我决定不用越南语说一句话，因为这一定会让自己难堪。在大使馆官员阅读我的申请时，我试着解读他身后的信息标志，但一无所获。那位官员抬起头说："学习语言？短短3个星期？"

几天后，两名旅居越南的欧洲人写的一本关于河内的书告诉我："做好心理准备，你花在越南语上的努力从一开头就不会得到认可。你努力想说越南语，可对方很可能回答你一句：'抱歉，我不会说英语。'"

真能糟糕到这个程度吗？管他的，反正我很快就会知道。

来到越南

我刚一摆脱时差的困扰，就喜欢上了河内。当然，这里又挤又乱又脏。它巨大，喧嚣得几近荒唐，也没有太多公园和历史建筑的点缀。轰鸣的小型摩托车和电三轮把持着这里的街道。发动机、喇叭、建筑工地和电话片刻不停地制造声响，在灰尘、废弃和水蒸气熬成的大气"浓汤"里持续振动。在这里步行是份苦差事，因为人行道差不多全被摩托车给占据了，它们总能以恰到好处的角度，把路给塞得满满的。剩下的空隙里摆满了一排排的衣服和其他商品，路边大排档的厨子、修理工和其他童用规格的家什物件，穿梭于此间的咖啡露台。

但无论如何我还是喜欢河内，而且全是因为这儿的人。首先，他们不会盯着你看，哪怕他们看到一个有着1.85米少见身高的西方面孔朝自己走过来。其次，在河内，只要忙着做自己的事，他们就不会理你。要是你接近他们，他们几乎总会礼貌地回应，基本上态度友好。（即便是我最不喜欢的摩的司机，在欺瞒哄骗期间也会努力维持友好假象。）倘若碰到语言障碍，他们有耐心，也能独出心裁地给予回答。不管我说了或者做了什么笨拙、在文化上有所冒犯的事，他们都很包容。一句话，河内人似乎按C调（C代表civil，文明）过着公共生活，经常还会调到F调（F代表friendly，友好）。当然，和其他所有人一样，他们偶尔也会弹奏愤怒的A调（anger）、忧郁的B调（blues），或是绝望的D调（desperation）。但他们不会根据这些音调调整自己的公众行为，只会从C调转到C小调，或是从F调转到F小调。一切令人耳目一新——我差不多可以说它是主调音了。

回到越南语。我的进展怎么样呢？我跟爱彼迎民宿Airbnb的女主人惠（Hùe）做了些迷你对话，但它们更多地建立在相互的善意而非真正的理解上。有一次，我跟管家聊天，感谢她帮我晾衣服，至少我是这么想的。实际上，一些语法错误让她觉得我是在请她帮我洗衣服——这是我后来从能说英语的房东丰（Phong）那儿知道的。

TB银行的标语里说"因为我们理解你"——这一回我总算读懂了。

但我正在学，慢慢地。大多数工作日，我会跟鸢花上两个多小时学习。在餐馆里，我用越南语点餐——但只要我提出问题，不管我用的是什么语言，餐馆里的人都会找能说英语的同事来救场。我跟出租车司机有一些基本的交谈，但大多数时间，我们双方都沉默地坐着。一整天，在家里、在街道上、在商店里，我看到越南语文字，一些牢牢地在我记忆里扎了根：THẺ是"（电话）卡"，SIÊU THỊ代表"超市"，XOÀI的意思是"芒果"，RỬA XE是"洗车"，HẠT SEN是"莲子"。我印象很深的地方是，英语单词在公共空间里极为少见，前殖民地语言法语更是基本上不存在。（关于殖民地语言的命运，我们将在"第12名　斯瓦希里语"章节详谈。）

　　我逐渐发现了尊重和礼貌之间的微妙之处。当鸾对我说"是"的时候，她用的词是VÂNG；反过来说，我应该用的正确回应词汇是Ờ或者Ừ。在句末，她经常加上A，它的唯一作用就是表达尊重，而尊重是由于——我比她年纪大。要是我用这个词对她说话，那就有点傻乎乎了。构成问句最常用的做法是把KHÔNG跟句子连在一起。在问她问题的时候，我可以用更随意的HẢ来代替KHÔNG，但要是她对我说话时这么做，那就可谓放肆。学习这些东西是越南人教育的一部分，要是孩子们太粗心或者太顽劣，违背了规矩，家长就会呵斥他们说了 *trống không*，这个词的意思是"空而且平"[1]。

　　对我来说，身为一个崇尚平等主义的西欧人，这种语言礼仪既笨拙又过时，我很好奇，在一个快速现代化的社会中，它还能否延续下去。越南的年轻人难道不讨厌它吗？一位年轻的女士告诉我，*vâng*[2]，她更喜欢越南语变得像英语那样，"你"就是"你"，"我"就是"我"，一个词就够了，少一点"弟弟妹妹""叔叔""奶奶"一类的套话。但我也跟另一些年轻人聊过，他们珍视这种做法。慧妍就是其中之一，我在越南逗留期间终于真正见到了她。"把你称作'叔叔'，把朋友称作'姐姐'，把爸爸称作'父亲'，我感到自己是这个更大集体的一分子。"她说，"我有自己的位置，就算我父亲或者你也不能对我指手画脚。不管使用什么代词，我都是我自己，有我自己的生活（还有她自己的公司）。"如果说，一个住在城市的、经常旅行，还有欧洲伴侣的年轻人这么认为，那么，过更传统生活方式的人大概对这种风俗只会更全心全意

1　有可能在越南语里表示"目无尊长"。
2　此处为越南语中敬语的"是"。

地奉行。虽然我来自跟她完全不同的传统，但我逐渐开始认可其中的一个方面。一开始，年轻人叫我"叔叔"，我以"侄女/侄子"回应，我感觉怪怪的，但逐渐也能欣赏它的好处——既不过分疏远，也并不特别亲近，让人觉得挺舒服。

越南语对年龄的强烈尊重不仅仅体现在语法上。一天晚上，我跟鸾和她的一个朋友坐在咖啡店里聊天，等着雇用她的语言学校老板迈克来。他到了以后，我们握了握手，他找了把椅子坐下，点了一杯饮料，我转向鸾，想接着说我们之前进行的话题。然而，她略带惊讶的话语和手势立刻让我意识到，我现在应该把全部注意力集中在迈克身上，因为他比她大——而且还是她的老板。我深刻地意识到自己刚才的行为就像个 *tây*[1]。

于是，在学习和阅读的过程中，在东走西逛、跌跌撞撞的过程中，我感到自己的词汇量增长了。就连声调，也成了我所知单词不可分割的一部分。或者，我该这么说：是声调符号，因为我说话的感觉很像是把意识之眼里看到的东西大声读出来。实际上，我注意到，当我说话时，我的手会像提词器或者音乐指挥一类的东西动来动去，把声调的大致形状给比画出来。

在我努力学习的新单词里，来自中国的单词所占比例越来越大，其中很多都是由两个音节组成的复合词。这些音节在汉语中大多有独立含义，但在越南语里却很少如此。就算能弄清它们的含义，这些借来的音节往往也很麻烦。例如，CHỦ，来自汉语里的"主"，意思是"所有者""师父"或"为首之人"。越南人从汉语中借用了不少含有这个字的复合词，其中一些词的意思可以分辨出来，另一些却不然。比方说：CHỦ NHÂN的意思是"主人"；

---

1 西方人，"老外"的意思。

DÂN CHỦ，意思是"民做主"，也就是"民主"。但CHỦ TỊCH就比较难以看出来，它指的是"主席"，因为TỊCH来自汉语里的"席"，意思是"座位"或"宴会"，在越南语里，它不是一个单独的词汇。更加神秘的是CHỦ NGHĨA，它的第二部分代表"感觉"或"道德"，但两个词加在一起的意思是"主义"——也即前述"Marxism-Leninism"中的"ism"这部分。

越南语还跟CHỦ一起创建了独特的复合词。有一个古老的词叫CHỦ NHẬT，意思是"星期天"，按字面意义是"主（之）日"。这个复合词遵循了汉语的语法模式，在这方面往往作用跟英语一样：day放在最后，而之前的名词或形容词提供有关"day"的额外信息（Sun-，或者Load-均如此）。但更新近出现的复合词，是根据越南语语法创造的，它们的运作方式恰好相反：先是主要的词，接下来才是附加信息。CHỦ XE（意思是车主，汽车的主人）和CHỦ NỢ（意思是债主，也即"债的主人"）就是这类例子。复合词的复合词，可以同时包含这两种顺序：TRƯỜNG CHỦ NHẬT，它的意思是"主日学校"，按字面意思则是"学校主日"。

所有这一切，让身为语言学家的我着迷，却吓坏了身为学生的我。当我看到CHỦ这个词的时候，我怎么想才好呢？我必须考虑到它出现在这里作为一个单音节单词的可能性。然而，它也很可能是一个复合词的一部分，既可能跟在一个词之前（如前述"民主"一词），也可能接在后面（如前述"星期日""车主"等词当中），又或者两种情况都有。就复合词而言，它的整体词义既可能一目了然（如"车主"，也就是"车的主人"）、容易理解（"债主"，也就是债务人；"民做主"，也就是"民主"），也可能莫测高深（如"主席"）。

奇怪的是，这一整套复杂得令人生畏的做法，跟英语及其他西欧语言所做的事情并行不悖。就从挪用一门著名外语的习惯来说吧。一如越南语不断借鉴汉语，英语也在借鉴拉丁语和希腊语。construction（建筑）、instructor（导师）和structure（结构）都来自拉丁语，有的是直接借鉴，有的则从法语绕道而来。很少有人知道或者在乎它们都源自拉丁语动词STRUĔRE，意思是"修建"，而且他们也不需要知道。一如越南语借用了CHỦ并带着它到处跑，看见合适的地方就用它构建新词，英语单词infrastructure（基础设施）和deconstruct（解构）也是到了现代才被创造出来的，虽说它们跟其他所有带struct的单词一样，都源自拉丁语。希腊语也一样：philosophy（哲学）和democracy（民主）是古典术语，但anthroposophy（人智学）和kleptocracy（窃贼统治）不是，尽管它们仍然由希腊语元素构成。

海报是语言学习人士的沃土。这一幅海报要我们"庆祝改革，庆祝光荣的党，庆祝狗年春天"。

至于杂乱的复合词，只要比较一下英语里的bring up（动词的养育）和upbringing（名词的抚养或教养）、in-depth（彻底的）和lie-in（睡懒觉）、outrun（超过）和run out（用光、耗尽）……现在想象你的母语是越南语，同时要掌握这一切。（不过慧妍还是做到了，她是个侄女-天才。）

我不得不面对事实：哪怕在越南待的三个星期已近结束，我能说的越南语仍然很少，能理解的更少。这有两个原因。首先，我说得不够多。我感兴趣的主要不是理解越南语的言说和表达，而是理解它的结构。我当然想要交流，但我周围有足够多懂英语的人来满足需求。学生时代，我去过西班牙，那时我身边的人基本上都是西班牙人，他们的英语比我的西班牙语还差，为此我至今心存感激。但是鸢和她的朋友、慧妍和她的男朋友，还有我可敬的房东丰——我当然也感激他们（只不过是为了别的原因），可他们的英语都说得太好了，于是我们交流时都首选英语。不少出租车司机、店东和服务员的英语不好，但我又能有多长时间跟他们待在一起呢？

第二个原因是越南语很难学。请允许我补充最后一份证据。越南语表达很多东西的方式，与欧洲语言有根本上的不同。信息是通过其他公式和其他类型的单词来展现的。在河内中央车站，显示时刻表和一些法律规定的公告牌，标题上没写"信息栏"，而写着"亲爱的旅客们应该知道"。如果你说"I was taken to the theatre"（"我被带去了剧院"），表示时态的助动词"was"，在越南语里可以是"got"，也可以是一个相当于"忍受"的词，具体取决于你是乐意去剧院还是不愿意去。如果你想说"What's the difference?"（区别是什么？）你要说"Where different?"（哪儿不一样？）对于"thing"（东西），你必须从一大堆选项中做出选择，比如"故事""物体"或"量词"（而且得是正确的量词）。

当然，在这些方面，越南语没有什么问题，它就像我们自己的短语和公式一样，多多少少有其意义。但作为说欧洲语言的人，必须从头逐一学习。

我越是意识到这些差异有多么普遍，就越倾向于认同一位通晓多种语言的中国人所说过的话，他曾说过："欧洲语言很像彼此的方言。"从远处看，它们确实是。

回家

回家前的最后几天，随着我沉浸在"到底是要放弃还是继续努力"这恼人的问题里，我放松了对自己的要求。越南语很棘手，而且，让我们面对现实吧，从实际的角度看它并没有多大用处。我乐意再去一次越南，但身为游客，你真的不需要学越南语。而到了越南以外的地方，它充其量能算是个聚会噱头。至于文学性？翻译成英文的越南小说，恐怕我都没法一一读完。

"你能想出让我继续学的理由吗？"我问慧妍。"越南有很好的经济机遇。"她想了想说，"况且，只要你学会了越南语，学中文就容易多了。"这能不能算是个宽慰人的想法，我拿不准。

第十九名

韩　语

한국어
HAN'GUGŎ（韩国）

조선말
CHOSŎNMAL（朝鲜）

8500万使用者

母语是韩语的人有8000多万，以韩语作为第二语言的人有数百万。中国、日本、俄罗斯、乌兹别克斯坦、哈萨克斯坦和美国等都有重要的韩国社区。

＊注："韩语"在国内的正式名称为"朝鲜语"，在民间领域，"朝鲜语"和"韩语"均可使用。本书为了表达和理解上的方便，统一称为"韩语"。

韩语

自称 한국어（Han'gugŏ，韩国）、조선말（Chosŏnmal，朝鲜）。韩国标准语的名字是표준어（P'yojunŏ），而在朝鲜叫문화어（Munhwaŏ）。

语系 据说韩语是一种孤立语，也就是说它没有亲属语言。然而，济州岛上几千人所说的韩语，跟标准韩语的差别之大，足可视为一种不同的语言。曾有人提出过历史语系链（包括日语、蒙古语和其他亚洲语言），但遭到了否定。

书写方式 到了20世纪，产生自15世纪的韩文字母表（Hangeul alphabet）终于普及开来。在此之前，知识精英们喜爱的是汉字。

语法 韩语不分阴性/阳性。格系由7个格组成，用助词表示，也即跟在名词后的一个独立小单词。动词可以使用40多种后缀中的若干种，分别指代人称、形式、语气和时态。

发音 韩语不分音调，这在东亚语言里不同寻常。过去，韩语有10个不同的元音，但在今天的口语里只剩下8个。辅音有21个。发/p/、/t/、/k/和/ch/的音，各有三种不同的变体，它们一起构成了完整发音的一半以上。一个音节的元音（或双元音）前后不可跟一个以上的辅音。

外来语 历史上，韩语大量借鉴了汉语。自20世纪以来，朝鲜借用了俄语词汇，韩国则借用了英语词汇。

语言输出 两个广为人知的韩语单词是kimchi（泡菜）和体育运动taekwondo（跆拳道）。还有几个知名品牌名称起源于韩国，包括Samsung（三星，SAMSŎNG）、Hyundai（现代，HYŎNDAE）和Daewoo（大宇，TAEU，"了不起的宇"，"宇"指的是大宇公司的创始人金宇中）。

术语的分离 朝鲜和韩国所用的语言，特别是现代术语，正逐渐走向分离和疏远。2018年冬奥会的备赛阶段，南北联合冰球队的队员们发现自己使用着完全不同的术语：韩国队使用的是英语演化来的术语，而朝鲜队使用的是本土发展的术语。在技术和信息科学等其他领域，情况无疑也是如此。

19　韩语

声音与情感

> 应该有一个词来形容所有那些发音听起来像是噪音的单词，他想。"闪耀"（glisten）这个词确实光芒四射。如果说，真有哪个词一听起来就像是火花噼里啪啦地烧过一张纸，或者，像在整个人类文明沉入黑夜，而城市的灯光逐一蔓延扩张到全世界，那你绝对想不出还有哪个词能比"闪烁"（coruscate）更合适了。
>
> ——英国奇幻小说家特里·普拉切特（TERRY PRATCHETT），《平等权利》（*EQUAL RITES*）

如果说，在越南的经历让我深刻理解了一个语言概念，那就是：一个单词的发音与它的意思几乎没有关系。学习一门语言的基本词汇主要是靠不屈不挠的坚持，记住那一个又一个该死的单词。GIUỒNG没有什么地方暗示它的意思是"床"。它也可能指"清醒""七"，或一个脏话用词。在韩国，这个词是CH'IMDAE，它没有什么地方比GIUỒNG、LIT、CAMA、KITANDA、YATAK（分别是越南语、法语、西班牙/葡萄牙语、斯瓦希里语和土耳其语里的"床"）更能叫人联想到床。

词汇的随机性是人类语言的一个基本特征。至少，在20世纪初，瑞士语言学家费尔迪南·德·索绪尔（Ferdinand de Saussure）是这样认为的。他教导学生说："整个语言体系都是建立在一个非理性的原则之上，即符号（即单词）是任意的。"再早上几百年，威廉·莎士比亚曾让朱丽叶在沉思玫瑰（玫瑰的名字和它的气味）时，说出过一个令人印象更加深刻的想法。[1]

不过，索绪尔也观察到一项例外，然而他认为那无关紧要。他意识到，拟声词，跟它们所表示的声音（或它们所表示的事物所发出的声音）类似。以"喵"为例，这是猫咪对人类词汇的主要贡献。在英语里，这个词是动词meow（或是mew、miaow）；在越南语里，MÈO是名词，指猫，而MEO和MÉO是动词，前者指猫发出的日常指令"喵"，后者是猫咪受到惊吓或疼痛时发出的惨叫。

倒不是说所有的拟声词在不同语言里都如此相似。尤其是家畜，似乎每天都在不同的地方按照不同的乐谱举行音乐会。例如，公鸡在英语里cock-a-doodle-doo地叫，在法语里COCORICO，在德语里KIKERIKI，在冰岛语里GAGGALAGÚ，在韩语里KKOKKIO KKOKKO，在汉语里喔喔喔，在纳瓦霍语里I'ÍÍʼĄÓÓ，而在越南语里，它唱起歌来Ò Ó O。存在这种广泛的差异，原因有二。动物的鸣叫声中包含了人类语言器官无法准确再现的声音。此外，语言还受到两方面的约束：它们必须从特定的声音集合里进行选择，遵循特定的构词规则（虽说拟声词比其他大多数词汇要宽松）。不同语言之间拟声词的差异使得索绪尔和其后的语言学家们主张，这一特殊的范畴，对他们广泛宣称的"符号是任意的"概念并不会造成太大问题。如果我们这些说英语的人士，无法判断Ò Ó O在越南语里

1　这里指的是莎士比亚《罗密欧与朱丽叶》中的一句著名对白："罗密欧，你为什么是罗密欧……玫瑰即使换了一个名字，她也依然芬芳……"

代表公鸡打鸣，那么这意味着该词语仍可视为任意的。

不光索绪尔本人对越南语、韩语或其他亚洲语言了解不多，西方语言学家还有一个颇为丢脸的传统：那就是在一个小样本——英语、法语、德语、拉丁语、希腊语，或许还夹杂一些阿拉伯语（大多是些套话）和汉语（往往是误解）——的基础上概括语言。尽管数百年以来，欧洲人一直在研究若干种死掉或者还活着的亚洲语言，但不知怎么回事，这一专业知识并未很好地融入整体语言理论当中。迟至20世纪60年代和70年代，诺姆·乔姆斯基（Noam Chomsky）及其追随者仍然只根据少数几种样本，尝试归纳人类语言的通用语法。或者再说得确切些，他们的基础只有一种语言：英语。

如今，这种狭隘的视角已经有所改变。许多以亚洲和非洲语言为母语的人正在质疑西方语言学家长期以来的观点，一些旅居海外、身处现代设施简陋而有着丰富语言宝藏之地的学者也对其发起了挑战。非洲和亚洲的语言学家，以及语言田野工作者对索绪尔"语言的任意本质"主张提出了质疑。尤其是对撒哈拉以南的非洲、东亚和东南亚的语言，这些研究人员记录下了声音象征（sound symbolism）的广泛使用。这些语言里有数百甚至上千个单词，其发音与特定的含义相对应：这些词叫作拟态词（ideophones）。拟声词只是这一范畴的一个子类，我们很快还将看到其他的子类。

拟态词的欢悦

有两种东亚语言有着特别丰富的拟态词：韩语和越南语。要是我在语言学习方面更有天赋，或许能够参考自己在越南语上的第一手经验，很可惜，我运气不够好。我曾猜过分别代表猫、牛和羊

的MEO、BÒ和DÊ要算拟声词，口语中指"打喷嚏"的说法"HÁT
XÌ"更是一目了然。但我似乎忽略了所有非拟声词的声音象征。

本章的主角韩语，则不折不扣地有着成千上万的拟态词。实际
上，在韩语的相关书籍中，拟态词还是它的界定特征之一。以韩语
为母语的语言学家早就意识到了这·点，并为这些拟态词发明了两
个术语：ŬISŎNGŎ模仿声音（拟声），而ŬIT'AEŎ传达视觉、触
觉或心理感知。

使用拟态词的主要目的，不管是在其他语言，还是在韩语里，
都是要让故事显得更逼真。这些词之所以突出，是因为它们极具
表现力，特别形象。它们往往表现出某种韵律，或是音节的完全重
复。在口头言说中，拟态词的特殊性反映在表演里：它们有可能通
过细微的沉默或伴随的手
势来表达，或是音量、速
度或音调跟周围词语的不
同加以表达。

由于这些戏剧效果，
我们有理由认为，拟态词
仅限于讲故事。一方面，
它们在许多文化里确实属
于宝贵的文学资源，但同
时也有其他的用途，尤其
是让说话人变得更有说服
力、更值得信赖；另一方
面拟态词反映了肢体感觉
和精神状态，而能够可信
地描述这些感觉的人，肯

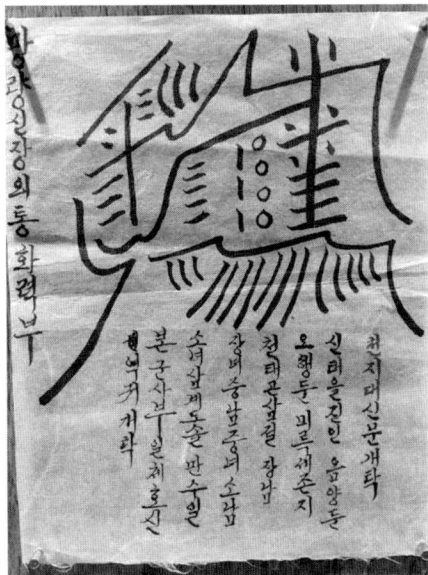

韩语护身符。今天，韩语的书写是从左至右，
但在之前的数个世纪，人们更偏爱从上到下、
从右到左的顺序，就跟汉语和日语一样。

定亲身经历过这个故事——至少，其他人可以这么推理。说谎者会回避此类细节，如果要他们提供不在场证明，他们会说自己"在参加聚会"，除非有人提醒，才会给出细节；反过来说，真正参加了聚会的人，大多会主动提供（有关人、感觉和事件的）细节。毫无疑问，细节带来信任。

上帝的重锤

　　在西方语言和文学中，拟声词，以及我们视为过度表达的词汇，有一股孩子气的味道。1862年，德裔英国语言学家马克斯·米勒（Max Müller）写道，它们"是玩物，而非语言的工具"。1910年，法国人类学家吕西安·列维-布留尔（Lucien Levy-Bruhl）以拟声词作为证据说，在"劣等社会"，原住民有一种"无法抵挡的倾向"要"模仿人感知到的一切"。

　　有必要意识到，使用或不使用这类词汇，是特定文化的偏好，而非人类的普遍偏好。如果我们读到的不是"上帝攻打非利士人"[1]，而是"上帝重锤"或"鞭笞"非利士人（"whacked"或"walloped"），我们恐怕会大吃一惊。将《圣经》翻译成非西方语言的西方传教士会回避此类表达，但在许多语言里，这么做是从语言风格上削弱而非增强了文本的冲击力。在东亚、东南亚和非洲，有效地使用拟声词，非但不是幼稚，反而是口才和文采斐然的标志。

　　让我们来看看一些来自韩语里的真实案例吧（如果你乐意，

1　此处原文是"God smote the Philistines"，是《圣经·旧约》里的典故。

也可以登录听听看）。在下一页的表格中，我们先列出了韩文字母表和罗马字母表[1]。第三栏是词义。如果你想听到发音，我网站（languagewriter.com）的"BABEL"页面上提供了声音文件的链接。

韩语中的拟态词

	韩语字母	罗马拼音	词 义
1	감감 깜깜 캄캄	kam-gam kkam-kkam k'am-k'am	在黑暗中 在一片漆黑中 在一片阴森荒凉的漆黑中
2	빙빙 삥삥 핑핑	ping-bing pping-pping p'ing-p'ing	一圈又一圈 一圈又一圈，越来越快 一圈又一圈，一圈越比一圈大
3	반짝 빤짝	pantchak ppantchak	忽明忽暗地一闪一闪 亮晶晶地闪
4	빙빙 뱅뱅	ping-bing paeng-baeng	一圈又一圈 一圈又一圈，一圈越比一圈小
5	끄똑끄똑 까딱까딱	kkŭttok-kkŭttok kkattak-kkattak	凝重地点点头 轻松地点点头
6	벅벅 박박	pŏk-pŏk pak-pak	使劲摩擦 摩挲，或抛光

---

1 麻烦的是，如今有若干种韩语罗马字母拼写系统通行，更麻烦的是，目前韩国官方使用的系统把发音很不一样的声音混到了一起。因此，我使用的是从前的系统（如今朝鲜仍在使用）。不过，我遵循了现在的拼写方式，把韩语字母表的名字写成Hangeul，而不是原来系统所写的Han'gŭl。——作者注

	韩语字母	罗马拼音	词　义
7	박	pak	撕一下
	팍	p'ak	使劲撕
	죽	chuk	简短地，大致地
	쑥	ssuk	突然
	발딱	palttak	猛地
	픽	p'ik	突然落下

采用罗马字母拼写的韩语发音，往往与英语直觉相悖。就眼下而言，最需要解释的是四组辅音的拼写。这些音大致跟英语中k、t、ch和p的发音对应，而在韩语中，每一组辅音有三种不同的发音。以k音为例，有一种版本的罗马拼音写成简单的k（有时写成g），辅音发音不吐气跟法语和西班牙语相同。在韩语里，这样的发音被视为基本的或中性的。在英语里，如果k前面跟s，如skin，我们会听到这样的发音。k的第二类发音叫作"送气音"，意思是发音时伴随吐气。这是英语和德语使用者最常用的发音：单词kin发音/kʰin/。在罗马字母拼写的韩语里，它写作k'；在其他语境下，kʰ是更常见的符号。第三类也是最后一类的发音很难描述，但它包含了更多的紧张意味，写作kk。

咝—咝—咝

有了这些知识，再一次看着上面的表格，我们或许会想：这些声音怎么就象征这些词的意思呢？要回答这个问题，我们首先要找到声音和意义之间的规律联系。

最容易察觉到的规律在第1、2和3行。每一行的第1个单词（KAM-GAM、PING-BING、PANTCHAK）都以中性的辅音字母开头，而第2个单词以紧辅音打头，有时连第2个音节都是紧辅音：KKAM-KKAM、PPING-PPING和PPANTCHAK。这就把词义从"中性"变成了"强烈"，如从"黑暗"变成"一片漆黑"。显然，紧张的声母传达了一种更强烈的感觉。在第1行和第2行，列表中的第3个单词使用了类似的技巧，将辅音替换为送气辅音：K'AM-K'AM、P'ING-P'ING。这同样强化了词语的意思，但又带了一些转折，如第1行里增加了"阴森"，第2行里增加了"（圆圈更）大"。第3行里没有第3个单词，本身就很有意思，因为它暗示说话人知道，哪些潜在形式属于韩语词汇的一部分，哪些不属于。如果一个说韩语的人说P'ANTCHAK，也即第3行里缺失的构词形式，人们会认为这是灵光一闪的新造词语：完美的韩语，但不符合惯例。在英语里，这有点像形容某物为"sensmashingsational"：它由sensational和smashing复合构成，意思一目了然（类似中文里的"惊天地泣鬼神"），只有迂腐的老古董才会说它错了，但它不会推而广之、长时间大范围地存在，而只让人逞一时的口舌之快。换句话说，拟态词富于表现力，但它们并不主要用于个人表达。

故此，不应该把拟态词跟我们给孩子讲睡前故事时发出的表现性声音混为一谈。我们会在说完"蛇在草丛里滑动"之后，发出类似"咝-咝-咝"或"咻-咻-咻"的声音，用声音来表现蛇滑行的画面。这当然很有趣，但典型的拟态词不是这么运作的。使用韩语或其他语言的人并不会整天都即兴表演，他们的拟态词大多来自大量可从字典里查到的词汇。一条蛇在草丛里滑行，说不定有个现成的单词可以用。

回到表格中的例子，我们看到，第4、5和6行中元音扮演了重要的角色。细节说起来有些复杂，但长话短说吧：在拟态词里，阳性元音包含了小、亲切、快乐、轻薄和女性化等内涵，阴性元音则与大、沉重、笨拙、阴郁和雄性等概念相关。（如果你想知道这是不是跟阴阳概念相关：当然如此。只是，韩语拟态词很不寻常的一点是，"阴暗"跟阴有关系，"明亮"跟阳有关系。我们稍后会看到这么划分的结果。）[1] 阳性元音有4个，每一个都跟一个或两个阴性元音配对。例如，阴性元音ŭ（如curl一词中的发音）和o（如lot中的发音）都有阳性搭档，"阴性词"KKŬTTOK发音沉重、阴郁，而它更轻松的对应词是KKATTAK。

到目前为止，我们讨论的两类规则有时会搭配使用。第2行和第4行都出现了ping-bing一词。这里更合适的例子是PINGGŬL（词义类似PING-BING），它拥有逻辑上说得过去的6种形式：PINGGŬL、PPINGGŬL、P'INGGŬL、PAENGGŬL、PPAENGGŬL和P'AENGGŬL。

最后，第7行代表的是一组不太成系统的韩语拟态词。以相同辅音结尾的词通常表达相似的感觉。以k结尾的词往往表示突然、尖锐或紧绷。以l结尾的单词通常指的是光滑或流动的东西，以ng结尾的指圆的、空的和敞开的东西（PING-BING!），以t结尾的单词指小、精细的东西和尖锐的细节等。但是，与第1行到第6行中的例子不同，第7行的单词不会形成双元音或其他组合，不同的含义来自词尾的辅音字母。它们都是单元音。

1　这里的矛盾之处，为原文所写。

颠三倒四的象征

没错，拟态词的确显示出声音和词义之间的规律相关性。但在英语中，声音和词义有时以类似的方式联系在一起：如果把un-或in-放在一个形容词前面，你（通常）是在否定；如果加-s，词语就变成了复数。说这些规律象征声音太蠢了，它们并不。那么，韩语的声音为什么就成了象征呢？它们自己真的能传达意义吗？

为了解决这个问题，我们需要找出那些不说韩语的人是否对这些词有个大概的直觉。当然，没人能猜出KAM-GAM、KKAM-KKAM和K'AM-K'AM的确切含义，但非韩国人兴许能凭本能知道，第2个和第3个词指的是比第1个词更黑的黑暗。

他们好像真的能做到——韩国语言学家权纳玄（Nahyun Kwon，汉字为音译）在自己的博士研究中发现，实际情况的确如此。她让许多澳大利亚人听准韩语里无意义的单词，而这些单词自带上述讨论的规律模式。在不懂任何韩语的条件下，受试的澳大利亚人准确地猜测出（也就是说，比单纯地碰运气准确率要高），KKAM-KKAM和K'AM-K'AM类的单词比KAM-GAM类单词有着更强烈的语义，而不是反过来。参与实验的韩国人也是如此——请记住，这些都是无意义的单词，所以他们并不是本来就知道词义。这一效应在两组人里的差异都并不是特别明显，但无可置疑地存在。

权纳玄还让说英语的参与者听几对韩语风格的无意义单词，其中之一带有"黑暗的"元音，另一个则带有"明亮的"元音（如表中第4、5和6行所示）。受试者同样表现出了具有统计显著性的直觉，但有个意外：这一回，他们犯错的概率比随机预测的要大。更奇怪的是，韩国受试者在试图阐释这些毫无意义的单词时，似乎彻底犯了糊涂。但如果我们假设韩语的元音象征符号是颠倒的，上述奇怪的结果就变得可以理解了。从世界范围来看，我们有充分的证据可以认为，人类喜欢把低沉的开放元音如/ah/等跟"巨大"联系起来（比如英语里的vast、large，中文里的"阳"，都符合这一规律），把高亢的闭合元音，如/ee/跟"小"联系起来（比如英语里的mini、teeny-weeny，或是中文里的"阴"）。另一些研究表明，韩国人其实也存在这种普遍直觉，但只有在听到明显不是韩语的单词时才表现出来。而对显得像是韩语的单词（如在权纳玄的研究里），他们会陷入困境：受试者的整体直觉跟他们的韩语知识发生了冲突，使得他们无法做出判断。为什么韩语跟人类的普遍倾向相颠倒，谁也说不上来；迄今为止，还没有人给出满意的解释。让我们把它算作语言学里的例外吧。

不过，我们知道大多数人为什么会把/ah/和"大"联系在一起，把/ee/和"小"联系在一起：因为我们说/ah/的时候，口腔（也就是"嘴"）是大张开的；我们说/ee/的时候，口腔是缩小的。这是声音最基本的象征意义：嘴的大小反映了所指事物的大小。你可能提出反对意见，认为人说话的时候很难意识到自己嘴巴的大小，没错。但不妨把声音的象征视为一种特殊的手势。哪怕你并未意识到说话时自己的手在做什么，你的手势仍然有着高度的意义和象征性。同样道理，"口势"也可以具有意义和象征性。口势还做了一件手势做不到的事情，它们形成了你所发出的声音。故此，不管是作为无意识的表达，还是作为产生语音的机制，口势都很容易充当一种将意义与声音挂钩的机制。人们认为，在韩语、其他亚洲和非洲语言里（也包括其余地方语言里的部分词汇），许多单词的发音正是如此。我们稍后还将对此进行详细介绍。

从元音转到辅音，我们已经看到，以紧张辅音打头（pp或kk）和送气音打头（p'或k'）的韩语拟态词，比以中性辅音打头（p或k）

的单词更能表达出强调的语义。这些关联，尤其是前者，比"张大嘴巴/ah/表示大"更明显和直观。

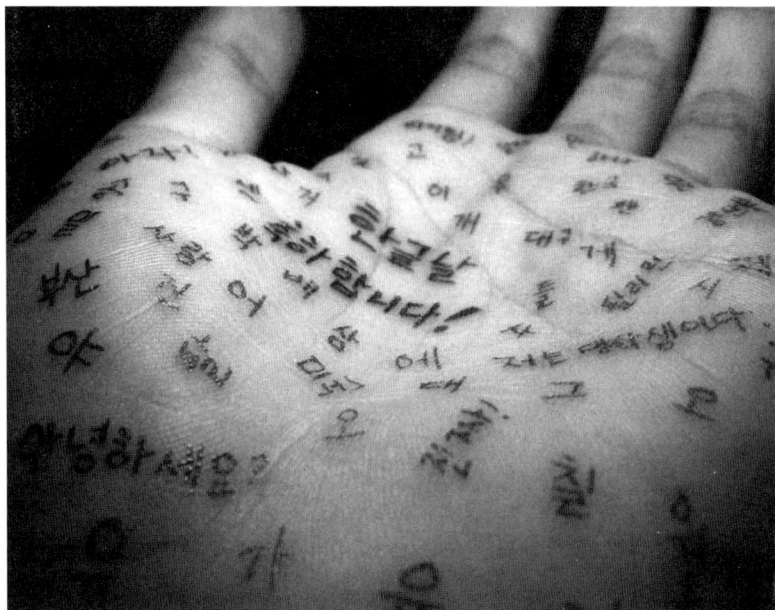

韩语手写字迹（正如图所示）

接下来还剩下前述第3类型的韩语发音象征性，它通过词尾的辅音字母来表现。权纳玄并未对此进行检验，但这一类型似乎反映了另一种普遍的人类直觉：以k结尾的单词听起来更突然，因为辅音k本身包含一种突然、尖锐的声音，跟g和m不同。t也一样，但这里爆破音要小些，仅由舌尖发出，因此它暗指小、精细或有尖锐细节的东西。人们还容易把t看成另一种由舌尖展现的口势：一个尖锐部分或细节，可以做出小而灵活的运动。

还有若干真实世界的现象，有助于解释声音和意义之间的象征联系，其中有些已得到了广泛接受，有些则更多是推测。如果某种动作可以被听到（如沙子从斜坡上滑下），故此用拟声词来表达，那么，这一单词也可以套用到类似但无声的动作上，如雨滴从树叶上滑下。如果特定类型的声音常跟明显的特点一同出现，也能形成联系，正如我们一次次所注意到的，跟壮实的成年人和狮子等大型野兽比起来，孩子、个子矮的人、老鼠类小动物会发出更为柔和且高亢的声音，我们就会把声音的响度和音高跟大小联系起来。这也是对"就像vast里的ah"及"就像wee里的ee"现象的补充（或替代）解释：/ah/让我们想起咆哮的狮子，/ee/则是一只吱吱叫的老鼠。持续时间也可以带来一种概念上的联系，较长的声音代表更久，故此也就引申到更缓慢的事情和动作上。

推此及彼

　　一旦在头脑里建立了这种联系，我们便可以把它作为基础，展开更加抽象的联想。如果我们认为某些声音是"软"的，例如/b/比/p/软，我们可以很容易地将其扩展到一般意义上的"pleasantness"（愉悦），进而扩展到"sweetness"（甜美）。如果我们觉得/ah/代表"大"，在大小尺度上程度高，我们也会觉得它在其他尺度上程度高，如用它代表厚重、危险或痛苦。故此，拟态词不光可表达感官含义，还可以抽象到认知含义上。

　　韩语单词CHIGŬLCHIGŬL可以说明拟态词怎样从一种意义跳跃到另一种。这里，既有词语意思上的跳跃，也指从一种感官跳跃到另一种感官。在字典上，CHIGŬLCHIGŬL的第一种意思是直接拟声：咝咝声，用于形容少量的水、油沸腾或此类动作发生时发出的声音。注意附加的"或此类动作"，它把词语的领域从声音扩展到了动作。CHIGŬLCHIGŬL的另一种翻译是纯视觉的：耀眼的，夺目的，类似阳光强烈的照射。从英语的角度这很好理解：在搜索引擎上搜索"夺目的阳光"，能带来数量可观的链接（多得都有点叫我吃惊），不过，搜索"炫目的阳光"或者"炽热的阳光"，产生的结果还要多得多。到了CHIGŬLCHIGŬL的第三种翻译，事情变得更有趣了。字典里简单地说，"［英语中］没有对应的表达方式"，接着再解释，"就像人生病了，身体因为发烧而灼烫"。这里，液体咝咝作响的最初画面（当然会烫到厨师的手），转移到了发烧和不舒服的身体感知上。最后，CHIGŬLCHIGŬL甚至可以描述一种精神状态：焦急地，指说话人因愤怒或担忧而激动的样子。

拟态词获得的抽象含义越多，外人（非韩国人）就越难猜出它们的意思。仍以CHIGŬLCHIGŬL为例，我们可以轻松地跳上这列联想的列车，从"咝咝响"转到"夺目的"再到"发烧"再到"焦急地"，但前提是，有人告诉过我们完整的思路。然而，随着列车逐站前行，把声音和词义自然地联系起来就变得越发困难。CHIGŬLCHIGŬL的确能让我想到"咝咝响"，但我很难判断它指的是感到热还是冷——要是我联想到牙齿打战的声音，我就彻底走偏了。因此，虽然拟态词牢牢地扎根于感官直觉，但它们也可朝着不可预测的方向衍生。它们合乎道理，但往往并不那么显而易见。

一如"nose"中的N

费尔迪南·德·索绪尔认为"符号是任意的"，其灵感来自法语、英语和其他欧洲语言。

然而，即便是在这些语言里，有些声音也并不像其他声音那么任意。英语里有若干组单词似乎暗示，除了随机性，还有其他因素在起作用。其中一组词包括glitter、glimmer和glow，它们都表示一种特定的光效应；sprout、sprinkle、sprawl和其他类似单词，指某种东西蔓延；swerve、sway、swagger和swing形容的是稳定、幅度大的运动。但为什么呢？不管我们有多努力，都不太可能从前缀gl-中发现什么本质上发光的东西，从spr-中发现任何弥散的东西，或是从sw-找到什么大摇大摆的东西。它们有可能就像前文写的那样，某些拟态的词根早已变得无法追溯。或者，每一组单词，有可能是围绕两个碰巧有着相似声音和相似词义的单词聚集起来的；这两个词或许进而影响了其他单词的形式或含义，把它们扯进了自己的声学或语义轨道。这种事情当然发生过：古老的拉丁单词DINGUA（意思是"舌头"，tongae）因为受到动词LINGERE（意思是"舔"，lick）的影响而变成了LINGUA；英语单词glamour从前的意思是enchantment（魔法，妖术），但为了更好地与上述gl-为前缀的单词组保持一致，意思也发生了改变（现在的意思是"魅力"）。

还有一些英语单词有着更直接的声音象征性。我在前面提到以k结尾的韩语单词表示突然的时候，你说不定已经想过："那flick、pick和smack这些英语单词又该怎么算？它们不也是形容突然的动作吗？"的确如此，而且不太可能是巧合。以p（pop、hop、flip、thump）和t（hit、punt和动词的butt）结尾的单词，同样暗示动作有着突然的开始或结束，而roll则完美地形容了它所指的动作[1]。

持怀疑态度的人或许会说，针对上述每一个例子，说不定都能找出反例，揭示这种表面的相关性无非是碰巧。但问题在于，没

1　在发"roll"音的时候，人的舌头是卷起来的，正与"滚动"相吻合。

世宗大王，据说是他在15世纪亲自创造了独特的韩语字母表。

有足够的反例可充作此用。语言学家比较了上千英语单词，确认它们的确有着比随机性更强的声音象征性。英语的声音象征性，固然比韩语、越南语和其他诸多非洲语言要弱得多，但声音象征性的确同样是英语的一种特点。[1]此外，跟成年后学到的单词相比，声音象征性在幼儿时期就学到的基本词汇里体现得更为普遍。这是有道理的，因为如果声音暗示了词义的话，单词会更容易理解（并记住）。说到底，初学语言的人可以运用声音象征性带来的帮助。

　　某些类型的声音象征性跨越了语言的界限。有人对比了来自4000多种语言词汇库里的100个基本条目，发现它们表现出整齐的相关性。事实证明，在这一巨大的样本中，"就像wee里的ee"效应始终站得住脚，不过"就像vast里的ah"效应则不成立。更令人惊讶的是，若干身体部位的单词，对特定的声音有着明显的偏好。

1　本书中讨论的唯一一种来自撒哈拉以南的语言——斯瓦希里语，也是这样。它在声音象征性上，表现得不如该地区其他大多数语言那么明显。——作者注在许多语言里，"nose"（鼻子）都以鼻音/n/开头（虽然/m/和/ng/也都是鼻音，但发/n/音时，舌尖指向鼻子）。形容"tongue"（舌头）的单词大多以/l/开头，这种发音也能很好地展示说话的器官（我猜形容"lick"的单词也多以"l"打头，只是它并未收入样本）。表示"女性乳房"和"母亲"的单词大多以m开头（想想拉丁语里的MAMA）——这大概是因为婴儿在吸吮时会发出"ma"的声音吧。还有些学者发现，"lip"（唇）一词通常包含b或p这两个辅音字母，这种辅音大多叫作"双唇音"。英语里的lip和罗曼语里的LABIO及BUZĂ都符合这一规律。遗憾的是，韩语辜负了我们的期待，它用来指代"鼻子""舌头""胸"的单词（K'O、HYŎ、YUBANG），跟该有的样子完全不同。只有"唇"勉强说得过去：IPSUL。

感官在说话

尽管存在这么多的拟态词，但在当今世界所有仍然在口头使用的语言里，绝大多数单词的形式是任意的。尤其是无数指代（而且我们指代的时候，采用的是中性、实事求是的态度）实体、品质和行为的词汇，比如杯子、水管工和就座，它们都是感官可以观察的，不管是在韩语还是在英语里，指代它们的词汇都有意秉持中性态度。对比来看，一旦我们试着更加生动形象地表达感受，拟态词的比例就会提高——在韩语中表现得很明显，在英语里则完全看不出端倪。而这就是wobbly、swagger和twiddle，titillate、bling和snide，以及特里·普拉切特的"coruscate"粉墨登场的时候，我们听到自己的感官在说话。

对于像"符号是任意的"这样的明确主张，在大多数情况下站得住脚还不够。我们必须承认这一主张已经被证伪了。当然，索绪尔运气不大好，这位伟人此刻一定在坟墓里*paeng-baeng*甚至*ppaeng-ppaeng*（韩语：一圈又一圈）地打着滚吧。

第十八名

泰米尔语
தமிழ்

9000万人使用

8000万使用泰米尔语的人（其中包括1000万将其作为第二语言的人），生活在印度南部纳德邦的泰米尔地区，还有500万左右生活在斯里兰卡。此外，马来西亚（200万以上）、新加坡、缅甸、南非和若干印度洋岛屿上，历来有着不少使用泰米尔语的少数族裔。近年来，更多的移民在英国、美国、澳大利亚和加拿大建立了人数可观的泰米尔社区。

泰米尔语

自称 தமிழ்（泰米尔语）。

语系 属于达罗毗荼语系（也叫作"德拉威达语系"），它由另外其他三大语言（泰卢固语、卡纳达语和马拉雅拉姆语）和十来种通常不怎么付诸书面文字的小语种构成。这些语言大多在印度南部和斯里兰卡、印度北部的少数地区、巴基斯坦和阿富汗的一个地区通行。泰米尔语、卡纳达语和马拉雅拉姆语都属于南部语族，但相互理解的能力较为有限。

书写方式 泰米尔语有自己的书写系统。见"第6名 孟加拉语"章节，其中介绍了印度的书写系统。

语法 泰米尔语使用黏着语法，也就是说，单词可以有着若干连续的后缀，以指代其语法功能。名词分为两类：理性（人类和神）和非理性（其他的一切）。单数理性名词可以是阴性或阳性的，复数名词无性。

语音 泰米尔语有5个元音，每个元音可长可短。泰米尔语的部分辅音是"卷舌音"，也即舌头以一种英语（除了部分美国方言）和大部分欧洲语言（除了瑞典语）里少见的方式卷曲。

外来语 历史上是梵语，今天是英语。

语言输出 "rice"（大米）和"ginger"（姜）似乎有着极为古老的泰米尔语（更确切地说，是达罗毗荼语）起源。现代才流传出口的词语包括："mango"（芒果）、"curry"（咖喱）、"catamaran"（双体筏）、"cheroot"（方头雪茄）和"pariah"（贱民）。

古典 2004年，泰米尔语成为印度政府承认的第一种古典语言；2005年，梵文也获得这一地位。

18　泰米尔语

事关生死

斯里兰卡内战从1983年7月23日开始，2009年5月18日结束，冲突由语言引发。斯里兰卡独立之后，由多数民族僧伽罗人占主导地位的民族主义政府推出了灾难性的《僧伽罗语唯一法案》（*Sinhala Only Act*），引发了全国性骚乱，导致泰米尔人遭到屠杀，后者奋起反抗，又演变成了恐怖和流血事件。这是一场根源于语言和宗教的战争（泰米尔人主要是印度教徒，也有少量的基督徒；僧伽罗人几乎都是佛教徒），但点燃动乱之火的是对泰米尔语的攻击。

我们将在本章末尾再回到斯里兰卡，本章主要讨论的是印度南部的泰米尔中心地带。不过，就算是在印度南部，说泰米尔语，也是件事关生死的事情。20世纪60年代，泰米尔语成为一场奋斗的事业，泰米尔人希望捍卫它，抵挡强加而来的印地语，此后的几十年里，无数的活动家"将自己作为祭品献上泰米尔语的祭坛"（大多是当众自杀）。反过来说，泰米尔语学者和民族主义者马泊思（Ma.Po.Si，也作M.P.Sivagnanam，1906—1995）说，正是对泰米尔语的深切热爱，使得他在承受疾病痛苦折磨时不曾为了求解脱而自杀。

其他民族同样有着盛赞本国语言的悠久历史：说它优美，有着丰富的表现力，在表达微妙想法方面有着无与伦比的优势。法国人就是典型的例子，阿拉伯人也是如此，就连英国人也不例外。当然，不同之处在于，我们都听说过法语和阿拉伯语，而泰米尔语虽有9000万使用者，却几近无人关注。不过，泰米尔人认为，泰米尔语是神圣的东西，它是不亚于"*Tamilpparru*"——按历史学家苏玛蒂·拉尼亚斯瓦米（Sumathi Raniaswaniy）的翻译，这个词的意思是"对泰米尔的奉献"——的实物。

泰米尔语实际上是神，更确切地说，它是一尊女神，相当于圣母玛利亚，她的信众称它为"女王""母亲"和"圣女"。

泰米尔语化身为女神。请注意，女神的第二对手臂，正挥舞着书和书写工具。

丑小鸭

虽然信徒们希望我们相信，对泰米尔语的崇拜是由来已久的古老传统，但实际上，它的历史并不太长。19世纪初，泰米尔语的地位低到尘埃里。英国殖民者一般不怎么顾及印度人及其文化，哪怕有些许的欣赏，也仅限于对印度北部肤色较浅的雅利安人。英国人才刚刚发现，具有高度文学性的梵语，属于古印度-雅利安语支，在历史上跟欧洲的古希腊语和拉丁语有关系。在英国人眼里，深色皮肤的南部印度人，没有什么可取的文化，说的是低劣下贱的混血梵语方言，受英国人和北部印度人鄙视。

但没过多久，少数特立独行的英国学者，开始在印度南部城市金奈研究泰米尔语，以及用泰米尔语写就的古老文书。在当地母语人士的帮助下，他们所获颇丰：一批近乎遭到彻底遗忘的完善而丰富的文献，内容足足横跨了两千年。一部分内容是世俗的，一部分是宗教的，见证了过去的黄金时代。事实证明，当时的印度南部由名为潘地亚、朱罗和哲罗的多个强大王朝所统治。今天，这些名字在南部印度人看来分外熟悉，就跟亚历山大、恺撒和查理曼之于欧洲人一样。

1856年印度出版了一本泰米尔语语法书。语言学家兼主教罗伯特·考德威尔（Robert Caldwell）彻彻底底地驳斥了认为泰米尔语是梵文方言的观点。它，加上三种邻近的大语种（泰卢固语、坎那达语和马拉雅拉姆语），以及数十种不成文的小语种，在事实上构成了日后所谓的"达罗毗荼语系"。一下子，原本是印度-雅利安混血丑小鸭的东西，变成了最"纯种"的达罗毗荼天鹅——当时，不管是欧洲还是印度，在民族主义意识形态里，语言的纯粹性至高无上。

20世纪30年代，泰米尔语交上了意想不到的好运气。从19世纪70年代以来，印度河流域时不时地冒出一种未知语言的短铭文，这时候，一些欧洲学者提出，它们代表了一种达罗毗荼语。如果是真的，这将使达罗毗荼语书面文字获得大约5500年的历史（但中间存在中断）和相当宏伟的起源，比跟埃及和美索不达米亚文明同样古老而成熟的印度河流域文明，覆盖地域更大。今天，人们仍然认为，印度河铭文中的文字很可能是达罗毗荼语的早期形态。当然，还有其他语言想要争夺同样的奖杯，这就包括原始印度-雅利安语

（Proto-Aryan），它是梵语的母亲、印地语的祖母，故此也是泰米尔语的主要对手。只要印度河文字没被破解（不找到类似罗塞塔石碑一类的东西，破解的可能性极小），这个问题就难以解决。各种各样的语言沙文主义者最终可能会感到失望：有学者怀疑，印度河符号有可能根本就不是文字。

很难相信，数百万的泰米尔人，大多数又穷又不识字，竟会对2000公里以外发现的难以辨认的古老符号产生深刻的感情。然而，他们的所作所为正是如此。何以如此呢？为什么这些学术性的东西，对连自己的名字都不会写的人竟然如此重要？

狂热背后的推手

19世纪初，泰米尔人发现自己沦落到了南亚大陆的边缘地位，再无往日辉煌。但随后古典作家和古代帝国的考古发现，让他们的历史变得波澜壮阔，成就十足。受过教育的精英很快为之产生自豪感。他们进而教育和动员群众，迎来了所谓的泰米尔文化复兴。它用了几十年的时间在印度形成了一股势头，不再是浑浑噩噩的单打独斗。相反，它包含了数不清的倡议、组织和项目，一些是文学上的，一些是宗教上的，还有一些（尤其是在后期）是政治层面的。

对泰米尔文学遗产充满热情的知识分子不仅编撰出版古代文献，创办学院和杂志，用古典语言授课，管理图书馆，还要求泰米尔地区从小学到大学的各种教育中都使用泰米尔语。他们大多追求语言的纯粹性质，试图用本土词汇代替无论新旧的外来语。尽管很多地方都曾出现为语言寻求认可的运动，泰米尔社群多少有些例外，因为他们相信自己的语言是地球上最古老的语言，至少有5万年的历史——

有些人甚至说有数百万年历史。（这个念头从一开始就令人难以置信，但直到20世纪90年代，仍得到严肃知识分子的支持。）

古代荣耀：在泰米尔纳德邦发现的婆罗米手稿中的泰米尔语铭文。它可以追溯到桑加姆时期（Sangam，公元前3世纪—公元3世纪）。

倾向于宗教层面的泰米尔复兴主义者主要关注的是基于泰米尔经文的印度教改革，回归到他们眼里的是印度主流传统下更理性的一神论。尽管湿婆派（对湿婆神的特殊崇拜）在整个南亚地区都有着悠久历史，但这一泰米尔支流却将它的起源追溯到了理想化了的古代泰米尔，未经种姓差异、性别不平等和多神论的污染。他们认为，这些缺陷是后来才出现的，是讲梵语的雅利安人带来的。新湿婆派的宗教仪式绝不可由婆罗门（祭司阶层）主持，因为婆罗门是雅利安闯入者。文学复兴主义者认为泰米尔语是最高贵、最古老的语言，而新湿婆派人士却有着更高的目标：泰米尔语是神圣的语言。

这些文学和宗教复兴主义者怎样将信息传达给泰米尔大众呢？考虑到大多数人是文盲，传播媒介必然是口头形式。至于风格，浮夸的修辞是惯用手法。一种常见的比喻是将泰米尔语人格化为一位美丽的女人。学者、作家和活动家穆迪亚拉萨（Mudiyarasan，1920年—1998年）在一首诗中写道："如果你拒绝我，我怎能忍受这样的生活？／难道不是你甜蜜的激情让我发狂？／噢，我美味的语言！快搂着我拥抱我！"他的文章可能比诗歌要收敛些，但同样毫无保留："我认为泰米尔语是神祇。"还有很多诗人赞美泰米尔语有着"容光焕发的脸庞""丰盈的嘴唇""艳光四射的金色身体""丰乳"和"细腰"。诗人巴拉蒂达森（Bharatidasan，1881年—1964年）将这种亢奋带到了合乎逻辑的结论上："哪怕是纯粹的女人给予的快乐，也无法跟伟大的泰米尔语相提并论！"

巴拉蒂达森，至今仍是印度南部泰米尔文化的关键人物，这是一段称颂他的歌舞录像。

这些颂歌中还贯穿着血痕。再一次引用巴拉蒂达森的诗句："我们的首要任务，是消灭那些摧毁我们辉煌泰米尔文的人！／就让深红色的血，流成河吧！"又或者这一句，来自激进学者兼作家普拉瓦尔·库兰代（Pulavar Kulanthai，1906年—1972年）：

"我要砍下泰米尔母亲的敌人的头颅，哪怕我自己的母亲出手相拦。"这里还有更自毁的句子："如果邪恶降临您，我光荣的泰米尔母亲……为了结束你的痛苦，我愿放弃自己的人生。"坎纳达桑（Kannadasan，1927年—1981年）在27岁时写下一句诗，对美好的泰米尔式死亡表达了向往："哪怕是死，泰米尔语也应当挂在我们唇边。我们的骨灰，应该在泰米尔语的芬芳里燃烧。"

还有些人甚至不光用言语赞美，更付诸了实践。1964年，一名年轻教师钦奈萨米（Chinnasami）率先践行了诗人所鼓吹的做法：他把泰米尔语挂在唇边，将自己化为灰烬。他高呼着："印地语去死！泰米尔语必将蓬勃！"并在痛苦中殉道而死。钦奈萨米是古代文献的狂热读者，或许在一定程度上受到了文学的启发，但他的最后行动，将自己牢牢地编织进了复兴运动的政治脉络当中。这些殉道者和政治复兴主义者的目标是让泰米尔语回归其眼里的正当社会地位：经历了数百年的压迫，泰米尔语应再次成为公共生活的主导语言，成为行政、教育和媒体的官方用语。

平心而论，并不是所有参与泰米尔政治斗争的人都这么为泰米尔语着迷。事实上，这场运动中最有影响力的人物，E.V.拉马萨米（E.V.Ramasami，1879年—1973年，也被称为"宗主"或"伟人"），就对泰米尔语原教旨主义者没有耐心，他认为未来在于说英语。他曾公开说过："不管是作为母语，还是作为国家的语言，我都对泰米尔语毫不热心。不管它是经典语言、古代语言，或者是湿婆所用的语言，我都对它没有依恋。"他甚至说："跟你的妻子、儿女和仆人说英语！放弃你对泰米尔语的迷恋吧！像个人那样活着试试看！"他能成为一位可靠的领导人并维持这一地位，主要是因为他不懈地反对印地语，在他看来，印地语是雅利安人、婆罗门和梵语的工具。

直到20世纪60年代，印度复兴运动的政治派别始终在一个关键问题上存在分歧：泰米尔人应该寻求独立，还是仅仅在印度国内寻求语言权利？不同的政党以激进甚至往往是暴力的方式发出声音，同时参加选举。如果说，是文学复兴主义者和宗教复兴主义者通过激发民众对泰米尔语的热爱奠定了基础，那么，率先发起抗议，并在数十年后获得丰硕成果的，则是政治派别。

登上王位，却没有键盘

那么，这一硕果是什么呢？1947年，印度获得了独立——这当然是一项全国性的成就，但泰米尔人在其中发挥了巨大的作用。9年后，联邦政府向泰米尔人和其他民族长久以来的追求做出了重大让步：整个国家按照语言系统重新组织。本来通行多种语言的马德拉斯邦，如今变成了以泰米尔语为主要语言的地方，不久以后，当地政府正式宣布泰米尔语为官方语言。"随着*Tamiḻttāy*（"泰米尔之母"）斜倚在她吉祥的王座上，我们所有的麻烦现在都结束了。"立法会的一位议员兴高采烈地宣布。

如果说，"泰米尔之母"能够优雅地坐下享受自己的统治，邦政府显然没这么轻松。事实证明，执行这一政策十分艰巨，要花大量时间。行政人员常常发现自己缺失了许多词汇。发誓为泰米尔语而死，热情地赞美她美丽的身躯，这是一回事；但表达各种现代官僚和法律系统中的种种微妙之处，就完全是另一回事了。更何况借用英语或印地语的现有词汇，又成了一种耻辱。达到必要的词汇量花了颇长时间。问题还不止如此，就连打字这样日常的事情也必须重新组织：打字员不习惯使用泰米尔语键盘，必须重新培训，而在标准键盘设计出来之前，这又根本不可能做到。不过，这些麻烦仅仅是初创期的问题，如今，行政机关已经顺利开展工作，几乎完全使用的是泰米尔语。

　　另一块里程碑出现在1965年。印度中央政府屈从于德拉威南部（尤其是马德拉斯邦）的暴力抗议，放弃宣布印地语为印度的唯一官方语言，虽说印度政府打算这么做已经快15年了。回到1949年，印度国大党的一名领导者宣布："我可以这样对我在南方的朋友们说：最符合他们利益的就是尽早学习印地语，因为如果他们学得不够快，就会被抛在后面。"正是这样的态度和它带来的大棒政策，使得钦奈萨米和其他殉道者为泰米尔语献出了生命。南方的德拉威人坚持要求以英语作为第二官方语言，部分原因在于他们希望为所有印度人提供一种公平的语言环境，部分原因也在于他们痛恨印地语所象征的北印度把持着统治地位。

20世纪60年代的一幅漫画，展示了泰米尔纳德邦的反印地语抗议活动。抗议者的主要策略是支持英语，牵制说印地语的北部势力。

在邦的层面，1967年是政治上的一个转折点。民族主义者赢得了马德拉斯邦的选举，执掌权力。自此以后，他们一直控制着邦政府。这一壮举（在印度只此一家）帮助他们实现了大部分的议程。不到一年，他们就把印地语从学校里的必修课变成了选修课。这明显违背了"三种语言"的全国性政策，该政策要求每个公民学习英语、印地语和（适当的）当地语言。1969年，马德拉斯邦最终更名为泰米尔纳德邦（意思是"泰米尔人的土地"），这是一项长期存在的民族主义政策，心向德里的前一届邦政府始终拒绝执行。[1]其他民族主义举措还包括从教科书中"净化"梵语，为大量的街道和公共建筑起名以纪念为泰米尔语献身的人，包括钦奈萨米在内的许多殉道者。

印度南部有着繁荣的泰米尔语电影工业——这幅海报来自《Narayan》，这是最成功的泰米尔语电影之一，改编自《教父》。

1　1996年，马德拉斯邦的首府改名为金奈。选择这个名字的语言基础似乎不太牢靠。不管是马德拉斯还是金奈，词源都不确定，但很有可能，马德拉斯源于泰米尔语，而金奈来自泰卢固语。——作者注

这并不是说，民族主义执政的邦政府在半个世纪的经营里让泰米尔的信徒感到了完全满意。泰米尔纳德邦常驻的中央政府机构，如军队、铁路和邮政，照样主要使用印地语开展业务。就连印度南部的印地语传播机构（Institute for the Propagation of Hindi in South India），1918年由圣雄甘地创办，仍以金奈（马德拉斯的新名字）作为基地。当地有个相当繁荣的泰米尔语电影工业——康莱坞（Kollywood，这也是金奈一个区的名字），但印地语的电影和歌曲在泰米尔人里非常受欢迎，如今学习印地语的人也越来越多。

但或许最令人失望的一点是，尽管"泰米尔之母斜倚在她吉祥的王座上"已经颇长时间，"我们所有的麻烦"却并未结束。和印度的其他各邦相比，泰米尔纳德邦在社会和经济方面做得不算太糟，但它绝不是财富、平等和安宁的天堂。事实上，邻近的喀拉拉邦要好得多。从文化上说，喀拉拉邦属于德拉威地区，但从意识形态上说，当地的政治主导派别，不是民族主义，而是共产主义。说到为人父母，泰米尔这位母亲，似乎不如卡尔·马克思（Karl Marx）这位父亲来得更有爱心和高效。

斯里兰卡的泰米尔语

斯里兰卡的人口只有2000多万，与印度相比微不足道，但自1948年独立以来，由于语言和文化上存在根深蒂固的冲突，斯里兰卡的问题同样严重。当英国人退出后，该国保留了英语的官方语言地位，这掩盖了该国的种族、宗教和语言分歧。斯里兰卡的大多数人口（近3/4）是印度-雅利安佛教徒，说僧伽罗语，而其余的大部分是德拉威人，是说泰米尔语的印度教徒。

几乎当大不列颠殖民地的旗帜刚降下，僧伽罗民族主义者就开始歧视泰米尔人，让后者难以获得公民身份，并将大量泰米尔人"赶回印度"。1956年，持民族主义立场的总理班达拉内克（S.W.R.D.Bandaranaike）颁布了《僧伽罗语唯一法案》，在政府公务和所有官方事务中，用僧伽罗语代替了英语。它强迫泰米尔人（此前泰米尔人占据了大约60%的公务员职位）下岗，甚至把他们驱逐出国。最初，这导致了泰米尔各政党的非暴力抗议。但非暴力抗议导致了不同族裔之间的暴力骚动，数百名泰米尔人遭到僧伽罗暴徒杀害。两年后，政府达成"僧伽罗唯一、泰米尔亦可"（Sinhala Only, Tamil Also）的妥协（虽说这名字不合逻辑）。尽管如此，泰米尔语仍然处于次要语言的地位，但泰米尔人接受了。

不幸的是，在接下来的几年里，他们把30多万泰米尔人驱逐到了印度，他们歧视参加大学入学考试的泰米尔人，他们禁止泰米尔媒体入境。在1972年的新宪法中，他们将佛教（大多数僧伽罗人信奉的宗教）列为"最高地位"，取代了泰米尔人的印度教。

直到2015年，更为温和的领导人西里塞纳（Sirisena）在政治上击败了僧伽罗民族主义者拉贾帕克萨（Rajapaksa，是他以铁血手腕残忍地结束了战争），带来了和解的希望。次年的独立日庆典上，泰米尔语版的国歌《母亲，斯里兰卡》自1949年以来首次出现在官方活动中。但和平协议是脆弱的，且遭到僧伽罗佛教民族主义者的强烈反对。在后者眼里，泰米尔语和印度教徒，充其量只是"他们"国家的客人。

第十七名

土耳其语

TÜRKÇE

9000万人使用

　　以土耳其语为母语的人，大约有7800万，另有1200万人将其作为第二语言。土耳其和北塞浦路斯是土耳其语通行的主要地区；这两个地区都包括了大量以之为第二语言的人。巴尔干半岛，以及西欧，特别是德国、法国和荷兰，都生活着数量可观的说土耳其语的少数族裔。

土耳其语

自称 TÜRKÇE、TÜRK DILI。

语系 突厥语系，由大约30种分布地区甚广（从东南欧横跨东北亚）的现存语言组成。在突厥语系中，土耳其语跟阿塞拜疆语和土库曼语同属乌古斯语支（Oghuz）。这几种语言的相互理解程度极高。

书写方式 如今的土耳其语采用拉丁字母表，附加一些额外的字母：ç、ğ、ı、ö、ş和ü。字母i的大写也头上带点：İ。

语法 土耳其语不分阴性/阳性。"她""他"以及"它"，都用o来指代。极少数名词（主要是亲属称呼）有独立的男女形式。语法有着高度的黏着性，也就是说，单词可以有着长长的连串后缀。例如，以BAŞAR一词为基础（这个词的意思是"成功"），可以创造出BAŞARISIZLAŞTIRILAN（意思是"that which is made unsuccessful"，或可译为"注定无法成功的东西"）。后一个词由一整套的后缀构成（BAŞAR-I-SIZ-LAŞ-TIR-IL-AN），是一个完全自然而然的词语，任何说土耳其语的人都可以随兴地使用。

语音 土耳其语有着元音和谐律。单词的最后一个元音会影响该单词后缀的元音。例如：如果前面的元音是e、i、ö或者ü，则单词的复数后缀是-LER；如果前面的元音是a、ı、o或者u，复数后缀是-LAR。

外来语 传统上来自波斯语、阿拉伯语、法语、希腊语、意大利语，现在来自英语。

语言输出 hummus（鹰嘴豆泥）、yogurt（酸奶）、baklava（蜜糖果仁千层酥）、pasha（帕夏，土耳其高级官员的尊称）、fez（土耳其毡帽）、minaret（尖塔）、jackal（豺狼）、lilac（丁香花）、tulip（郁金香）、kiosk（小亭子）、divan（长沙发躺椅）、harem（后宫）等（一些词的词源可追溯到波斯语或阿拉伯语，参见正文）。

学习指南 如果你有意学习一门非印欧语系的语言，又不想被难得挠破脑袋，土耳其语是个不错的选择。它跟我们印欧人使用的语言有明显的不同，所以绝不简单，但至少它的语法和拼写（拉丁字母）都非常规律，而且没有声调。

17　土耳其语

无法挽回的改良

　　数百年来，奥斯曼帝国的精英们会说会写一种特殊的语言。它表面上叫土耳其语，但实质上不然。一个土耳其人有可能在伊斯坦布尔或者安卡拉生活了一辈子，但从不曾掌握它，甚至根本不怎么了解它。掌握它需要接受学校教育。到了20世纪上半叶，奥斯曼土耳其语在各个方面成了一种死掉的语言，并且被什么替代了呢？方言吗？并非如此。土耳其共和国设计出一种全新的标准语言，跟奥斯曼语和传统的土耳其口语都截然不同。在我们考察这头奇怪野兽的性质之前，还是先来看看它所取代的帝国混血儿的历史吧！

I：从古土耳语到奥斯曼语

　　奥斯曼土耳其语的词汇大多从波斯语和阿拉伯语借用而来，语法也明显受到两者的影响，它反映了中东过去一千多年的历史。我们要在短短几页篇幅里讲述整个这一时期——所以，请做好心理准备。

　　直到公元7世纪初，土耳其人、波斯人和阿拉伯人彼此之间才有了值得注意的接触。接着，公元632年（即穆罕默德辞世那一年），阿拉伯人与波斯帝国开战。在当今的观察家看来，这显然是一个令人困惑的事件转折点：若干形迹可疑的沙漠部落，在一种新宗教的激发下，跟一个在方方面面都更为成熟的强大帝国展开了较量——可前者却打赢了一场又一场的战争。公元643年，任务完成：波斯陷落（埃及也沦陷）。

但是征服一个成熟的敌人，并非全无风险。你还没来得及了解这个敌人，你就变得跟他们相似了——在阿拉伯开始四方征伐之前的几百年前，日耳曼部落就已拿下了意大利、法国、西班牙、北非和（又一次）意大利，去问问他们变成了什么样。

诚然，从文雅的角度来说，阿拉伯人比粗鄙的日耳曼部落略好一些，但即便如此，击败波斯人之后，阿拉伯人想让他们皈依伊斯兰教，将之阿拉伯化，仍是徒劳。波斯人的确借用了一些阿拉伯语词汇，但也就到此为止了，他们的语言和文化仍然是彻彻底底的波斯味。

公元750年，在波斯人的支持下，一个新的阿拉伯哈里发王朝在伊斯兰世界掌权。从那以后，波斯人的文化影响力开始增长，并把持了许多重要的职位，民众越来越欣赏波斯的语言和作家。说阿拉伯语的大马士革失去了帝国首都的位置，取而代之的是一座位于底格里斯河上的新城市。而这座新城市，建立在波斯村庄的旧址之上，它起了阿拉伯名字（叫MADĪNAT AS-SALĀM，意思是"和平之城"），只是从未流行起来。哪怕到了今天，世人仍然只知道它从前作为波斯村庄的旧名字巴格达（BAGHDAD），或者"上帝所赐"。

阿拉伯语，是《古兰经》所用的语言，仍然是第一语言，但很长一段时间以来，波斯语继续在伊斯兰世界中发挥着重要作用，尤其是在中东和南亚。因此，不再只有波斯语从阿拉伯语中借用单词，反过来的情况也很多，尽管程度较轻。这些彼此借用的词汇有许多沿用至今。阿拉伯语的"冠"和"杯"（TĀJ、FINJĀN）都起源于波斯语，而波斯语里的"神学"和"贸易"（ELÂHIÂT、TEJÂRAT）则源于阿拉伯语。

土耳其人并不生活在中东，而是在更北边的亚洲大草原上。公元8世纪，一支叫作"乌古斯"的土耳其部落定居在里海东部，也就是现在的土库曼斯坦，他们跟波斯人建立了友好的邻里关系。如果说，早前时期，阿拉伯沙漠部落在文化修养方面无法跟波斯人匹敌，那么，对生活在土耳其草原上的居民来说，情况就更是如此，而且后者也敏锐地意识到了这一点。他们效法并采纳了所有能用得上的波斯文明元素：最初是新的食物和城市便利设施，接着是伊斯兰信仰。由于他们的语言显然没办法为所有这些新鲜事物起名字，所以，在引入概念时，他们也顺便引入了波斯语的词汇。这些外来语中有一些是阿拉伯语，所以，少数阿拉伯语很早就通过波斯语进入了土耳其语。在这一时期，土耳其人还用阿拉伯文字取代了自己古老的突厥文字。总之，在公元9世纪到11世纪，混合的土耳其-波斯文化逐渐出现。

公元11世纪，一些土耳其人在波斯跻身权力阶层，有效地接管了帝国。不过，他们并没有宣布以土耳其语为新的行政语言——他们不可能指望所有的波斯官员都学习一种截然不同的全新语言。不过，波斯语的确吸收了数量可观的土耳其语词汇，它们大多与政府和战争有关。在文化方面，土耳其和波斯传统融合得更加紧密，并掺杂了阿拉伯元素。但要进入本章开头提到的奥斯曼土耳其语，我们还有很长的路要走。

11世纪，安纳托利亚（大致相当于现代土耳其的大部分地区）也开始了缓慢的土耳其化进程。然而，我们必须意识到，在数百年里，安纳托利亚仍然是一个种族和语言的混合地带，土耳其人、希腊人、亚美尼亚人、犹太人、库尔德人、罗姆人、亚述人等，全都生活在一起。

现在，我们将跳过一个"肮脏的时期"——也就是成吉思汗和其他蒙古人将死亡和破坏传播到整个中东及更远的地区，建立了历史上最庞大的地理相连的帝国[1]。我们从1359年把线索接上，此时，从土耳其西北部的一个地方王子奥斯曼一世开始，一连串继任领导人以惊人的速度向四面八方扩张疆土。300年后，他们的奥斯曼帝国不光控制了安纳托利亚和巴尔干半岛，还几乎控制了整个阿拉伯世界。很快，奥斯曼的苏丹就被视为新的哈里发，并于1517年正式获得了哈里发头衔。"哈里发"（caliph）一词的字面意思是"继任者"，按照通常的阐释，它指的是"穆罕默德的继任者"。从伊斯兰的角度看，土耳其人现在拿下了大奖。但这一次，他们仍然没有把自己的语言和文化强加给帝国的其他民族。实际情况恰恰相反：多亏了阿拉伯语的强大影响，奥斯曼土耳其语（也就是帝国精英和文化人所用的语言）实现了最充分的混血之美。10个世纪的进程也已完成。

到目前为止，在我的叙述里，奥斯曼土耳其语似乎只借用了波斯语和阿拉伯语词汇，但情况远非如此。希腊语、拉丁语、意大利语、亚美尼亚语和其他词汇也相继汇入。到了19世纪，当奥斯曼土耳其帝国摇摇欲坠、虚弱不堪，想要实现国家的现代化时，这门语言里突然涌入了来自当时欧洲最主要语言——法语的大量词汇。

---

1 这里是跟日后的英帝国相对照，英帝国采用殖民地形式运作，其管辖的地区在地理上大多是不相连的。

奥斯曼帝国的语言是人造的，其书法高度艺术化。这幅手稿中描绘的是历史学家塔利克扎德·梅米德（Talikizâde Mehmed，左）正在做口述。

　　奥斯曼土耳其语基本上是一种精英语言，在这个多民族的大帝国里，只有文化和政治上层人士才用它说和写。就连精英阶层在成长过程中也说的是其他语言：阿拉伯语或波斯语（尽管波斯语在几个世纪前已经解体）、希腊语、保加利亚语、库尔德语、亚拉姆语、亚美尼亚语、阿尔巴尼亚语——或者，土耳其语。没错，的确包括土耳其语，因为除了奥斯曼语的分支之外，还有一种地方语言，指的是"粗糙版土耳其语"。它同样大量借鉴了其他语言，但并未达到奥斯曼语那么极端的程度，而且，从语法上来说，它更忠实于自己。

在这一漫长的历史进程里，有一点值得注意：这么多个世纪里，土耳其人对自己的语言和文化十分谦虚。他们似乎尊敬波斯人和阿拉伯人，一如古代罗马人尊敬希腊人。直到1923年土耳其共和国成立，土耳其人才摆脱了自卑情结，为纯正土耳其的一切感到自豪。并且，他们这么做的时候，还带着报复的心理。

II：从奥斯曼语到现代土耳其语

1927年，总统穆斯塔法·凯末尔（Mustafa Kemal，现今也称为阿塔图克）在国会上连续6天发表了总计长达36个小时的演讲。这是一场意义深远的演讲，直至今天，土耳其人提到它也只需用NUTUK（"讲演"）就可以了。如果是21世纪的土耳其政治家发表演讲，人们将不再称之为NUTUK，而是用SÖYLEV一词来代替。这并不是因为他们决定用另一个词来形容凯末尔的长篇大论，而是SÖYLEV已经成为"讲演"的日常词汇。

这是为什么呢？我们会很自然地以为这是一种随机的变化，它在每一种语言里都不断发生。但就这个例子而言，事情不是这样。从阿拉伯外来语NUTUK过渡到SÖYLEV（它有着突厥语词根，但1927年还压根儿不存在）反映了大致发生在20世纪中间50年里土耳其语的一种根本性变化。

到1963年，凯末尔所说的奥斯曼土耳其语文本中充满了新一代无法理解、必须翻译成现代土耳其语才行的词汇。译本中又包含了一些从没流行起来过的新造词汇，所以到了1986年又需要再出版一个新译本。对今天的土耳其年轻人来说，凯末尔1927年的讲演稿，听起来就像是说英语的年轻人听到17世纪的学术小册子那么陌生。短短两代人的时间里，土耳其语经历了相当于英语400年间的演变。

演变？不，更像是革命。土耳其自己称之为DİL DEVRİMİ，按照字面意思，指的是"语言的颠覆"，用"革命"来形容的确也更恰当。按照字典的解释，DEVRİMİ指的是一种"迅速、激烈的质的变化"，在我听来很像是革命了。但出于某种原因，英语将这一过程称作"语言改革"，显得没什么血腥味。

书面土耳其语迫切需要改变。19世纪中期，所有书籍和报刊仍然使用混合了阿拉伯语、波斯语和作为"真正"土耳其语的奥斯曼土耳其语，这种语言是在数百年间的密切文化接触中形成的。普通土耳其人要是想阅读报纸（这里假设他们识字，但可能性不大），会发现它们简直无法理解——就像我们大多数人阅读法律文件一样。到19世纪末和第一次世界大战前的若干年里，这种情况逐渐有所改善。作家和记者在作品里加入了更多常用的土耳其语词汇。而且，他们开始减少使用源自阿拉伯语和波斯语的语法结构。

这里举一个关于后者的例子，使用奥斯曼语的作者会把"自然科学"一词写成"ULÛM-İ TABİİYE"[1]。ULÛM（"科学"）是阿拉伯语复数，它的单数形式应该是İLİM。TABİİYE同样是来自阿拉伯语的阴性形容词，而土耳其语本身的词汇并不分阴性/阳性。ULÛM后的-i是所谓的"耶扎菲"（izafet，意思是"附加、补充"），这是一种源自波斯语的语法工具，用来把形容词和它前面的名词连接起来。然而，在真正的土耳其语里，名词跟在形容词后面，不需要使用耶扎菲。说ULÛM-İ TABİİYE是土耳其语，就像假装sciences

---

1　这里使用现代土耳其语誊写，所以大写字母İ上才有一点。——作者注

naturelles（即英语natural sciences，自然科学）不光是法语还是英语一样，哪怕英语很少把形容词放在名词后面，也从不因为名词的词性或数量而改变其形态。

20世纪初，许多作家不再使用ULÛM-İ TABIİYE，改用了TABİÎ İLİMLER。从语法上说，它是纯粹的土耳其语了：形容词在前，复数后缀为-LER，没有了阿拉伯语的词语性别，也没有了波斯语的耶扎菲。伊斯坦布尔的街头小贩有机会谈论"自然科学"，他无疑会选择TABİÎ İLİMLER。没错，这些词本身仍然借用自阿拉伯语，但那又怎么样呢？毕竟，英语里的"natural"和"sciences"也是外来语，分别来自法语和拉丁语。有人反对吗？

1914年至1923年第一次世界大战期间，土耳其的国家命运岌岌可危，语言问题逐渐淡出人们的视线，但共和国成立没多久，它却出人意料地走上了舞台中央。激进的第一步是1928年的HARF DEVRİMİ，也即"字母革命"。几乎在一夜之间，凯末尔用一种专门设计的拉丁字母取代了阿拉伯文字，从此所有公共和官方文书必须使用拉丁字母。这标志着这个国家的文化立场来了个180度的大转弯，从中东转向了西方。次年，学校课程里删除了阿拉伯语和波斯语，以欧洲语言取而代之，进一步松开了土耳其和中东其他国家之间的文化纽带。尽管土耳其保守人士至今仍在感叹此举的影响，但他们并不否认，改用拉丁字母极大地便利了书写和阅读。

凯末尔在君士坦丁堡（伊斯坦布尔）教授罗马字母表。

　　文字固定了下来，书面语言也在缓缓地朝着正常的伊斯坦布尔口语方向发展。凯末尔本可以就此罢手，但他不是一个会善罢甘休的人——语言自然更不能，因为语言是他的一种爱好。凯末尔对土耳其语的现状怨念颇深，因为即使是地位低下的农民、工厂工人和小店老板所说的口语里也充斥着波斯语和阿拉伯语外来词。"土耳其民族必须把自己的语言从外国语言的枷锁中解放出来。"1930年，他这样写道。1932年7月，土耳其语言学会（TDK，*Türk Dil Kurumu*）成立，同年晚些时候，它发起了"文字收集动员"。该学会中央委员会向全国各地的军官、政府官员、学校教师和医生发放了一本小册子，解释怎样收集典型地区词汇，并使用附赠的纸条记录下来。一年之内，全国收集了3.5万个不同的词条。而且，在古老的教材和其他紧密相关的语言字典中（如阿塞拜疆语和土库曼语）还找到了近9万个其他词语。经过相当草率的检查，这两套词条（外加另一些词条较少的来源）合并成一套，统称为"*Tarama Dergisi*"，充当专家们创造新词汇时的资料。但热情的纯粹主义者们把它当成了参考工具书，进一步扩展发挥。在这个过程中，土耳其陷入了语言大动乱。"有一阵子，简直就像是巴别塔倒了一般。"土耳其语言政策的知名权威杰弗里·刘易斯（Geoffrey Lewis）说。

　　这个过程中也不乏闹剧元素，比如新出现了一种叫作"替手"的就业机会：这些人是专业的文字编辑，他们唯一的任务就是用*Tarama Dergisi*中列出的本土替代词来代替每一个原本用得好好的外来语。但由于*Tarama Dergisi*里常常会建议若干（有时候甚至多达数十个）可选词汇，每一名替手都可以从中自由选择，可怜的读者唯一能指望的便是替手选择的词语自己能够懂——这里的"懂"往往指的是能把"新话"又翻译回最初被替代的阿拉伯语、波斯语或法语单词。正是在这个动荡的时期，出现了一件经常被人提起的趣事

（可能出自杜撰，也可能不是）：有人问某个土耳其作家会说多少种语言。"我只能勉强理解土耳其语。"据说他这么回答。

这种无政府状态并不是凯末尔在宣布土耳其语应当"像土耳其民族那样自由与独立"时所想到的那种自由。此外，他并不怎么喜欢由此产生的新语言，也即所谓的 *Öztürkçe*。在1934年底举办的一场宴会上，他发表了一次讲演。一位特别热心的替手把所有的外来词都清除掉，只保留了5个，结果那篇讲演稿听起来简直像是外国话。据在场的人说，凯末尔当时很尴尬。（让我们再想想现场的可怜翻译，为了让宴会上瑞典王室贵宾们听得懂，他不得不翻译总统的话。）很明显，语言这件事已经失控。但怎样才能不丢面子地找个台阶下呢？

1935年，凯末尔收到了一篇来自维也纳的未发表文章，用蹩脚的法语写成，作者是东方学家赫曼·菲奥多·奎吉克（Hermann Feodor Kvergić）。这篇长达41页的文章无疑是天赐的礼物。奎吉克是布拉迪斯拉发（斯洛伐克一城市）出生的塞尔维亚人，认为土耳其语是所有人类语言的母亲。请别管他的主张建立在什么基础上，因为它荒谬得压根儿靠不住（据说是史前人类看到太阳发出了赞美声，这声音成为人类发出的第一个音节，故此奎吉克的理论叫作："太阳语言论"）。这里的要点在于，如果所有语言的单词都源自土耳其语，那就没必要清除土耳其语里的外来元素了。据土耳其语言学会一名成员说，凯末尔立刻看出了这种理论的潜力，他读完文件马上就说："就是它了！我找到了我想要的东西！"

凯末尔是真的相信这套理论，还是仅仅把它视为控制失控局面的权宜之计，历史学家们对此意见不一。我们有可靠的消息说，他鼓励自己的语言幕僚去给当时认为是来自阿拉伯语、波斯语、法语或希腊语的单词想出突厥语词源。比方说，他们"证明"ELEKTRİK一词有突厥语词根：在维吾尔语这一突厥语言里，YALTRIK的意思是"闪闪发光的、善良的"。如果说法语里也有ÉLECTRIQUE一词，那一定是因为它借用自土耳其语！再举一个例子：POLIGON（多边形）源自BOL，意思是"丰富的"，GENIŞ的意思是"宽的"，故此polygon的意思是一种有着"多重宽度"的东西。当然，这一切都是瞎编的。我们完全没有理由怀疑ELEKTRİK和POLİGON的传统词源，因为它们的希腊语词根很明显，也很容易证明。"修改"它们的词源是一种没有事实依据的政治行为，除了土耳其人，几乎没什么人把它当回事。

就一般性用语而言，这套理论的短暂统治的确暂时阻挡了纯粹主义者的热情。然而，在科学术语领域，凯末尔继续支持改革，理由也很充分。不管是数学、医学、地理还是物理，大多数专业术语都是阿拉伯语。诚然，阿拉伯语也是突厥语的后代，至少太阳语言论的信徒是这么认为的，但在实践上，这并不能让这些科学术语变得更容易学习。此外，许多词汇仍然是明显的奥斯曼土耳其语，使用阿拉伯语的词序和波斯语的耶扎菲（见前文ULÛM-i TABiiYE一词的例子），年轻人们已不再熟悉。

凯末尔认为，这种情况必须改变，于是他自己带头写了一本名为《几何学》（Geometri）的书，1937年匿名出版，用纯粹的土耳其语，有时也用欧洲词汇（从书名本身可以看出）代替了几何术语。其中许多已经流行起来。还是用之前用过的例子："polygon"（多边形）过去叫作"KESİRÜLADLÂ"，凯末尔没有叫它"POLİGON"（毕竟这只是用法语–希腊语外来词代替阿拉伯语外来词），而是选择了"ÇOKGEN"。这是一个复合词，其中ÇOK的意思是"多个"，GEN的意思是……呃，正式说来，GEN源自"宽"的土耳其语，但如我们刚才所见，它跟"GON"（如

POLİGON一词中）的相似性好像并非巧合。

再一次，一如1928年，一种稳健的方法似乎占了上风。纯粹主义应用到了有用的领域，而自由放任政策允许日常语言自然而然地逐渐发展。但鼓吹激进纯粹主义的人仍伺机而动，只要出现机会就兴风作浪。等到1938年，凯末尔去世，他们抓住了时机。他们一边说自己只想继续推进伟人的工作，一边着手净化之前仿佛从来没净化过的语言。他们引进新单词的速度或许比混乱的20世纪30年代中期慢一些，但这一回他们努力的时间足够长（包括40年代的大部分时段，并在60年代又来了一回），弥补了速度慢的"缺点"。对报纸用词的统计分析证明，语言纯粹主义运动产生了巨大的影响："纯正"土耳其词汇的比例从1931年的35%提升到了1965年的61%。阿拉伯语、波斯语和"奥斯曼"语单词的总比例从59%降至31%。"其他"来源（主要是法语、希腊语和晚近的英语）的词汇排在最后，在4%～8%之间波动。这些数字所掩盖的事实是，许多土耳其语词汇改变了（有时是暂时的改变，有时则改变了不止一次）原来的意思。

土耳其语的这种转变，也让很多土耳其人感到不满。一些人是保守主义者，认为奥斯曼帝国的黄金时代遭到了玷污。更多的人是因为他们的语言敏感性受到伤害，而且这很容易引起共鸣。不可否认，纯粹主义者大幅超越了他们最初的目标，即最大限度地缩小书面语言和口头语言之间的差异。如果他们做得足够专业和优雅，哪怕做到一半也能够为人接受，可惜他们并没有。谁能指望几年前胡编乱造虚假词源的人（或者，就像杰弗里·刘易斯所说的"能在公开场合毫不脸红地说这些胡话的人"）具备专业知识和优雅风度呢？

当然，并不是所有新生事物都存在缺陷。有不少新生词汇都造得很棒，比如用birdlore（"鸟类知识"）来代替"ornithology"

（鸟类学），用foreword来代替"preface"（前言），它们都来自19世纪的英语纯粹主义者，只不过，birdlore没能流行开来，而foreword却成功了。[1]另一些新词并不是新造出来的，而是本来已经遭到淘汰的词语的复兴。在一定程度上，英语也出现过同样的情况：单词sibling（兄弟姐妹）在消失了几个世纪之后，于1903年重新出现（作为德语单词GESCHWISTER的趁手翻译）；它原来的意思是"亲戚""亲属"。今天，没有人反对使用foreword和sibling，说土耳其语的人，也并不反对使用自己语言里类似的例子。

但新的土耳其语词汇，有大量是随意形成的。土耳其语喜欢后缀，所以，并没有人反对使用后缀来创造新词汇。但这么说吧，要是后缀的使用能保持一定程度的一致性，那就更好了。在英语里，我们一般认为，如果给一个动词加上-er或or的后缀，那么新构成的词语指的是某人或某物执行了该动词所表示的动作。在本章前面部分，我用了"substitutor"（也即"替手"）一词，你知道这个人的活动是将某物替换为另一种东西。如果把这个人叫作a substitute、a substitution或者a substituting，你会感到困惑。再举个例子，如果某物rehydratable（"可补充水分"或"再水化"），你立刻就能明白它是可以rehydrated的。可如果我用的是rehydratesome、rehydratory、rehydratesque，甚至rehydratal，你一定会指责我对你心爱的语言进行了生搬硬造。

然而，后者却正是土耳其语里发生的情况。举个例子：由于词根YAZ的意思是"写"，任何人都很清楚YAZIM、YAZIN和YAZIT必然有着语义相关性，可我们无法判断它们分别指的是"拼

1　"ornithology"和"preface"都源自拉丁语，而birdlore和foreword则是由纯粹的简单英语词汇叠加创造，故作者这样说。

写""文献"还是"铭文",后缀用得太随意。这些,以及更多的例子,就是为什么杰弗里·刘易斯就土耳其语言改革写了一本书,并把副标题叫作《灾难性的成功:改革严重损害了土耳其语》的主要原因。当然,伴随它成长起来的新一代把这些新词视为理所当然,直到他们回过头去看旧日文献时才意识到这些词都是新造的。但是,任何在改革进行得如火如荼期间学习并热爱土耳其语的人,都经历过长时间的困惑和折磨。

语言的阻力

本章的前半部分讲述的是奥斯曼土耳其语是怎样成为一个美丽的混血儿的,这个过程,许多语言都多多少少经历过,英语也不例外。但后半部分却更为特殊:很少有语言纯粹主义者能像20世纪的土耳其做得那么成功(更罕见的是,他们的工作做得如此草率)。这是一个惊心动魄的故事,它提出了语言受干预到底有多大可行性的有趣问题。

如果语法学究、对语义发音吹毛求疵的人,以及其他秉持理想主义的语言爱好者抗议说,语言学家没有尽心尽力地阻止英语、德语、法语或任何其他语言的"退化",语言学家会下意识地回答说:他们不可能蓄意地把语言引向任何方向。学者们一般认为,"科学探究的是:事物是怎么回事,而非事物应该是怎样";但语言学家做得更彻底,他们主张,干涉的企图全无意义。他们说,言说者群体有自主性,不会跟风。

土耳其的经历似乎和"阻挡语言徒劳无功"的观点相矛盾。今天的土耳其人或许并不会完全按照该国语言学会希望的方式说话,但无可否认，这一好管闲事的官方机构已产生巨大的影响。尤其是在词汇领域，不管你喜欢也好，不喜欢也好，土耳其语言学会的影响巨大而持久。

对这种矛盾局面，我能给出两种解释。

当新生的共和国建立在多民族多语言的奥斯曼帝国的废墟之上，一种新的土耳其民族主义必须设计出来。而这个国家建设项目的关键元素之一，就是要使用一种外来词汇更少、更为"纯粹的土耳其人"的语言。换句话说，对语言改革，这个新生国家一开始就怀有极大的热情。在20世纪操持英语、法语、德语等语言的人看来，这似乎显得很奇怪，但实际上，他们的语言在几个世纪前也经历过类似的阶段。英国人、法国人或德国人，在本质上或许并不总是纯粹主义者，但他们所用的语言，必然具备一定的纯粹规范。东欧的许多语言直到19世纪才经历这一阶段，这些地方的人或许更容易理解土耳其的情况。

另一种不够全面的解释可能是，从诞生之初，土耳其共和国就相当专制。在成立的最初25年里，它没举行过多党选举，还发生了好几次军事政变。多年来，政府一直控制着电台和后来出现的电视台，所有的教科书都要经官方批准。在这样的环境下对语言施加权威力量，很可能比在一个市场力量至上、极少有政客敢于跟选民喜好对着干的社会里更为可行。事实上，在土耳其语言漫长的"纯化"过程中，2017年5月，总统埃尔多安做了自己的首次尝试：他下令体育部长，将全国所有足球场的称呼从拉丁语的arena改为使用stadyon，因为arena是古罗马角斗士互相厮杀的地方，词语本身就让人感觉道德败坏。

西方语言学家可能是对的：他们没有办法控制语言的进程。但它只适用于特定的时间和地点，不是普遍真理。

第十六名

爪哇语

BASA JAWA

9500万人使用

　　爪哇语是爪哇中部和东部使用的语言，几乎完全只有当地人使用，极少有人以之为第二语言。数百万爪哇人现在生活在印度尼西亚的其他岛屿上，还有更小的群体移民到马来西亚、苏里南、荷兰和沙特阿拉伯。

爪哇语

自称 BASA JAWA，俗语里叫CARA JAWA（"爪哇之道"）。

语系 南岛语系（Austronesian，其字面意思便是"南部岛屿"）。该语系的所有成员，包括爪哇语，都属于马来–波利尼西亚语族。这些语言主要在印度尼西亚（新几内亚除外）、菲律宾、马来西亚和整个太平洋地区使用，但马达加斯加是例外。

书写方式 拉丁字母基本上已经取代了爪哇语和阿拉伯语字母。前者大约兴起于9世纪时的爪哇，受印度教和佛教文献中印地语字母的启发（见"第15名 波斯语"章节）。阿拉伯语字母是13世纪之后穆斯林带来的。

语法 名词和动词不受大小写、数字、性别或时态的影响。然而，前缀、中缀和后缀用于其他一些语法目的，如构成被动语态。重复（也即一个单词的部分或全部重复）有多种作用，包括构成复数形式，或从名词派生形容词。和更常见的模式相反，爪哇语已经失去了定冠词。

语音 6个元音音素。取决于在单词中的位置，其中4个可以表现为两种不同的方式，故此一共可以听到10个不同的元音。辅音有21个，其中一些在南岛语系里十分罕见，许多语言学家都认为它们是受梵语影响所致。

外来语 主要是梵语，也有阿拉伯语、荷兰语和马来语。例如basa（语言）、kaum（人群）、amtenar（公务员）和berita（新闻）。

语言输出 极少。基本上用于表达当地文化现象，如gamelan（加美兰，指以木琴、大吊锣等为主的爪哇传统乐队）、kris（波状刃短剑，当地的短剑）和wayang（哇扬戏，爪哇岛的一种木偶戏）。

母语基地 在本书涉及的20种语言里，爪哇岛的地理面积最小，不到10万平方公里，大致相当于匈牙利或美国怀俄明州的面积。爪哇土地肥沃，人口密集，每平方公里人口达到了1000人以上。

16 爪哇语

雅与俗

学者为学术期刊撰写文章的时候，一般并不会发表严厉斥责的意见。然而，1889年，荷兰文献学家扬·布兰德斯（Jan Brandes）却是这么做的，在他对爪哇语的讨论中，他说这是"一种病态现象""一种累赘"。在他看来，这"是通过学究式的学校教育人为设计出来的""受了高度感染"。这些话，不管在当时还是现在，都说得很重。但叫布兰德斯气愤的其实完全不是爪哇语，而是一种特殊的风格，也叫作语言的"语体"（register），也即正规爪哇语"敬语"（krama）。如果说话人能自由地使用正规用语，看到合适的时候想用就用，这是一件很好的事情。但跟英语及其他大多数语言不同，爪哇语并不那么自由。此处的社会环境主动规定使用敬语。布兰德斯敏锐地意识到了这一点，而这让他感到愤怒。

一个欧洲人，在描述一个被自己同胞所征服、剥削的国家的文化时措辞严厉，人们不免心存警惕。然而，布兰德斯似乎切中了某些东西。至少，他欣赏爪哇语基本的非正式语体。他对敬语的蔑视，非殖民时代的观察者也有所回应。1980年，历史学家、政治学家和印度尼西亚专家本尼迪克特·安德森（Benedict Anderson）将敬语称之为"一种极端的语言发展"，并补充说，"接受布兰德斯的大体观点，我们不会错"。在印度尼西亚，许多当地人对爪哇语怀有敌意，而敬语正是让他们怀有敌意的原因之一。早在20世纪最开始的10年就曾出现过一场旨在废除敬语的爪哇语运动。这场不成功的运动很短命，但它对正规语体的厌恶，在印度尼西亚的语言政策上留下了痕迹。

正式用语的细微差别

那么，敬语到底怎么了？为什么它长期以来惹恼了那么多的人？

讲话者可以在正式和礼貌之间做出选择，爪哇语在这方面并没有什么特别之处。所有的语言都这样。在英语里，人人都知道"I beg your pardon？"（"麻烦您再说一遍？"）和"What？"（"什么？"）或者"Huh？"（"啥？"）有什么样的区别。你可能会用琼斯先生、特雷沃或"伙计"来指代同一个男人，并且把"is not"不正式地缩写为"isn't"甚至"ain't"。在大多数欧洲语言里，单数的"你"至少有两种变体，一种更为正式、礼貌或保守，另一种没那么正式。

这类事情，在东南亚和东亚的大部分地区走得更远。在这些地方，粗鲁和礼貌之间的许多细微差别和语气，都已设定在了语言代码里，远比西方人熟悉的套路更严格。比方说，日语里大量的后缀和动词词尾变化，可以表达尊重或谦卑、礼貌或正式。韩语也像酥油饼一般层次感十足，动词里编码的礼节足足分为七种层次，五种用于日常生活，另外两种在文学和戏剧中则很常见。我们在"第20名 越南语"章节也看到过，越南语的人称代词，比如"姐姐""弟弟妹妹""朋友"或"祖父"等，有着跟身份地位相关的含义。不管是泰国语、柬埔寨语、缅甸语还是汉语文言文，所有这些语言都展现出了丰富的微妙礼节差异，让法语里的*tu*和*vous*（你和您）相形见绌——至于英语，压根儿没有这种东西。"然而，它们都没有发展出一套像爪哇语那样广泛的系统。"爪哇语专家（爪哇语也是他的母语）索普莫·波多索达默（Soepomo Poedjosoedarmo）说。

所以，爪哇语里有一套异常广泛的礼节体系——这有什么大不了的呢？许多语言都有极度复杂的体系。据说，仅在俄罗斯南部偏远角落使用的采兹语（Tsez），有着多达64种词格的系统，但好像没人在乎，哪怕它跟敬语一样是强制规定的。为什么印度尼西亚会因为这个发生骚乱？

让我们仔细看看爪哇语系统。究其核心，是这样：词典里的每一个单词，都属于5类词汇里的一种。其中4类表达不同程度的礼节或礼貌，唯一的例外是"平语"（ngoko，发音为/ng/，如singer，也译作"低爪哇语"或者"俗语"）。平语是爪哇语的核心。每一个孩子都学过，所有的说话人都知道，原则上，它能够表达任何想法。一个世纪前，抵制敬语的活动家们甚至只说平语，而且他们能言善辩，表达清晰——更不必说，在爪哇同胞的耳朵里，那样的语言听起来何其失敬。

说平语词汇不正式，并不是说像用"汉子"称呼男人、用"奶子"称呼胸部那种不正式。绝大多数单词中性得无可挑剔，可以在任何对话中自由使用。从这方面看，平语就像日常英语：我们说cat（猫）、read（读）或者near（接近），但没人对此大惊小怪。然而，在爪哇语里，有近1000个此类普通词汇还另有一套正式的同义词，这些词统称为敬语。要表达正式之意，你必须使用它们。在英语里，我们或许可以把cat、read和near分别替换成feline、peruse和in the proximity of（以显得更为文雅），但哪怕是最叫人难以忍受的势利小人，也不会抗拒使用日常版本，因为这些词汇本身并不会让文本变得不正式。而这，就是英语跟爪哇语不同的地方。在正式场合（如法庭），你根本不允许使用有着敬语同义词的日常平语词汇。使用平语词汇是禁忌的地方，远远不只法庭这样的特殊场合。敬语是陌生人之间谈话的首选文体。

在爪哇语字典里，所有非严格意义的中性词汇，都会根据其文体来标记。比方说，在字典最前面的几页，我们会看到ABANG、ADOH、ADOL和AGAMA（意思分别是："红""遥远""贩卖"和"宗教"）后面跟着ng的标签，表示它们是平语（ngoko）。它们的敬语对应词写在括号里，分别是ABRIT、TEBIH、SADÉ和AGAMI。而转到ABRIT词条，我们会看到它的释义是"红色；ABANG的敬语版"。顺便请注意，一些平语—敬语词组很接近（AGAMA-AGAMI），而另一些完全不同（ADOH-TEBIH）。

在平语和敬语之间，有另一个中间层次，叫作半正式语（madya，它的字面意思是中间）。（这三种文体通常被称为高、中、低爪哇语。）虽然它基本上是敬语词汇和平语词尾的混合体，但它也有35个独特的单词，字典里将它们标注为md。例如，在AMPUN词条下，我们不光能看到它的意思，指"不得"（don't），还能看到"AJA的半正式

礼仪规矩：这位19世纪的爪哇贵妇会用一套词汇向她的仆人说话，而后者采用另一套词汇来回应——同时务必注意双方的身体语言。

语"。而AJA词条反过来又告诉我们，它的敬语版是SAMPUN。因此，表示"don't"的词汇至少有三个，每种文体各一个。从低到高，它们分别是AJA-AMPUN-SAMPUN。

另外两种文体类别是高级敬语（krama inggil）和谦语（krama andhap），前者包含近300个单词，后者只有大约20个单词。虽说名字不同，但这两类词汇不仅可以用于敬语，也可以用在三种正式形式里的任何一种当中（平语、半正式语和敬语）。如果对被提及的人含有尊重之意，就使用高级敬语，不管此人是男是女，还是第三方，也不管他在场还是缺席。不光提到尊者必须使用高级敬语单词，尊者的功绩、幕僚和财物，也都享受同等荣耀。因此，如果我们用爪哇语说他们"沐浴"，我们不能用普通版的ADUS，要用高级敬语动词SIRAM。同样，匆匆忙忙地为这位威严的沐浴者擦干、抹粉、着衣的仆人，可不仅仅是BATUR（平语词汇），甚至不是

印度尼西亚保留了传统的爪哇文字Aksara Jawa。图为爪哇岛上日惹市一个孩子正在学着辨识大街上派发的便签上的字母。

RÉNCANG（敬语词汇），而是ABDI，它是唯一正确的高级敬语词汇。语言学家将这一类的词汇叫作"honorifics"（谦恭语），也即赋予荣耀的词汇。

最后，谦语可以形容成高级敬语的功能性镜像。这些所谓谦语词汇的任务，不是为了向位高权重者表现尊重，而是强调说话者和其他下属的微不足道。你可以把它想成，就像是天主教徒在圣餐礼上所说："主啊，我不配领受您的……"诸如此类。

令人生畏的语言

当你和不熟悉的人说爪哇语，你必须使用正式词汇，也就是敬语，或是半正式语。每当你跟社会地位较高的人（比如长者）说话或提及这样的人，礼仪要求你对他们使用恭敬的词语（高级敬语），而在指代自己或地位较低的其他人时使用顺从的词语（谦语）。此外，礼仪和尊重不光体现在词语的精心选择上：非语言行为的许多方面，也比西方人的习惯要严格很多。敬语与一套复杂的礼仪相关，它规定了怎样坐、怎样站、怎样行、怎样指、怎样拉起你的手、怎样引导你的目光、怎样问候别人、怎样笑和打扮。

就算是对爪哇人而言，遵守这些不同的行动准则也不是一件容易的事。这种文化或许有着根深蒂固的基础，但使用所有正确的同义词，同时保持说话的流畅，不是一门容易掌握的手艺。它需要大量的训练，是人所属社会阶层的有力标志。在传统上（在某些地方至今仍是如此），流利地使用敬语是一种文化财富，能让说话人获得可观的声望——类似英语里观察到别人能自始至终地正确使用who/whom，但在爪哇，程度要严重上100倍。因为缺乏良好的敬语技能，不少教育程度较低的爪哇人几乎不敢在社会地位较高的人面前说话。哪怕在印度尼西亚（从来没人觉得这是个国民冲动鲁莽、说话爱大嗓门的国家），人们也都觉得爪哇人害羞、胆怯。（相邻地区说巽他语、巴厘语和马拉都语的民族，也有着同样的名声，他们的正式语言系统也差不多同样复杂。）

因此，敬语不光反映了爪哇社会的等级制度，还强化了这种制度。这正是一个世纪前印尼知识分子憎恨它的原因。

这里有一句来自1918年的代表性名言："既然造物主已经为沉睡的东方带来了光明，那就不适合继续在无法忍受的不平等状况下生活……抛弃敬语不光可取，也很必要。"此前的两年，一位著名的独立活动家说，"为改变爪哇人民的心理状态"，必须先改变他们的语言。他想了想，补充道："说不定还得杀死它。"

人造代用品

很多令人困惑的语言现象，是语言发展过程中自发产生的。爪哇的敬语体系不是这样。如果说，这一正式语体及被强制使用的事实，反映并强化了爪哇的社会等级制度，那是因为它正是为此目的而设计的。至于设计者，则是那些在等级制度中享有既得利益的人，他们渴望在外部力量的帮助和放纵下维持现状。

14—15世纪，爪哇岛是一个强大的帝国，有着优雅的文化，名叫满者伯夷（Majapahit，是爪哇岛上的一个印度教王国），其影响范围囊括了印度尼西亚大部分岛屿及马来西亚半岛。公元1500年后出现了巨大的衰落，无休止的战争和屠杀，带来了饥荒和迁徙。荷兰东印度公司通过加剧混乱赚到了可观的利润，但公平地说，他们既不是第一批行凶者，也不是唯一犯下暴行的人。在这一黑暗时代，爪哇岛遭到了彻底的破坏，今天的我们基本上只能从邻近岛屿上找到的文件来了解从前黄金时代的信息。当地几乎没有历史文献保存下来。

18世纪中期，爪哇岛沦入极为可悲的状态：政治上遭到征服，经济上一贫如洗，文化上一败涂地。昔日的伟大帝国已被遗忘，它的文学作品，用我们现在所称的古爪哇语写成，几乎无人识得。荷兰殖民者剥夺了王国精英们的权力，尽管如此（或许也正因为如此），朝臣和其他贵族却仍然得到了平民的恭敬对待。正是出于这种对尊重、礼节和礼仪的需求，产生了古典语言的复兴。然而由于古典语言早已散失，人们便创造出了敬语和其他语体。这是一种对消失的传统的人为复兴，并非真正的古风，仅仅是仿古，一如古玩店（Ye Olde Tea Shoppe）里的伪中古英语。爪哇精英们华丽地完成了这一花招，这么说吧，敬语抓住机会，成为"新造的古意"。

怎么会这样呢？当爪哇土著精英沦为殖民者的傀儡时，平民们为什么也参与到这场游戏里来了呢？部分原因在于，普遍而言，在爪哇和东南亚文化里，人们期待使用特殊的文体（而不是偶尔使用的个别字词）来表达礼仪和尊重。然而，一如我们所知，就算按地区标准来看，爪哇敬语的情况也十分极端。如果没有殖民政府，它能否达到这样的高度（或深度）很值得怀疑。只要荷兰人对当地的走卒感到满意，后者就没什么好怕的，他们敢于对自己的臣民提出最出格的要求——包括敬语的使用。殖民统治者也想让自己用得称手的当地代理人开心，似乎对后者的做法不乏鼓励。

布兰德斯说爪哇敬语"病态""畸形"和"受感染"，似乎也不算有失公允。但就算他意识到是自己的同胞促成了它的出现，他好像也从未对此发表过只言片语的评论。

美人鱼和飞马也使用传统爪哇文字——至少在流行艺术里是这样，比如印尼画家马里欧努（O'ong Maryono）绘制的这幅画。

建造公平的赛场

荷兰人离开印度尼西亚已经70年了。从很多方面看，爪哇岛主导着这个国家：在政治上、人口上、经济上、文化上——但语言上没有。尽管爪哇语是这个国家最广泛使用的第一母语，但早期的独立运动仍然选择了马来语，并将它大幅修改为印尼语（bahasa Indonesia），作为本国的国家语言。我们将在后续章节讨论这是不是个明智的决定，但在这里，优先选择马来语背后的考量是有见地的：爪哇敬语太过复杂，无法担此重任。如果说，在母语人士看来，敬语体系像是绊脚石，那么对不以爪哇语为母语的其他印尼民众来说，它简直是障碍跑里所用的高高的跨栏。在人们看来，跟爪哇敬语毫无相似之处的马来语，可以保证竞争赛场足够公平。

这样一来，如今的爪哇语走向了濒危之路。担心 门拥有8000万到1亿使用者的语言将来会灭绝，似乎太过荒谬，但语言的长期生存并不依赖于目前的人数——它需要的是将来的世代也照常使用。爪哇语碰到麻烦就在这儿。21世纪初期，只有12%的中产阶级母亲对自己的孩子说爪哇语，其余88%的孩子不大可能对这门语言获得母语级别的掌握力。有人曾问女性为什么在家里也说印尼语，她们表示，这能让关系更亲密。没有烦琐的平语、敬语和谦语，人们觉得印尼语更加"放松"，"参与感"更强。小规模研究和观察表明，农村地区同样出现了从爪哇语到印尼语的迅速转变。也有其他的研究给出过不同的结论。然而，尽管爪哇语的命运尚未尘埃落定，但不管是在城市还是农村，使用敬语的情况绝对减少了。老年人和中年人仍然会说它，但大多数20世纪80年代以后出生的人就不会用它，或是只用缩水版。即使爪哇语最终能生存下来，它独特的礼仪层次似乎也注定要消失。布兰德斯一定会高兴死的。

第十五名

波斯语
فارسی
FĀRSĪ

1.1亿使用者

8000万伊朗人中的大多数说波斯语，但他们中只有略多于一半的人生来就使用它；阿富汗3500万居民中有一半也说波斯语。900万塔吉克人中的大多数说塔吉克语，而塔吉克语是波斯语的变种。在阿曼、阿联酋和波斯湾有零星的波斯语社区，在乌兹别克斯坦有大量讲塔吉克语的人（据统计从130万～1000万不等）。有200万～500万伊朗人定居在海外，大多是1979年伊朗革命发生后离开的。还有数百万说波斯语的阿富汗难民，主要分布在伊朗和巴基斯坦。大约有25万说塔吉克语的人生活在俄罗斯和其他前苏联加盟共和国。大约有4000万～5000万人将波斯语作为第二语言。

波斯语

自称 波斯语，写作فارسی（fārsī）或ФОРСЙ（forsī）。阿富汗所用的变体也叫作达里语دری（darī），塔吉克斯坦所使用的变体叫塔吉克语（тоҷикӣ，TOJIKĪ）。

语系 波斯语是伊朗语言中最大的一种，属于印欧语系下的一支。从历史语言学的角度看，它们跟南亚的印度-雅利安语相近，并常常会一起放在"印度-伊朗语族"的条目下。

书写方式 伊朗和阿富汗使用阿拉伯文字，外加4个辅音字母。1928年前的塔吉克斯坦同样使用阿拉伯文字，这一年之后，苏联政策要求塔吉克人使用拉丁字母；1939年又引入了西里尔字母。基于不同的政治观点，有些塔吉克人喜欢保留西里尔字母，有些则重新使用拉丁字母或阿拉伯文字。

语法 见正文。

发音 6个元音和23个辅音。音节不能以一个以上的辅音开头，但词尾可能会有两个辅音。

外来语 到目前为止，阿拉伯语是最重要的外来语来源。最近几个世纪，一些借用自法语（DEMOKRÂSI、MUZIK、TEORI、FÂBRIKE for "factory"）和英语（KÂMPYUTER、MÂRKETING）的词汇取而代之。塔吉克变体不光采用了西里尔字母，在社会经济、政府和现代技术方面也引入了大量俄语外来词：PROLETARIAT、DEMOKRATIYA、MOŠIN（汽车）。

语言输出 英语里有数百个起源于西南亚、南亚和东南亚的单词，在抵达欧洲前，先化身成了其他若干种中间语言，其中就包括波斯语。真正的源自波斯语的英语单词包括baksheesh（津贴）、pyjamas（睡袍）、tulip（郁金香）和caravanserai（大旅舍）。

吉迪语 2500多年来，在讲波斯语的世界里，犹太人一直是少数民族。它发展了自己的方言，犹太波斯语或吉迪语（Jidi），用希伯来语书写。这一语种现存大量的文献，大部分有着500多年的历史，并带宗教性质。今天，在以色列有数万人，在伊朗有几千人，仍然使用犹太波斯语。

15　波斯语

帝国建造者和建筑工人

本章将演唱一首语言的奇妙冒险之歌。在这场奇妙的冒险里，未受教育的人学习了它，把它变得面目全非。波斯语在重重困难中发展，遭到征服，混入外来的血液，之后进一步扩散，在政治和文学上大放光彩，最后又跌落神台，化为前身的模糊影子。简而言之，它事关波斯语的胜利与艰辛。它将在历史上跨越千年，顺便让我们认识几位说这种语言的国王。

且慢——波斯语？不是伊朗语？

这取决于你所指的是什么。伊朗是我们经常听到的一个国家的名字。该国的国民叫作伊朗人（Iranians，或是Iranis）。这是大家都知道的常识。但不太为人所知的是伊朗语族，有时（或者说得更清楚些）也叫作Iranic。说伊朗语的地方远远超出了伊朗这个国家的国境，而说这些语言的人，也可以叫作伊朗人。虽然伊朗始终指的是这个国家，并且当地也用这个名字。但西方语言中习惯将它称为波斯，这个名字当地并不使用。自1935年来，伊朗更喜欢以自己的本名为人所知。不过，倘若说到1935年之前的历史和文化，波斯仍然是西方世界常用的术语，如波斯帝国、波斯地毯。

那么，针对小标题中的问题，直接的回答是：这种语言仍然被称为波斯语（Persian）。没错，在波斯语里，"波斯语"一词是fārsī，但如果我们说Persian，说波斯语的人对此也没有意见。你可以说，这其实就是同一个词，它们都源自Pars，这是伊朗某个地区的旧名。所以，没必要用英语说fārsı，就像用英语提到西班牙语时，没必要说Español一样。

好的，明白了。你开头不是说第一任国王来着？第一任波斯国王。

在这么做之前，我们先来回顾一下遥远的过去。在公元前1500年左右，伊朗人的祖先是游牧民族，生活在比如今伊朗更北方的里海东部和东北部大草原上。公元前1100年以后，波斯人——以及其他一些群体、部落或准国家——从其余地方分裂出来，向南迁移，逐渐形成了一个以今天的伊朗为中心的地区，但面积大约是现在的两倍。其中有些族群的名字，我们至今仍很熟悉：不仅有波斯人，还有《圣经》中著名的米底亚人和帕提亚人，以及饲养大夏双峰骆驼的大夏人（也叫巴克特里亚人）。当这些族群向南迁移的时候，另一些族群，聚集在一起成为斯基泰人，留在大草原上，并散布在更大的地理范围，包括今天的乌克兰和哈萨克斯坦。随后的数个世纪里，他们遭到使用其他语言的匈奴人、土耳其人和蒙古人驱逐或同化。故此，从文化的意义而言，这就是伊朗语的终结。例外的只有小奥塞梯语，它是过去辉煌的遗迹，但如今已不再在大草原上使用，而是在高加索地区。但伊朗人在更南边的地方走向了繁荣，建立起一连串的帝国，有些还非常庞大。

有罗马帝国大吗？

当然，但那是很多个世纪以前的事了。随着帝国的建立，伊朗语，尤其是波斯语，发生了奇妙的变化。为此，我有必要介绍第一位国王。

波斯王大流士，公元前522年—前486年

"大流士"——听起来很耳熟呀。他是谁来着？

把他叫成"大流士大帝"，能让你想起来点什么吗？他是波斯帝国的第三任国王。或者，用波斯人的说法，第三位"王中王"：XŠĀYATHIYA XŠĀYATHIYĀNĀM，这是因为他统治着一些区域性小国的君主。后一级别的君主，也叫地方总督（satraps）。

他不就是在马拉松里被打败的那个家伙？

没错——马拉松之战，公元前490年。大屠杀后，一名希腊信使跑到雅典，在倒地身亡前报告了战果。这件事很有名，它也是如今"马拉松"一词的来历。这场战斗并没有我们想象的那么重要，至少对大流士来说不是。不管是在这场挫败之前还是之后，他都是一位非常成功的帝王。

他做了什么了不起的事情吗？

他被称为"大帝"是有原因的。他将帝国扩张到今天的巴基斯坦、埃及西部、希腊北部和黑海对岸，平息了一系列国内叛乱。这还只是他功绩的一半——在行政管理和政策方面，他的手腕也非比寻常。

我猜大流士统治帝国说的是古波斯语？

照理说应该是这样，但事实上并非如此。大流士和同时代的波斯人说的是古波斯语，这是一种印欧语系的语言，有着所有常见的特征：词语分三性，代词、名词和形容词分若干词格，动词的词尾复杂，元音变化奇怪，等等。它很像印度的古典语言——梵语，跟

拉丁语和古希腊语也不乏类似之处。

那么，在马拉松之战时，希腊人和波斯人可以对骂（并且互相能听懂）吗？

很好的想法，但不行，它们也没那么相似。这两种语言在数千年前就开始分离了。事实上，古希腊人在理解一些希腊同胞的方言上都很困难。

但你又说大流士不是用波斯语统治的。所以他用的是什么语言呢？

亚拉姆语。

啊，耶稣所用的语言——或者这么说，几百年后耶稣会用的语言。

没错。在大流士的前任统治下，行政机构使用的是埃兰语（Elamite），转向亚拉姆语是大流士自己的主意。这两者都跟波斯语完全不像——不过，它们彼此也一点儿都不像。

但他为什么不使用自己的母语呢？

说埃兰语的民族，来自今天的伊朗西南部地区，很早就被波斯人征服，那时候波斯人还没建立起真正的帝国。和波斯人不同，他们有记录自己语言的传统，这就是为什么国王需要抄写员的时候，会雇用埃兰人。这些抄写员同时通晓埃兰语和波斯语。他们会用波斯语记录口授的命令，用波斯语大声朗读文件，但他们写下来的却是埃兰语。这种做法持续了几个世纪，大流士所做的唯一改变就是雇用新的抄写员写亚拉姆语代替埃兰语。

真是怪异。为什么大流士转向亚拉姆语，而不是……其他别的什么语言？希伯来语，或者巴比伦语？——有这种语言吗？

巴比伦语是一种语言，它是阿卡德语的一种形式。但大流士选择亚拉姆语的原因是，在帝国里，尤其是在波斯人数十年前征服的地区，有大量懂得亚拉姆语的人。当时，这些地区比波斯更繁荣，更发达。

不过，那时候可曾有机会改用波斯语呢？

基本上没有。说波斯语的人只有很小一部分：在一个约2500万人口的帝国里，只有大约100万人说波斯语。而且，波斯语当时还没有书写传统。

但他们要是不主动书写的话，将来也不会有啊。

听上去有道理。但你看看中世纪的欧洲，很多地方的正式文书都使用拉丁语，部分原因就在于当地几乎没有用本地语言（如德语或西班牙语）记录官方材料的传统。在大流士统治的帝国，有时也会用波斯语书写，但用于行政管理的时候很少。

据说是大流士本人所写的贝希斯敦铭文，用波斯语、埃兰语和巴比伦语夸张地描述了自己的祖先和事迹。

或许，在内心深处，"王中王"为自己的语言感到羞耻？

才不呢。他随时都说波斯语，这本身就带给了波斯语荣耀。而且，他还在某些隆重的场合使用波斯语。最著名的文本就是不朽的贝希斯敦铭文，刻在一条大路旁的悬崖之上，非常显眼。铭文的内容不甚可靠，主要是对他的祖先和功绩自吹自擂。它今天仍然伫立在当地，铭文同时使用了波斯语、埃兰语和巴比伦语这三种语言。不过，没有亚拉姆语——作为日常运作使用的语言，它似乎太平凡了。

好了，大流士就说这么多吧。第二号人物是谁？

稍等，还有最后一件事：大流士还启动了一项野心勃勃的项目。我们从书面材料得知，他从希腊、埃及和印度征用了许多劳力来到波斯。这些人当然使用各种不同的语言。结果，波斯变得比巴别塔更像巴比伦，很巧的是，巴比伦本身也是帝国的一部分——贝希斯敦铭文上就有巴比伦语。

对这座塔，我真的有必要知道这么多吗？

很有必要，你很快就会明白为什么。它跟我们接下来要介绍的国王有关，这位国王叫作——

波斯王巴赫拉姆五世，公元420年—438年在位

这是谁？我从来没听说过这名字。

你肯定没听说过，但他在伊朗名头很响。人们亲切地怀念他，他死后几百年才写出的好几本名著都将他作为主人公。波斯历史上曾有过七任巴赫拉姆国王，但直到今天，许多伊朗人提及巴赫拉姆，都指的是数字"五"。一方面，他削减税收，为自己赢得了许

多好名声。而且，在他统治时期，帝国疆域异常庞大。另一方面，历史学家认为，他对随后到来的衰落负有责任。

不管后来是不是衰落，有必要指出，在大流士之后的近1000年，仍然存在波斯帝国。

不是"仍然"，而是"又一次"。你似乎忘了马其顿的超级巨星亚历山大大帝，在大流士之后的一个半世纪，他对整整一半的文明世界，从埃及、希腊到印度，造成了政治浩劫。在他的征伐掠夺下，波斯变成了一个上层精英是希腊人、说希腊语的帝国的一部分。接下来是一个以帕提亚人为首的帝国，他们和波斯人一样是伊朗人，但使用不同的语言。直到第一个波斯帝国灭亡后的500年，也即公元224年，才出现了一个叫作新波斯的帝国，如果你喜欢，也可以叫它萨珊帝国。巴赫拉姆五世就来自这一时代。

很多东西我都是第一次听说——除了亚历山大大帝。

这一切都发生在很久很久以前。由于波斯帝国先是跟希腊人竞争，后来又与罗马人竞争，西方人听到的历史，大多是对手希腊和罗马人讲述的。故此，西方人往往认为波斯人是敌人，是东方的一部分，而东方是个盛行狂热和专制的神秘地方。这非常不公平，但这样的想法扎根在西方人的思维里。更何况如今西方和伊朗关系紧张，重新思考这个问题尤其困难。

如果你说的这位巴赫拉姆是新波斯帝国的首领，我可以推断他说新波斯语（Neo-Persian或者New Persian）吗？

他所说的其实是中古波斯语（Middle Persian）。但如果你将它跟古波斯语相比较，它看起来确实是全新的，因为它已经变得面目全非。在大流士的铭文里，它只是一种普普通通的印欧语言；但在巴赫拉姆的文献里，它绝不普通。

文献！这么说，波斯人终于开始书写自己的语言了，对吗？

是的。这时候，整个国家机器都开始使用波斯语。和之前一样，说亚拉姆语的范围更普遍，但波斯语传播得也很快——它传播开来，同时发生了变化。为了让你对它跟前身的差异稍微有个概念，我们就以"王中王"这个词为例吧。过去，它是XŠĀYATHIYA XŠĀYATHIYĀNĀM，但在中古波斯语里，它缩减为ŠĀHĀN ŠĀH——先前是9个音节，现在只有3个音节。这么比较并不公平，因为大多数单词缩短的幅度没这么大。但如果你知道该注意些什么地方，那么，这个例子的确揭示了两种最基本的变化。

其一是词格系统实际上已经消失了——跟几个世纪后的英语一样。每当一种语言里发生这种情况，它通常开始大量使用介词，并强制规定词语顺序，以完成同样的任务（这里的任务指的是，指定短语中单词所发挥的语法作用）。波斯语正是这么做的（日后的英语也一样）。老头衔里的-ĀNĀM词尾是复数形式的属格（你或许会说所有格），而在新的头衔里，它形迹全无。我们看到的是-ĀN词尾，这里仅仅表示复数，就跟英语里的-s一样，没有任何明显的词格标记。此外，它出现在第一个词而非第二个词上，所以很明显，词语顺序也发生了变化，不再是"王中王"，而是"诸王的王"。过去用词格来完成的任务，现在靠词序完成。

所以这是第一种变化：词格系统关闭。你说的另一种"基本变化"是什么？

复数变得更规范：一如ŠĀHĀN是ŠĀH的复数形式，大部分其他单词也使用相同的-ĀN词尾来表示复数。还有其他几种变化，不过光从ŠĀHĀN、ŠĀH这两个词里看不出来。比方说，词性也被扔出了窗外，不再有阴性的桌子和阳性的椅子。双数词（dual）也一样。

什么来着？

双数词。这是一种特殊的复数形式，表示某物正好有两个。此

一个来自伊斯兰化之前的萨珊帝国时期的金盘子，表现了巴赫拉姆五世骑着骆驼狩猎的场面。

外，动词做了大量重新组织，极大地减少了不同词形的数量。一些印欧语言里的元音花招消失了——英语里还保留着，比如come的过去式是came，而不是comed。长话短说，如果说古波斯语类似梵语或拉丁语，那么中古波斯语更类似英语：没有词格，没有词性，没有双数词，复数形式高度规律化。从表面上看，波斯语和英语一点也不像，但在骨子里，波斯语和英语有着惊人的类似之处。

这是怎么发生的呢？所有伊朗语都发生了这样的变化吗？

不，其他的伊朗语，如库尔德语和普什图语，至今仍保持着印欧语系的华美。波斯语是例外，需要加以解释，原因可能出在语言内部。有人认为，它太强调第一个音节，词尾发音越来越不清晰，后来也就越发没用了。但坦率地说，我不这么想：德语也有着类似的重音，而且德语的词格结尾没有响亮的元音，只有微弱的uh-声，但德语的词格系统却健健康康地保留了下来，甚至还给人平添了不少烦恼呢！我更倾向于相信另一种说法（或者另一种解释），也即出现这些变化是非母语人士的功劳。这就要扯出大流士的大规模建筑项目了。大量的石匠、木匠和运输工人，来自帝国除波斯以外的其他地区。他们是成年后才学习的波斯语，因此说得很蹩脚。他们人数众多，甚至一度占了人口的大多数，以至于他们蹩脚的古波斯语成了标准的中古波斯语，许多伟大的文学都用这种中古波斯语所写。所以，多亏了这些外国人，波斯语摆脱了沉重的包袱。

但那些建筑工人好几个世纪之前就到来了。为什么直到新波斯帝国才发生语言上的变化呢？

问得好。我们可以有把握地假设，口语中的变化过程早在这些外来工人抵达时就已开始。也就是说，本地话，也就是街头和建筑工地上用的口语，开始变化。但你总不能指望"王中王"的丰功伟绩使用某种被移民糟蹋过的土话来加以赞美吧？大流士坚持要自己的写作者们使用最纯粹最古老的语体风格，并以此为继任者们设立了标准。后来，亚历山大大帝消灭了波斯帝国，波斯人处在边缘地位长达6个世纪。等到新波斯帝国的抄写员开始工作时，原先的语言已经被遗忘。他们从一张白纸开始，毫无顾忌地按照当时人们实际说话的方式来书写。他们摆脱了传统的负担，而且摆脱得很彻底。

一刀两断，干净利落，是吧？从来没听说过这样的事。

算不上闻所未闻吧。英语经历了两百年无人书写之后，基本上发生了同样的情形。1066年之后，英格兰的新诺曼人精英用诺曼法语书写。接着，到了13世纪，作家们重新找回了英语的声音，不再为错综复杂的古英语费心。实际上，早在1066年之前，古英语错综复杂的地方就从口语里消失了，这要多谢维京人，这些成年后才学英语的人简化了英语，就跟外籍劳工简化了波斯语一样。不过，就跟大流士的波斯语作家一样，1066年以前的盎格鲁-撒克逊文人在书面英语里保存了古英语的错综复杂之处。

他们为什么要这么做呢？我是说，使用过时的风格？

在那个时代，写作是一种稀罕少见、受人尊崇、几近神秘的技能。用琐碎的语言所说的琐碎事情，人们是不会费心记录下来的。如果一件事值得付诸皮纸之上，那就值得用庄重的方式来措辞，使用祖先们用过的单词和短语——你可以说，这是一种文学方言，是得到了妥善保留、专门用于书写的古老语言形式。我们如今或许不会做得这么夸张，但书写还是会带来一种保存的冲动。即便是今天，我们仍然会把许多已经废弃的字母给写下来。

就像"debt"（债）这个词里的"b"吗？[1]

哦，当然，这个也算。但我所说的，象征意义更强一些。我的意思是：在写作中，我们往往会保留一些前人在自然对话里用过的单词和语法，但现代口语里早就不那么用了。比如"the person whom I saw"这一类。

啊，我明白了。那么，中古波斯语在巴赫拉姆的帝国里广为流传。

是的，不仅如此，它还扩展成了一种贸易语言。波斯商人沿着非洲海岸一路南下，从桑给巴尔（Zanzibar）向东抵达现在的斯里

1　"debt"里的"b"不发音，所以提问者认为是"废弃的字母"。

兰卡、马来西亚和中国南方。现存的记录很少，但专家们认为，买卖双方会用某种波斯语交流。这种情况持续了很长一段时间，哪怕波斯人自己不再参与贸易。这里有个很能说明问题的细节：一些沿海地名起源于波斯语，比如坦桑尼亚的桑给巴尔，意思是"黑人的海岸"，南亚和东南亚、阿曼和索马里的许多城市，名叫bandar-某某，这里的*bandar*在波斯语中是"港口"的意思。比方说，文莱的首都叫Bandar Seri Begawan（斯里巴加湾市）。

这地方我可真没听说过。

我必须承认，这是一座小城镇，但它毕竟是一个独立国家的首都，它距离伊朗有6000公里。这暗示波斯语在当时传播得很远。

让人难忘。后来它传播到更远的地方了吗？

从地理意义上说就到此为止了，因为作为印度洋周围的一种通用语，它日后为包括葡萄牙语在内的其他语言所取代。但不管怎么说，它传播过。让我们来看看三位波斯国王中的最后一位，以及跟他同时代的两位邻居——

**波斯国王，伊斯玛仪一世，1501年—1524年在位；
奥斯曼土耳其帝国苏丹，塞利姆一世，1512年—1520年在位；
德里苏丹，希坎达尔·洛迪（Sikandar Lodi），1489年—1517年在位**

为什么是这三位？

因为他们有一些有趣的共同点。他们三人都在朝廷里说波斯语。确切地说，他们三人还都用波斯语写诗。然而，他们没有一个人的母语是波斯语。

你一定是在开玩笑。

不，我是认真的。你想必猜得出来，奥斯曼帝国的苏丹是土耳其人。他统治着一个囊括了北非和欧洲东南部大部分地区的帝国。希坎达尔是波斯语里"亚历山大"的意思，他说普什图语，这是今天巴基斯坦和阿富汗地区流传的一种语言。他统治的德里王国包括今天的印度北部、尼泊尔和巴基斯坦的大部分地区。最后，伊斯玛仪虽然是波斯国王，但他并非出生在波斯家族：他的父亲是库尔德人，母亲的父母是阿塞拜疆人和希腊人。他建立的萨法维王朝一直延续到18世纪。这三人合在一起说明了波斯语怎样变成了一种文化的语言、国家的语言（只是程度稍逊），又怎样脱离了民族根源。

这是怎么发生的呢？

从我们的上一站到这一站之间，发生了很多事。最重要的事件是伊斯兰教的兴起，公元7世纪，它由阿拉伯人带到了波斯。

但阿拉伯人肯定并不支持波斯语吧？

他们不是故意的。但由于波斯人有数千年的城市生活和帝国建设，而当时的阿拉伯人还是……

沙漠乡巴佬？

这个说法肯定太夸张，但从礼仪教养的角度来说，那个时候的阿拉伯人绝对比不上自己的新臣民。不到100年，波斯人就开始给伊斯兰教打上深刻的文化烙印。阿拉伯语仍然是伊斯兰教所用的语言，但波斯语基本上成了整个中东和南亚地区精致文化的语言。两者彼此深刻影响，后来，土耳其语成了一种地区政权的语言，反过来也被这两者极大地改变，并在此过程中变成了奥斯曼土耳其语。波斯语的阿拉伯化主要体现在两个方面。第一，它采用了阿拉伯字母表，为此，阿拉伯字母表必须添加4个阿拉伯语里不存在但在波斯语里很重要的辅音。第二，它采用了大量的阿拉伯语词汇。据估计，今天，波斯语词典里有一半都是阿拉伯单词，你拿出一段日常的波斯语文本，每4~5个词就有一个是阿拉伯语词汇。这又一次叫人想起英语，对吧？英语采用了数量极为可观的罗曼语词汇。

于是波斯语再一次变成了一种不同的语言？

是的，从文字和词汇方面是这样，在语法上它保持了相对的稳定。这一时期的波斯语被称为新波斯语或古典波斯语，现代伊朗人仍然非常喜欢古典波斯诗人，比如菲尔多西、哈菲兹和鲁米，就像英语人士仍然喜欢莎士比亚一样。

那么，伊斯兰教出现以后，这个地区变得稍微平静些了吗？

完全没有。13世纪是蒙古人的时代，赫赫有名的成吉思汗，就是蒙古第一代首领。蒙古人带来了规模空前的杀戮与破坏。从土耳其到巴基斯坦和中亚地区，伊斯兰世界受到了蒙古帝国的重击。不过，波斯特征已经在中东精英们身上深深扎了根，甚至从蒙古人的屠戮中幸存下来——实际上，蒙古统治者自己很快就波斯化了。他们的统治很短命，经过一段小国征战的时期，新帝国便出现了。波斯用了颇长的时间，才摆脱了异族统治。实际上，国王伊斯玛仪一世是很长一段时间以来第一个统治该国的波斯人——他自认为是波斯人，虽说他有着阿塞拜疆-库尔德-希腊血统。

真是个复杂的故事。关键信息是什么？

是这样的：在中世纪后期（借用了一个欧洲术语），主要由于蒙古人入侵及其后继事件，中东颇为混乱。1500年左右，事态平息下来。但在此期间，波斯语始终是该地区的精英语言。

谢谢你的说明。那么，1500年以后，我们有了三位说波斯语的国王和苏丹，他们是好朋友，还互相写诗？

并非如此。他们是交战多年的宿敌，不喜欢对方的宗教。国王伊斯玛仪在波斯奉什叶派穆斯林为正统；印度苏丹希坎达尔是狂热

古典波斯语时期出现了许多至今仍受人尊敬的诗人。这些伊朗女学生正在向菲尔多西（约公元940年—1020年）的坟墓致敬。

的逊尼派；塞利姆一世自认为是奥斯曼帝国的第一位哈里发，也就是伊斯兰世界的领袖。这三人从未互相拜访过，除非我们把1514年的查尔迪兰战役看作一种拜访形式。在这次战役中，塞里姆打败了伊斯玛仪。不过，在文化上，这三者都属于所谓的波斯文化，它还将在此后持续好几百年。它留下了世界最丰富的文学遗产之一，受益者不光包括讲波斯语的人，也包括歌德、尼采、伏尔泰、爱默生在内的西方人，以及现代文学学者。

在介绍这整个故事的过程中，你为波斯语历险记留下了一些听起来颇为诗意的线索，一些关于成功和艰辛的东西。

我想我已经说得很清楚了。需要指出的是，这种语言由非母语人士所学，并在这个过程中变得面目全非；大流士时期的建筑工人在工作中掌握了它，并将之大幅简化。我说它是在重重困难中扩展的，事实也的确如此：和亚拉姆语比起来，以它为母语的人很少，但国王们将它传遍了自己的帝国，商人们顺着亚洲和非洲的海岸传播它。它遭受征服，并接受混血，这是阿拉伯人和阿拉伯语对它做的事。接下来，作为伊斯兰教的文化语言，它获得了很高的地位，从土耳其一路扩展到孟加拉国，在政治和文学上达到了新的高度。

但我还要向你解释一下它怎么跌下了神坛。是这样，进入现代，任何政治精英都不愿意留给人"偏爱外语"的印象。故此，土耳其和南亚领导人不再看重波斯语。至于文学，当代波斯文学的地位并不比土耳其、韩国或日本文学更高。不过，哪怕只是其前身留下的一道影子，波斯语仍然被广泛使用，在我们的巴别塔20强语言里占有一席之地，比其他一些前帝国语言的命运（如希腊语、亚拉姆语、蒙古语和南美洲的克丘亚语）幸运多了。

第十四名

旁遮普语

ਪੰਜਾਬੀ

1.25亿使用者

　　1.1亿以此为母语的人集中在跨越印度—巴基斯坦边界的旁遮普地区。大约2/3的人生活在巴基斯坦，1/3在印度。约有1500万旁遮普语使用者居住在南亚以外的地区，主要是英国、美国、加拿大和波斯湾的阿拉伯国家。

旁遮普语

自称 ਪੰਜਾਬੀ（Pajābī）、پنجابی（Panjābī）。不管怎样拼写，第一个音节最好发作"palm"里的长音a，而不是"man"里的a或"put"里的u音。

语系 旁遮普语属于印欧语系的印度–雅利安语分支，跟印地–乌尔都语、孟加拉语和南亚的其他许多语言同族。

书写方式 在巴基斯坦，旁遮普语主要是用夏木基（Shahmukhi，这是一种改良的阿拉伯语）字母书写。在印度，锡克教徒更喜欢用古木基（Gurmukhi）字母，它跟其他印度系文字有渊源。印度教的旁遮普人更喜欢用天城文（Devanagari）书写，这是印度使用最广泛的一种文字。Shahmukhi（夏木基）和Gurmukhi（古木基）的意思分别是，"出自国王之口"和"出自宗师之口"。在本章中，我将（少量地）使用古木基文字。

语法 旁遮普语把动词放在句末，它使用后置词而非介词。它分为两性，词格系统相当有限，但动词系统复杂。其他大多数印度–雅利安语言在这些方面都比较类似。

发音 有时，人们认为旁遮普语是"唯一有声调的印欧语言"。更多相关信息请阅读正文。

外来语 梵语、阿拉伯语、波斯语和英语。

语言输出 tandoori（泥炉烹饪法，来自旁遮普语或乌尔都语）、bhangra（邦格拉，一种音乐风格）。

杂货店乐队（CORNERSHOP） 这支英国乐队在其热门专辑《当我第七次出生》中收录了甲壳虫乐队歌曲《挪威的森林》的旁遮普语版本。

14　旁遮普语

声调就是信息

　　以下是一段关于某位叫达尔吉特（Daljit）的人的小对话，这是个常见的旁遮普语名字：

　　"这是谁干的？"

　　"达尔吉特。"

　　"达尔吉特？！"

　　"达尔吉特。"

　　"哦，不，不是达尔吉特……"

　　现在，请大声读出来：前两句是中性的，第三句带点沮丧，第四句怀着同情，最后一句有种绝望的惨意。试着像个音乐家那样来听听达尔吉特的4种念法。这4个"达尔吉特"兴许会像这样：

Daljit　　Daljit　　Daljit　　Daljit

　　如你所听所见，上面4句话里"达尔吉特"的语调会发生变化。通过改变音高（或者声调），你所表达的远远不只是在重复这个人的名字。

这种现象，也即语调，在所有口语里都很常见。它区分了疑问、感叹和中性的陈述，但它的作用还远不止于此：它还传达了数量惊人的其他信息，包括强调、讽刺和情感——只要想想一句简单的"是啊，没错"的意思范围有多大（一切完全取决于语调）就知道了。它在我们的口语中是这么关键，我们将对话付诸书面时必须弥补它的必然缺席。这就是为什么在写作中，我们需要更谨慎、更明确地选择词汇的原因之一，也是我们使用标点符号、斜体字以及最近才出现的表情符号的原因之一。（我们在书面表达中需要它们的其他原因还包括，缺乏肢体语言，无法确认对方是否理解我们的意思，等等。）

语调的存在证明，英语使用者会密切关注每个句子里的音乐性（姑且先这么称呼它）。然而，单个词语或音节里的音乐特征却并不会引起人们的注意。英语里的单个单词一般没有语调。

在其他许多语言里，单个单词却是有语调的。越南语就是其中之一，取决于"声调"，一个单音节单词可以有多达6种意思。这是因为，越南语是全世界众多声调语言之一。一门语言里声调的确切数量各不相同：越南语有6声，已经让人印象深刻，但这跟世界纪录还差得远。中国部分地区所使用的苗语（跟普通话没有语源上的关系）有两种方言各有12声，还有一些语言据说有14声甚至15声。耳朵不大灵光的人一定会碰到大麻烦。

作为一种有声调的语言，光是说旁遮普语就会带上一些旋律——唱的时候就更是如此了。图为已故卡瓦力（qawwali，一种在旁遮普地区流行的宗教音乐）著名歌手努斯拉特·法特赫·阿里·汗（Nusrat Fateh Ali Khan）。

汉语和旁遮普语里的马

出于这个原因，在关于声调的故事里，我们常常会以"ma"为例。Ma是声调的标准例子。Ma是汉语普通话里的单词，更确切地说，它指的是一组因声调不同而具有了不同意义的单词。一般而言，这些单词的区别是"妈""麻""马"和"骂"。用拉丁字母书写，它们分别是mā、má、mǎ和mà（如果你想要听到声调差异，请搜索网址：bit.ly/ma4tones）。在这方面而言，ma并无什么特别之处。它在各种有关汉语声调的书籍里大受欢迎的主要原因大概来自它指代"母亲"的那个词义很容易记住——尽管如今讲汉语的人一般会说"māma"（妈妈）。

由于本章要讲述的是旁遮普语，我们暂时先把普通话里的"母亲"和"母马"放一下。旁遮普语和中国境内的语言不同，并非声调的典范。声调是历史上晚近才出现的现象，[1]并导致了不少争议。一方面，这种语言到底是有两声、三声还是四声，语言学家们意见不一，母语使用者很少会意识到自己的语言居然有声调。另一方面，有语言意识且意识到声调的旁遮普人又素来喜欢骄傲地宣称，声调使得这种语言在印欧语言中具有了独特地位。

关于旁遮普语声调的研究很少，但可以这么说，这种语言已经有了自己的ma，这就是"kora"。如果第一个音节是降调，用拉丁字母转录通常写作kòra，它的意思是"马"。如果声调平稳，o上没有重音，它的意思是"鞭打"。如果是升调，写作kóra，它代表"麻风病患者"。如果你想听到这些声调的发音是怎样的，请搜索本书所附网站链接（languagewriter.com）。听过音频之后，你可能忍不住想问：旁遮普语有声调，这有什么好怀疑的呢？难道它还不够明显？怀疑的人难道完全没听过这种语言吗？但公平地说，他们也有理由。

一种可能的解释是这些持怀疑态度的人，本身就以旁遮普语为母语。在一场网上讨论中，一名讲旁遮普语的人承认，"我也读到过认为它有声调的说法，但坦率地说，我希望有人来解释一下它跟无声调语言的区别是什么"。这么说并不是因为他们愚昧无知。母语使用者总有着自然而然把事情做对的巨大优势，他们往往并不知道自己在做的是什么。这适用于任何语言，包括英语。举个

1　旁遮普语和北印度其他诸多语言的早期祖先语言，据说也是有声调的。这就是吠陀梵语（Vedic Sanskrit），也即印度吠陀所用的梵语，比古典梵语的年代还要早，它盛行于3000多年以前。——作者注

例子，如果你的母语是英语，你自然而然地会用不同的发音方式来发"kin"和"skin"里的字母"k"。你说"kin"的时候，会在k后面爆破吐气（可以用上标h表示为：/kʰin/——在讨论韩语的那一章，我们已经提到过）；如果把手背掩在嘴巴前，你甚至可以用"skin"（皮肤）感受到它。而对"skin"，你不需要这么做，你只需要读成/skin/就行了。以英语为母语的人不管知不知道，都会遵循这一规则。再说一遍，（说母语的人）就算不知道，也不算是愚昧无知。我自己并不以英语为母语，我必须学了才知道，我怀疑就算是现在我都经常弄错。

现在让我们站在旁遮普人的立场上想想。我们一辈子从小到大都说着自己的语言，现在，突然有人告诉我们，旁遮普语有"声调"，在南亚语言里这是一件很不寻常的事情。我们会怎么反应？请记住，旁遮普语和印地语或乌尔都语不一样，它不是一种有着崇高威望的语言。说它有些"很不寻常"的地方，兴许意味着暗带讥笑。所以，我们兴许会做出否认的反应。

忘记书写

但也有其他更具实质性的理由怀疑旁遮普语算不算真正的声调语言。其一是只有极少数单词的意思取决于声调。前面的kora、kòra和kóra（"鞭打""马"和"麻风病患者"）的确取决于声调，其他类似的例子也还能再找一些。但典型的旁遮普语单词只有一个意思，与声调无关。同一个单词两种词义全凭声调来区分的情况并不常见，三种词义就更少了。所以，就算你发不出声调，人们也很容易理解你，他们只会觉得你的口音少见。就算你把三个kora

全部弄混了，只要你不是在说"麻风病患者在鞭打他们的马"，也不太可能让人犯糊涂。实际上，旁遮普语的一些变体不带声调也能对付过去：一些方言就是如此，散居在旁遮普地区的部分第二代移民的口语也没有声调。

旁遮普语的古木基（"出自宗师之口"）文字，是第二代锡克教宗师安加德·戴瓦（Angad Dev，1563年—1606年）创造的（并以他为名）。这是锡克教徒常用的旁遮普文字。

然而，这些事实无一能否定旁遮普语作为声调语言的资格。说实在的，语言出现这样的变体也很常见。在芬兰的瑞典少数族裔说瑞典语时没有声调，但从整体来看，人们认为瑞典语有声调。就瑞典语和旁遮普语而言，声调对大多数说话人都很重要，部分词语的声调也存在不同。这就足以让它们属于"声调语言"了。

顺便说一下，如果说瑞典语是一种声调语言，旁遮普语又怎么可能算是印欧语系中的特例呢？它不可能是，实际上也不是，除非有人将"特例"这个词宽泛地阐释为"非常特殊"。它或许是在亚洲使用的唯一有声调的印欧语言，但肯定不是整个印欧语系中唯一的声调语言。在欧洲，声调语言就有好几种：瑞典语和挪威语、拉脱维亚语和立陶宛语、斯洛文尼亚语和塞尔维亚-克罗地亚语，以及一组区域性语种（包括我自己的母语林堡语，有时统称为"中西部德语"），通行于德国、比利时、卢森堡和荷兰四国的毗邻地区。

回到旁遮普语有可能并非一种声调语言的原因，我们发现，一些语言学家主张把它叫作音高语言（pitch language）更合适。在某种程度上，他们是对的，但前提是，首先我们得能够做出这样的区分。一些专家的确能区分：他们用"声调语言"（tone language）专指那些高度依赖声调的语言，如汉语、越南语和许多非洲语言。但考虑到声调和音高的概念几乎相同，这种区分与其说能带给人帮助，倒不如说更令人困惑不解。一本有关这一主题的优秀的现代手册指出："如果单词的音高能够改变单词的意思，那么这种语言就是一种声调语言。"故此，旁遮普语是一种声调语言，完毕。

为什么有些人认为旁遮普语没有资格进入声调俱乐部，还有一个原因。他们承认，声调是可以听见的，但由于它总是由特定位置的特定字母触发，所以，它是某种东西的副作用，而并非"事情"本身。举例来说，如果一个单词，以字母 *w* 打头，它发音为/k/，那么其后必然是降调。这跟英语的某一种习惯没有什么不同：以k字母打头后面直接跟元音的话，k会微喷一口气，这种现象叫送气音。送气音只是英语发音里的一个怪癖罢了，毫无任何意义。如果我把kin错误地读成/kin/，或是把skin读成/sk^{h}in/（我有时也真的会），单词的词义并不会随之改变。送气音跟英语的发音系统无关。同样地，有人说，声调跟旁遮普语的发音系统无关。

只可惜事实并非如此，因为这里冷不防出现了一个陷阱，它改变了一切。旁遮普语里以k音打头的单词，可以用两个旁遮普语字母来拼写：ਖ或ਗ。前者让后面元音的声调降低，后者没有这一功能，所以元音仍发平音。我们已经看到过例子：kòra以一个代表/k/的旁遮普语字母打头，kora使用的是另一个。而/k/并不是唯一一个有着这种对比效果的辅音：/p/、/ch/和两种/t/，[1]作用完全相同。它们同样令一种拼写发降调，而在另一种拼写却不会。（如果你觉得/k/、/p/和/t/听上去有些类似的地方，你猜得对，它们都是所谓的清塞音，voiceless stops。"清音"是因为它们不会让声带颤动，"塞"是因为在它们释放之前，气流会短暂中断。辅音/ch/以清塞音打头。）

但这一切不恰好证明而非驳斥了声调可预测的说法吗？完全没有。旁遮普语的声调跟某些书写字母（拼写）有关。但是我们在这里所讨论的语言学部分属于音系学，只与声音有关，写法不算数。这里的理由很充分：因为我们从小就学习母语的音系学，远远早于我们学习读写（我们要上学后才掌握这两项技能）。显然，放眼历史，大多数人并不上学，哪怕到了今天，在南亚，识文断字也不是理所当然的事情。如我们所见，在旁遮普口语中，一个词的声调无法预测，只有通过拼写才能看出来。然而，不识字的人也都非常清楚怎样使用正确的声调，他们指"马"的时候会用kòra，指"鞭"的时候会说kora。对他们来说，声调有意义，并不仅仅是书面语的

1　一类/t/被称为卷舌音，另一类叫齿音，两者的区别在于舌尖的位置。你可以登录此网址听到它们的发音：bit.ly/t1-retro和bit.ly/t2-dental。——作者注

在巴基斯坦边境，用印地语、英语和旁遮普语所写的欢迎来到印度的标语。

副产物。正是这些目不识丁的旁遮普人，向语言学家证明了声调在他们的语言中算得上"一回事"。

从无意义到有意义

　　既然乌尔都语、孟加拉语和其他印度–雅利安语没有声调，为什么旁遮普语会有声调呢？音调是如何形成的呢？或者，用学究式的话来说，旁遮普语的"声调发生"是怎样一种情形？

　　首先，请记住：声调并非特例。虽然声调语言主要集中在三个地区——东亚和东南亚、撒哈拉以南的非洲、墨西哥，但它们也出现在其他地方。其次，在一些语系里，比如汉藏语系、刚果语系，声调是普遍现象；而在另一些语系里，只有少数成员具备这样的音乐天赋。在这方面，哪怕是近亲语言也并不一定相同：挪威语和瑞典语有声调，丹麦语却没有；大多数班图语有，斯瓦希里语却没有；越南语有声调，它的胞亲柬埔寨语却没有。旁遮普语是印度-雅利安语里唯一有声调的语言，但这种情况并不少见。

那么，声调是从哪里来的呢？就算是在没有声调的语言（比如英语）里，某些辅音让周围元音的音高发生轻微提高或降低也很自然，甚至可以说，这不可避免。由此产生的音高变化不仅微妙，而且也没有意义，说话人和听话人都不会注意它。但现在假设，出于某种原因（语言里随时都在发生这样的事情），部分辅音开始变化：比如th音融合为了d音（有时德语便是如此），或是/g/在某些位置不发音（大量的英语单词都如此）。然而，即便出现了这种变化，相邻的元音仍有可能维持其特有的音高：稍微高于（或低于）标准音。事实上，辅音的这种变化甚至有可能增强这一趋势，使音高本就偏高的元音变得更高，或本就偏低的元音进一步降低。这种更强烈的声调弥补了辅音变化所导致的信息损失。故此，等到一定的程度，说话人和听话人都开始更注重音高的差异——或许并非出于有意识，但肯定是例常做法。

大多数情况下，语言的这种演变过程只能通过研究历史来源重建，甚至根本无法重建。可这偏巧是旁遮普语特别的地方。它的声调出现得非常晚，可以从16世纪设计的拼写中推断其起源。我们在上文看到，有5个辅音字母可以触发声调，而另外5个不能，尽管两者的发音方式完全一样。

事情是这样的：简单地对比相关字母，我们可以发现，触发声调的辅音从前的发音跟如今不一样。在16世纪，字母*ਘ*（也即触发声调的k音）代表/gʰ/，也就是/g/带吐气音。很明显，这个/gʰ/让

其后元音的开头略微降低了音高。等到了某个时候，/gʰ/演变成了
/k/，较低的音高并未消失（但它本有可能消失——这些过程无法预
测），反而在字面和象征意义上都变得更加明显。一些辅音发音的
变化，给旁遮普语的元音带来了更多的音乐性。

低语、歌唱和赞美

　　声调是一些语言的迷人之处，但它也提出了一个尴尬的问
题：这些语言怎样应对所需音高无法轻易发出的情况？这类情况之
一，就是人们窃窃低语的时候。低声说话使得人无法改变声音的音
高——如果你对此有所怀疑，请试着低声唱歌。这个问题在旁遮
普语里应该不太碍事，毕竟，就算发音发成"平音"，它仍然能够
被理解，使用无声调方言且不以之为母语（故此发不出声调）的人
士都对此做了证明。对汉语、越南语和其他严重依赖声调的语言来
说，会是什么样的情形呢？研究表明，在不同的语言里，答案各有
不同。有些语言似乎根本做不到低声说话，所以人们根本不低声说
话（或者即便做，也做得很蹩脚）。但中国人的确会低声说话，于
是问题就成了：他们是怎么做的呢？原来，在汉语普通话中，每一
种声调除了音高还都有细微差别，比如持续时间和响度。例如，去
声明显比其他三声要短促。如果说话人稍微夸大这些次要特征，一
个称职的倾听者就能理解那些不带音调的词语，尽管比正常情况下
准确性略差。[1]

1　在英语里，"传话游戏"叫作"Chinese whispers"（直译是"汉语低声说"），这不
是因为人们认为汉语不可能低声说，而是因为他们认为汉语本身难于理解。出于同样的原
因，这个游戏在法语里叫"Arabic telephone"（直译"阿拉伯语打电话"）。——作者注

实际上，英语里也存在类似情况。我们低声说话时，会不由自主地弄混清辅音和浊辅音之间的区别：/z/听起来会像是/s/，/b/会像/p/，等等。尽管这两对声音的主要区别是声带振动和不振动，故此低声说话时会变得难以分辨，但这里仍然存在细微的次要区别。它们保留了足够的对比，让低声耳语的英语足以为人理解——尽管，跟低声耳语的汉语普通话一样，听错的风险要高一些。

第二个有趣的问题是，在有明显声调的语言里，人们怎么唱歌呢？如果语言和旋律都是有调的，歌手该怎样处理这些互相矛盾的要求呢？如果他们唱对了音符，歌词就会变得难以理解，而如果他们将歌词念准，旋律听起来就跑调？一部分解决办法还是跟上面一样，保留和强调那些与声调相关的其他特征：持续时间、响度等。但更重要的是，歌词的作者会暗中帮助歌手。在越南语和粤语（兴许也包括其他声调语言，如旁遮普语，不过，针对越南语和粤语歌曲的研究较多）中，词作者会精心选择词语，使之不至于过分抵消歌曲旋律。故此，如果旋律往上，词作者会选择连续声调上扬或水平的词语，声调逐级走低的词汇就不合适。如果旋律走低，那么词语的选择也会反过来。一句话，音乐和语言的起落必须大致相符。这看似难以实现，但不妨这么看：在英语里，歌曲要求音乐和语言的发音有着大致整齐的对应关系，词语的重音落在最强的节拍上，而非重音落在较弱的节拍上，或落在节拍之间。对我们来说这是第二天性，使用声调语言的词作者，兴许觉得自己的任务同样轻松。

最后，让我们回到本章开头介绍声调概念时提到的一个主题：语调。我说过，这是所有语言都存在的现象，由此也提出了下面的问题：声调语言又怎么同时产生语调呢？答案是：两者同时发生。贯穿整个句子，短语里每一个单词的规定声调都覆盖着一层富有表现力的、自发的语调。所以，如果一个单词是低声调，而语调又需

伦敦旁遮普语中心地带——一个开始学习声调的好地方。

要高亢，那么，所得结果会是取其中；如果语调也较低，那么单词的声调就会更低。只有非常了解这一声调语言的听者才能将两层"调子"区分开来。从声学角度看，在声调语言里识别语调，就跟评估低矮山坡上覆盖的雪的深度差不多：为了知道积雪哪里深哪里浅，你必须记住夏天时的地形。

日　语

日本語
NIHONGO

1.3亿人使用

　　日本1.27亿国民基本上都以日语为母语。大约250万～350万日本人居住在海外,主要是在巴西和美国。并非所有海外日裔都继续使用日语。

语系　学者们曾多次尝试把日语归入某个语系（阿尔泰语系、南岛语系，甚至达罗毗荼语系），但最终，说服力都不够强。日语可能是日本列岛原始居民（叫作绳文人）所说的口语，加上公元前1000年（也即弥生时代）里抵达的新来者所用语言的混合产物。

书写形式　日语令人费解地同时使用3种文字 ——平假名（46个字符的主字母表）、片假名（外加针对外来词的额外音节）和汉字（中文字符），还有罗马字（罗马拼音）。我们将在有关中文方块字的章节之后对此进行更详细的介绍。

语法　日语单词可以有一连串的词尾。这种"黏着"特点，是学者们把它跟土耳其语、韩语和其他诸多较小语言一起放在阿尔泰语系下的一个主要原因（这一设想现在已经遭到否定）。日语没有语法上的性别，没有复数形式，也没有冠词。动词存在词形变化，但并不根据人（我、你等等）发生变化。形容词不是单独的一组词，而是一些像动词，一些像名词。

语音　元音可短可长，但绝无双元音。音节结构非常简单。音节和单词的持续时间以"音素"（mora）来衡量，这是一个典型的日语概念（但这个词是拉丁词）。声调与词义相关，但程度有限，随不同的方言而有所变化。

外来语　传统上来自汉语普通话和其他方言，如今来自英语。

语言输出　bonsai（盆栽）、emoji（表情符号）、anime（动画）、judo（柔道）、jujitsu（柔术）、karate（空手道）、karaoke（卡拉OK）、sake（清酒）、sushi（寿司）、wasabi（芥末）、futon（蒲团）、geisha（艺伎）、gingko（银杏）、go（围棋）、hara-kiri（切腹自杀）、kamikaze（神风）、haiku（俳句）、manga（漫画）、sumo（相扑）、origami（折纸）、tempura（天妇罗）、koi（锦鲤）、shogun（幕府）、kimono（和服）、tofu（豆腐）、tsunami（海啸）、samurai（武士）、tycoon（大亨）等等。汉语从日语里借用的词汇比从其他任何语言里借用的都要多。

荷兰语　从1641年到1858年，荷兰是唯一被准许跟日本进行贸易往来的欧洲国家，这使得荷兰成为日本通往西方文化和知识的大门，因此，日语中来自荷兰语的外来词数量惊人。例如，BURIKI（马口铁）来自荷兰语的BLIK，KARAN（水龙头）来自KRAAN，SUKOPPU（铲子）来自SCHOP，ZUKKU（帆布）来自DOEK。

13 日语

语言性别隔离

　　女性和男性说同一种语言吗？答案显然是肯定的：人出生在什么语言环境下就说什么语言，不分性别。然而，如果你把语言阐释成"人们所说的事情"或"人们说话的方式"，答案又会变成"不是"。社会语言学家和心理学家告诉我们，男性和女性说话的方式不太一样，虽然两者并不是那么泾渭分明，但相处也不算容易。

　　但还有第三种答案，它来自日本。一方面，说所有日本人都说日语，这丝毫不是夸张之词——日本全国只通行这一种语言；另一方面，男性和女性之间的语言差异，远远超过了"人们所说的事情"这一层面。日语有两种变体，男女各用一种——在本书中，这里的性别头一次指的不是语法现象，跟"德语分为三性，阿拉伯语分为两性"的意思不一样。在日语中，性别完全指的是人的性别，是从社会而非生物角度所观察的人的性别。

　　在其他许多语言里，人类的性别很重要。如果你是个西班牙人，并希望用西班牙语来表述这句话，而且如果你是女性，你会说SOY ESPAÑOLA；如果你是男性，则会说SOY ESPAÑOL（如果你没有性别认同，你要采用一些语言上的折中，或者发挥一些创意）。这是因为，在西班牙语和其他不少欧洲语言里，你的语法性别由你的社会性别（或者，用更传统的观点说，是由你的生理性别）所决定的。在此基础上，你要选择形容词、名词、代词，有时甚至包括动词的相应形式。

日语不一样。语法上并不存在性别区分。我们在日语中看到的是，人们期待女性和男性说略有不同的"性别方言"，也就是基于性别的语言变体。这不是一种边缘化现象，也不是语言学家们深入语言内部运作后偶尔会发现的那种令人惊讶的细微区别。日本社会将ONNA KOTOBA（女言葉）、JOSEIGO（女性語）或FUJINGO（婦人語）——这三个词都可翻译成"女性的语言"——视为国家语言的一个独立部分，日本的文化机构甚至会刻意对其加以维护。[1]

这段YouTube视频会让你看完立刻就说上"女言葉"——日本的女性语言。

那么，历史在这里发挥了什么样的作用呢？它是怎样产生了一种特殊的女性语言？这种变体，是跟男性变体有所不同，还是跟一

1　这是我对社会语言学家中村桃子（Momoko Nakamura）所著《性别、语言和意识形态》（*Gender, Language and Ideology*）一书的第一句话的理解。原文写道："在日本，女性语言是一个突出的社会语言概念，也是一种霸权文化概念。"——作者注

种中性的、无关性别的变体有所不同?

让我们先来看看后一个问题:日语,基本上,或者说近乎全部,都可视为中性。(这叫我们想起了爪哇语里的基本语体"平语"。大多数的平语既说不上有礼貌,也说不上无礼。)但除此之外,它针对男女两性各有不同的变体。不过,还有一项重要区别。男性语言,有一种粗鲁的力量感,几乎完全是可有可无的,没人会故意教男孩们学说男性用语。但他们还是能学会,就像其他地方的孩子们学会用街头俚语一样。但相对应地,女性语言却不是可选项,家长和老师会想方设法地让女孩们遵守语言规则。这也就暗示着,"不分性别"的日语其实并非不分性别:一部分语言仅供男性使用,同时,还有一种专属于男性、彰显男子气概的语体供他们排遣。女性要么选择恰当的性别方言,要么招来社会的谴责——换句话说,她们要么服从,要么付出代价。当然,从集体的角度说,她们还有一种选择:一旦足够多的人愿意无视这些规则,女性语言的整个概念就会变得不那么僵化。这正是最近几十年里发生的情况,我们稍后会看到。

午宴已在桌几

让我们进入正题吧。女性日语和男性日语到底有什么区别呢?首先,女性往往倾向于使用略微长一点的词语让自己听起来显得礼貌。你可以这么想:你不光使用古老的luncheon(午宴)来代替日常的lunch,还系统化地把table(桌子)变成tableon,把flower(鲜花)变成flowereon。在日语里,这种礼貌音节不是加在词尾,而是加在前面:所以,HANA(鲜花)变成了OHANA(口语和书面语都会变)。

其次，男性和女性会使用不同的代词米指代自己：WATASHI（私）是男女都可以用的"我"（不过，男性使用会显得相当正式），而ATASHI（あたし）则明显是女性用词，BOKU（僕）是年轻男性（或是想被别人当成年轻男性的人）用词。[1]实际上，在日语（教年轻人的）教科书里，ATASHI和BOKU是第一人称单数的用法，就像英语教科书里第三人称教he和she一样。第二人称代词"你"里也存在类似的区别。

动词DA，也就是"to be"，也因性别不同而有所区别。在"this is a spider"（这是一只蜘蛛）一类的句子里，男性使用DA，女性则省略。换句话说，男性会说"this is a spider"，而同一句话在女性日语里更类似"this a spider"。[2]关键不在于后者在英语里听起来奇怪——在许多语言里，"this a spider"都完全没问题，包括俄语（见本书相关章节）。重要的是，这里男性和女性使用了不同的语法。

他们还使用不同的"小词"，也就是那种没有明确含义，但能暗示说话人态度的词语。这种词在日语里非常常见，附带各种潜台词，如"请赞同我"和"我们俩都知道"，甚至"我很肯定，见鬼"。男女都可以使用Ā来表示"啊"，比如"啊，多么美呀"，但女性还可以选择ARA或者MĀ。为表达"我想知道"，女性会说"KA SHIRA"，但更为中性的说法是KA NA。女性的WA是个特别出名的例子，它表示赞赏或情绪；男性很少使用它。

还有些词汇更直接地跟性别强烈相关，比如对女性使用IYĀN表示"不"，男性使用MESHI表示"饭"，DEKAI表示"大"。这

---

1 "年轻的"男性？没错，或者说"男孩"也行。日语不光有着性别差异，在一定程度上，还存在年龄差异（不同年龄的人会用不同的说法）。——作者注
2 因为中文没有这一类的动词，所以保留了原文的英语以体现其区别。

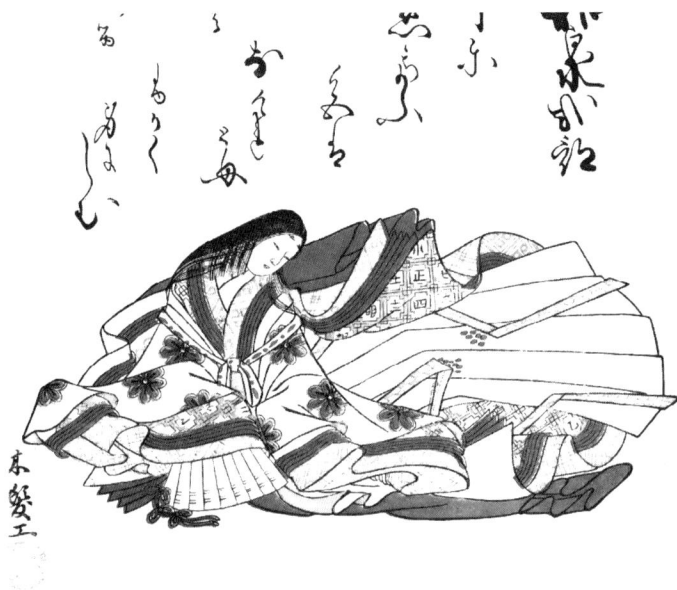

日本女性并不总是使用恭谦语。这是和泉式部，平安时代最伟大的诗人之一，她在11世纪初写过一系列热烈的情诗。

些词语的同义词（IYA、GOHAN和ŌKII，分别对应"不""饭"和"大"），两性均可使用。

最后，发音偶尔也有所不同：男性可能会将元音序列/ai/（和英语里的lie押韵）缩减为/ē/（跟英语里的lay押韵），如果女性这么做，就不像位淑女了。

如果使用了通常由异性使用的元素，说话者并不会违背严格意义上的语法规则，但的确违背了社会惯例：既违背了规则，也违背了自己的性别。这类似一位女性校长坚持让人称呼自己"校长先生"：她会让别人微微有些错愕，尽管这种区别可以说是微不足道——不管是"校长"还是"校长先生"，都指的是"对学校管理负有最大责任的人"。或者，再比喻得更明显些：假设一位男性校长坚持要别人叫自己"校长女士"——小报们一定很乐意对此大做文章。

或许这么比较不够准确，因为究其核心，男女日语的区别在于文雅：女性日语要给人留下彬彬有礼优雅的印象，男性日语要给人留下不容忽视的力量感。

20多年前，我的英语老师告诉我，最好不要模仿她说"哦，我的天哪"的习惯，因为这在一定程度上破坏了我的性别可信度。尽管现在情况似乎有所改变，但男性说"脏话"仍然更容易比女性获得谅解——很难想象一位女性说了诸如"抓住他们的屄"之后还能赢下总统大选。换句话说，英语同样会因为性别而有所变化。但在日语里，这些差异更为明显：它们由语言的更多方面构成，而且成文更加严格。

贤淑的低语

许多日本人认为"女性语言"是一种古老的现象，因女性实际说话的方式而形成，是她们共性（换句话说也就是其女性气质）的自然反映。现代学术令人信服地挑战了所有这类假设。男女日语变体的某些差异可以追溯到平安时代（公元794年—1185年）。当时的社会规范要求女性避免使用汉语外来词，而是使用源自本土的词汇。儿童和年轻男性也一样，这就是说，只有成年男性才享有使用汉语词汇的特权，而汉语词汇就像英语里的拉丁词汇一样，为其言说增添了一道知识阶层的色彩。很长一段时间里，"禁用汉语词汇"都是研究女性日语的论文中反复出现的主题。使用这样的词汇暗示具备更多知识，而掌握更多知识对女性而言是不合身份的。

另一重要区别却跟词汇或语法无关，而在于语言或交际行为：平安时代鼓励女性少言寡语，不可伶牙俐齿。就理想的女性形象而言，她们只要贤淑地低声自语一些没头没尾的句子即可。

接下来的四个世纪分属于镰仓和室町时期（1185年—1333年，1336年—1573年），贵族阶层的指导书籍——针对礼仪和道德——开始宣扬一种新标准：女性最好尽量少说话，就算不得不说话，也须尽量小声。这符合儒家思想，它认为女性应该服从男性，女性如果说话，很容易破坏家庭和社会的正常秩序。故此，证据表明，这些语言模式是一种规范，而非对自发（未经教育自然做出）行为的描述。没有人会说女性天然喜欢沉默；人们只是认为，如果她们学会这样做，对所有人都最有利。

就是在这一时期，尤其是从14世纪开始，皇宫里出现了一种未来几个世纪里会变得很重要的新现象。在宫廷中侍奉的贵族妇女中（相当于欧洲的"女官"）逐渐形成了一种奇特的行话，很多词语，尤其是指家中用品的词，逐渐被新造词汇所取代。举几个例子，MANJŪ（包子）缩短为MAN，SHINPAI（担心）变成了SHIMOJI，KŌ NO MONO（泡菜）先缩短为KŌ，后来又变成了叠声词KŌ-KŌ。另一些词则被物体的基本感官特征所取代，再加一个表示尊重的前缀O-：指冷水（MIZU）的时候，会用一个我们可以翻译成O'COOL的词（OHIYA），海鲷（TAI）变成了o'thin（O-HIRA），红豆（AZUKI）成了o'red（O-AKA，也可以是AKA-AKA）。汉字又一次遭到了回避，所以KAJI（火）换成了AKAGOTO（按字面意思是"红色的东西"）。侍奉朝廷的女官们为什么这样做？学者提出了若干种理论：为了保密，为了优雅地表现模棱两可，为了便于说不同方言的人之间的沟通。但事实上，她们的"黑话"逐渐从皇家朝廷渗透到了幕府的宫殿和武士的大宅。

　　贵族们也采用了这种行话，尽管如今它被称为"女官言"（女房言葉），但在很长一段时间里，它主要是阶级而非性别的标志。这一时期的文学作品中有无数男性（包括僧侣和军阀）以这种方式说话的例子。在其他地方，下层社会的男性角色会嘲笑和模仿这种精英语言。直到后米，行为指导书籍才开始批评采用此种风格的男性，有一本书说它"令人作呕"，但"寻常可见"。

别讲道理

　　上文的话引自1687年，这时我们已经进入了日本历史的下一个阶段，即江户时代（1603年—1868年），当时的日本基本上是闭关锁国的。此时，尤其是18和19世纪，精英说话风格逐渐跟性别而非阶层挂上了钩。非精英女性通过数百种新出的行为规范书籍了解了语言上的戒条。这些行为规范书如今在各个社会阶层中流传，并制定了比以往任何时候都更为严格和复杂的规则，沉默和避免使用汉字仍然是女性必须加以遵守的礼节。除此之外，她们还需要避免使用一些非汉语词汇，如SHIKATO（当然）和IKIJI（骄傲），大概因为人们觉得"当然"一词所表示的确定感，以及骄傲的态度，都不够女性化吧。而且，女性应该在语言里加上前文提到的O前缀和MOJI后缀，正因如此，发展到现在，这些词带上了一股柔软的韵味，让语言显得更女性化：光是GUSHI（头发）显得太刺耳，所以应该低声说OGUSHI；跟人说话，女性不应该以SONATA指代你，而应该用SOMOJI。

　　从19世纪后期开始，日本对外开放，经历了快速的现代化过程，性别化语言也进入了一个新的阶段。其一是语言的标准化，而在此之前，日语素以方言多样性为特征；其二则是提出了男女平等

现代和传统——日本的性别语言走向败落了吗？

权利的概念。然而，这被阐释为"平等但本质上不同"，新的国家语言跟原来的日语一样存在性别差异。事实上，1879年的一项敕令还特别强调了它的性别性质。1886年，日本普及全民（也就是不分男女）初等教育，但男女两性所用的官方教科书有所不同。以下引述出自1893年一本针对女学生的教科书："克制自己，别说话。说话故意不分男女有伤风化。直接的言辞自命不凡。女性说话得体，不应刺耳，而应温柔可爱，不应讲道理……看到一个女人自作聪明地说话令人特别恶心。"

从词汇和语法角度看，女性语言开始受到一种叫作"女学生言辞"变体的影响，这种言语风格来自中学精英学生群体。尽管19世纪末，它曾被斥责为粗野庸俗，但此后的数十年里，民间对它广为接受，并认为它更加女性化，是接受过扎实教育的证据。它带来了一种本土自发的创新，无缝地融入了更古老的语言性别分野，日本社会很快把它视为本国母语中古老而可敬的组成部分——哪怕实际上根本没这回事。此前，日本女性语言从未正式出现在语法和教科书里，它的许多现代特征是近代（女学生的）发明，而许多更古老的（宫廷女官）元素早已无人问津。

活蹦乱跳地暗中延续着

近几十年来，日语的性别化程度明显减少了。来自美国的语言学家长谷川阳子（Yoko Hasegawa，音译）注意到，过去25年，日本电影、电视剧和戏剧作品中女性角色所使用的语言发生了天翻地覆的变化，她们说话变得远比从前更具男性化特点。出现这种变化的原因不在于女性想要使用在文化上更受重视的言语形式，因为传统上，优越的文化地位本就属于日语的女性变体。但在社会上、经济上和政治上，日本男性始终占据主导地位。女性打入男性语言版图，不是为了获得更高的声望，而是为了获得权力。

尽管语言规范或许不再像旧时代那么严格，但说日语的人仍然能一如既往地敏锐意识到性别方言的存在。"如果忽视了（它们），到了一定程度，你会在无意识中听上去像个日本小姑娘——或小伙子。"2009年，《日本时报》写道。小说家们巧妙地利用这些惯例来传达角色的性别，读者也能毫不迟疑地捕捉到这类信号——哪怕许多惯例早已过时。翻译也不例外：一家日本报纸在采访安吉丽娜·朱莉（Angelina Jolie）时，让她"说"起了女性用语，《哈利·波特》系列小说和电影里的赫敏·格兰杰（Hermione Granger）也不能免俗——尽管以该系列开始时她的年龄来看，这根本不现实。

　　但至少那些极端性别歧视的"行为规范手册"已经消失了吧——真的吗？嗯，它们只是改头换面了。不过，社会语言学家中村桃子（Momoko Nakamura）以"女性"和"说话方式"为关键字在一家网上书店里进行搜索，得到了73项结果。她分析了前7项，它们都强调："女性可以改变自己的说话方式，提高自己的吸引力；说女性化的语言，她能变得优雅、睿智、美丽、幸福、受人喜爱。"中村桃子总结说，这些书籍和它们的热销，证明女性语言活蹦乱跳地在暗中延续着。

第十二名

斯瓦希里语

KISWAHILI

1.35亿使用者

据估计，以斯瓦希里语为母语的人数在300万~1500万之间。在它的1.35亿使用者中，大多以之为第二语言。斯瓦希里语是肯尼亚和坦桑尼亚的主要通用语言，在布隆迪、卢旺达、乌干达、刚果（金）东部和部分邻国广泛使用。阿曼苏丹曾统治"斯瓦希里语的首都"桑给巴尔，据说该国仍有相当数量的人说这种语言。在英国、美国和海湾国家也有说斯瓦希里语的移民。

斯瓦希里语

自称　Kiswahili。英语中也可这么写。

语系　斯瓦希里语属于尼日尔-刚果语系中的班图语支。班图语广泛分布于非洲中部、东部和南部。尼日尔-刚果语系的其余语言通行于一个更小的地域范围，主要在西非。

书写方式　今天的斯瓦希里语使用拉丁字母书写。在19世纪末20世纪初欧洲列强"瓜分非洲"之前，人们使用阿拉伯文字。

语法　斯瓦希里语的名词可分为不同的类别，跟大多数欧洲语言的词性有几分相似。每类各有单独的前缀，一种用于单数，一种用于复数。其他词语——动词、形容词，甚至介词——根据名词的类别呈现不同的形式。

发音　斯瓦希里语在班图语中非常特殊，因为它没有声调。

外来语　大约30%的斯瓦希里语词汇源于阿拉伯语，英语位居第二，约占10%。斯瓦希里语是东非沿海居民跟阿拉伯丁香种植户、商人以及（后来尤其是来自阿曼地区的）统治者之间的接触中发展起来的。

语言输出　斯瓦希里语输出到英语里最常见的词语是safari（狩猎远征），它的词根是阿拉伯语。主要由非裔美国人庆祝的为期一周的Kwanzaa（宽扎节），名字来自斯瓦希里语的*matunda ya kwanza*，意思是"第一批果实"。殖民时期的*bwana*是另一个斯瓦希里语单词，意思是"老爷"。电影《狮子王》有几个角色的名字都起源于斯瓦希里语（尽管不完全是外借），包括主角辛巴（*Simba*），它的意思是"狮子"。另外，电影中的"*hakuna matata*"的意思真的就是"别担心"，若按字面理解则是"没问题"。

年轻的语言　最古老的斯瓦希里语文献来自18世纪初——1711年的信件，以及一首可追溯到1728年的长诗。故此，在我们的巴别塔20种语言里，它的书面文学无疑是最年轻的。

12 斯瓦希里语

非洲若无其事的多语言制

　　我先声明，我并不认识你本人，所以，下面这判断很可能是错的。但我经过审慎的思考后猜测，在语言学习方面，怎么说呢？请恕我直言，你大概是个蹩脚的学生吧？我得赶紧补充一句，我是说，跟来自喀麦隆吉尔维村的乔纳斯比起来。

　　别丧气，这倒不是你的错。如果你在英国或美国这类国家长大，很可能父母从小就只对你说英语。电视机和保姆也一样。在你成长的过程中，你会发现外面的世界也充斥着英语：邻居和杂货店老板说英语，老师和同学说英语，牧师和政客说英语——耳力所及，处处皆是英语。再之后，你跟自己的伴侣大概也使用的是同一种古老的语言。因此，英语大概率会陪伴你的一生：从你说出的第一个字到要咽下的最后一口气，除了威廉·莎士比亚、奥普拉·温弗瑞（Oprah Winfrey，脱口秀主持人）、霍默·辛普森（Homer Simpson，动画片《辛普森家族》中的角色）所用的这种语言，你几乎用不着其他任何别的东西。你兴许学过一门外语，甚至还是几门，但除非移民，你不太可能需要用到它们（这里的"需要使用"，是跟消遣性地使用相对的）。

　　作为世界的语言发电站，英语在这方面相当极端。不过，如果你在法国、西班牙、墨西哥、巴西或韩国等地长大，你的经历大概多多少少也一样，因为在整个欧洲、美洲和东亚，绝大部分人口基本上都过着单语言生活。

但在非洲不是这样。

非洲就是我们发现前文所提的乔纳斯这类人的地方。我没法告诉你乔纳斯的姓氏，因为美国语言学家莱斯利·摩尔（Leslie C.Moore）对此做了合情合理的模糊处理。莱斯利是在研究期间认识乔纳斯的。不过，我们知道，乔纳斯1980年左右出生在喀麦隆北部曼达拉山脉的吉尔维村，他完成了小学学业，甚至还上了中学，这在他的村子里很少见。而且，他的生活需要用到远远不止一种语言。

乔纳斯的语言学传奇始于家乡，在那里，他不仅学会了自己的母语维姆语（Vame），还学会了"父语"乌扎拉姆语（Wuzlam）。因此，他4岁时就掌握了两种语言，尽管这两种语言的使用者，分别不过只有几千人。接下来，他学会了该地区的通用语旺达拉语（Wandala，用于跨种族交流），这种语言有数万人使用，是学校操场上最受人青睐的语言。维姆语、乌扎拉姆语和旺达拉语的关系非常紧密，都属于乍得语族的中部分支，但它们并不能互相理解。同样是在小学，乔纳斯必须掌握法语（第4种语言），这是喀麦隆的主要官方语言，也是该国大部分地区的教育媒介语言。儿年后，他还正式学习了英语（第5种语言），该国的另一种官方语言。

上中学时，乔纳斯开始追求一个叫果果（Gogo）的姑娘，虽然两人都能说旺达拉语和乌扎拉姆语，但他仍然决定学习果果的母语马达语（Mada，第6种语言）。毫无疑问，他这么做的原因，种族隔离制度下的纳尔逊·曼德拉在回应为什么自己要学习南非荷兰语时曾做过一针见血的解释：如果你能用他们自己的语言说话，你的话语就能直击他们的心。这话听起来或许有些矫情，但却是事实。

乔纳斯就读的中学，坐落在旺达拉语通行地区之外，所以他又学了另外两种通用语：祖格瓦语（Zulgwa），这是学校附近街区所说的另一种中部乍得语（第7种语言）；以及富拉语（Fula），大部分学生和镇民都使用的语言（第8种语言）[1]。最后这一种语言非常有用，因为有了它，乔纳斯可以跟20多个非洲国家（大多位于喀麦隆以西）的2500万人沟通。但它学起来不容易，它属于尼日尔-刚果语系，跟乔纳斯掌握的其他非洲语言不相关，就和英语跟匈牙利语的关系差不多。

有10亿乔纳斯这样的人吗

说实话，就算按非洲的标准来衡量，这个故事也是特例。部分原因在于，喀麦隆是语言多样性的一个热点地区：该国每100万居民便拥有大约10种语言——总共250种语言。另一个原因是乔纳斯所在的乌扎拉姆语使用者社群属于一个多语言民族，名叫山地人（Montagnards，法语的"山地居民"），也叫科迪人（Kirdi），在他们的文化里，学习语言备受重视。乔纳斯的个人经历也有部分原因：他接受过多年的教育，接触到的语言（在教室里或者大街上）

1　令人犯糊涂的是，这里提到的大多数非洲语言（还有其他语言）都有不止一个名字。在某些情况下，说不同方言的人偏爱不同的称谓。至于其余情况，殖民统治者或外国语言学家必须为这种混乱负责。乔纳斯掌握的若干语言的别名如下：乌扎拉姆语也叫作Uldeme（在法语里拼写为Ouldémé），维姆语别名叫Pelasla，旺达拉语也叫Mandara或Mura，富拉语也叫Fulfulde、Fulani、Pular或者（法语里的）Peul，祖格瓦语也叫Zulgo-Gemzek。只有马达语有唯一的名字，但有时候，为了跟西边500多公里所说的一种同名而无关的口语相区别，有时也拼写为Mađa。——作者注

比同龄人更多。身为山地人，他乐于学习任何对自己有用的语言。大多数其他处在他境况的非洲人，兴许不会把精力用在镇子里通用的祖格瓦语或者姑娘的母语马达语上，相反，他可能会用乌扎拉姆语追求她。但即便不如乔纳斯好学的人，仍然会不假思索地掌握其他6种语言。

这一章主要讲斯瓦希里语，它是东非使用的一种语言，主要分布在发源地坦桑尼亚和肯尼亚，但也包括乌干达、布隆迪、卢旺达、刚果东部，以及莫桑比克的一小部分地区和其他邻国。就算是在南部非洲，人们也有更大可能学习斯瓦希里语而非埃塞俄比亚的官方语言阿姆哈拉语，其原因与欧洲人更乐意学习意大利语而非罗马尼亚语的原因一样：斯瓦希里语和意大利语带来的投资回报率更高。

斯瓦希里语地区跟喀麦隆不一样，语言的多样性没那么大。在斯瓦希里语的历史中心地区肯尼亚和坦桑尼亚，每百万名居民使用两种语言；而在该地区的其余国家，这一数字更接近每百万居民使用一种语言，甚至更少。

虽然斯瓦希里语将是这一章的大明星，但它必然要跟自己的亲戚和邻居分享聚光灯的光芒。这是因为，我希望这个故事讲述整个撒哈拉以南非洲（以下简称非洲）地区的情况，因为这里的语言景观与其他大陆明显不同。另一点更实际的考虑则是，斯瓦希里语是这本书中唯一的非洲语言，我们没有第二次机会重访该地。

东非的斯瓦希里语地区、西非的喀麦隆和非洲之间最重要的相似之处大概是：当日常生活向当地人抛出一门新语言，他们并不担心，而且愿意学习它（这里的学习指的是"开始说"，而不是"上一门课"）。斯瓦希里语地区和该大陆其他地区的主要区别，恰恰也就在于前者有这位名叫斯瓦希里的友善巨人。让我们来看看它有多特殊：斯瓦希里语的使用者，至少是非洲第二大语言豪萨语的两倍，兴许能达到三倍。难怪非洲的一些知识分子，其中最著名的是尼日利亚诺贝尔文学奖得主沃莱·索因卡（Wole Soyinka），主张把斯瓦希里语用作非洲大陆的通用语。1970年，加纳历史学家K.A.库米·阿托布拉（K.A.Kumi Attobrah）在非洲推出了一种类似世界语的辅助语言，以斯瓦希里语为基础，并将之起名为阿非希里语（Afrihili）。

如果说，碰到一种似乎有用的新语言，非洲人并不害怕跟它打交道，那么，人们最终会学上多少种呢？一如我们在乔纳斯的例子中所见，这取决于他们的个人环境和当地的文化价值观。但泛泛而谈的话，答案是三种：一种母语、一种通用语，以及一种"重大语"（这是我起的名字，简称VIL，Very Important Language，非常重要的语言）。这幅整洁的画面里会出现若干搅浑水的因素，即许多种语言会同时扮演上述角色中的两个，还有少数几种语言（包括斯瓦希里语在内）会同时扮演三个角色。即便如此，母语、通用语和重大语，是搭建基本框架的三个有用支撑点（想想帐篷的支点）。至于现实生活的复杂性，我们稍后再往里头加。

"重大语"或许是个好玩儿的词，在其他关于非洲语言学的文章里，你看不到这个说法，但我认为它很好地代表了一连串不同的情况。一般来说，重大语是国家的官方语言，也是小学以上所有教育的教学语言；城市上层阶级说话用它，记者和文学作家写作用它。一般来说，它就是这一类的东西——但又并非总是如此。一个国家或许有好几种官方语言，也可能根本没有官方语言，教育可以使用多种语言，一些著名作家说不定更偏爱用自己的母语写作，等等。尽管如此，几乎每一个非洲国家的重大语都是一目了然的。

几乎在每一个非洲国家（美洲的情况也一样），其重大语都源于欧洲。英语和法语在差不多20个国家里都是重大语，葡萄牙语排第三名，但覆盖范围差得很远，仅限于5个国家。有3个国家（外加北非，但这里不做考虑）的重大语是阿拉伯语，同样来自外部，但年代要早上几个世纪。有几个国家，如津巴布韦，使用一种或多种起源于非洲的语言作为"官方语言"，但它们实际上居于次要地位。非洲语言上升到重大语地位的国家寥寥无几，仅有坦桑尼亚、埃塞俄比亚和索马里这3个国家。

即便回到第一次世界大战之前的德国殖民统治时期，坦桑尼亚的学校里也教授斯瓦希里语。

在一个不谙内情的局外人看来，斯瓦希里语这个巨人获得如今的地位本是理所当然的。然而，这一切来得充满波折。只有在坦桑尼亚，它才毫无争议地位列第一。在肯尼亚，它跟在坦桑尼亚同样普遍，但就正式地位和社会声望而言，它远远落后于英语。很长一段时间里，它的法律地位都是"国家语言"，但放眼整个非洲，这只是"官方承认但无实际地位"的礼貌说法罢了。直到2010年，它才成为肯尼亚的第二官方语言。在斯瓦希里语使用较少的乌干达，1962年独立时政府选择英语作为官方语言，10年之后增加了斯瓦希里语，1995年放弃了它，再隔10年后又改变了主意。到上次我核对时，斯瓦希里语仍保持着官方地位，但英语的名气更大，而卢干达语的使用人数则更多。在坦桑尼亚、肯尼亚和乌干达之外，斯瓦希里语只是一种通用语言。

人们说什么语言

我声称，非洲人说三种语言：母语、通用语和一种非常重要的语言（"重大语"）。但或许有人认为，把"重大语"纳入这组三和弦显得太夸张了。在大多数以欧洲语言为重大语的非洲国家，只有少数人说这种语言。反过来说，英语、法语和葡萄牙语（或许有些出人意料），正逐渐掌握了相当可观的优势，尤其是在城市里，故此，与其说上述说法夸张，不如说它不够成熟。

虽然在此阶段，大多数非洲人并不说本国的重大语，但许多人掌握了不止一种通用语，这再一次使得非洲的人均使用语言接近三种。这是因为，能同时说若干种彼此接近的通用语的情况很常见。你大概记得，乔纳斯第一次掌握一种通用语是在小时候，到了青少年时期又学会了两种：一种是地方性的，一种是整个西非都说的。在乌干达，有两种通用语（斯瓦希里语和卢干达语）相当普遍，使用它们的人会毫不犹豫地同时学习两者。刚果有四种重要的通用语，包括斯瓦希里语，这里，我要再说一遍，说一种语言不会妨碍任何人在有必要时学习另一种语言。

最后，也很明显的一点是，非洲人还有各自的母语，这类母语多达一千、两千甚至三千种以上（这取决于你问的是谁）[1]。故此，配偶使用不同母语的情况也绝不稀罕。他们的孩子很可能在双语环境下长大——就跟在乔纳斯的例子里一样，我将之分别称为"父语"和"母语"。（确切地说，他的"母语"不是从妈妈那里学的，而是从她的亲戚那里学的，因为当地文化规定，母亲必须跟孩子们说丈夫所用的语言。我之前就说过，现实生活很复杂啊。）

许多母语的使用范围非常有限，它们只是一个氏族或几座村庄的地方通用语。另一些语言则由分布在若干国家的、规模较大的种族群体使用。较大的母语，同时也可能是本国小语种使用者的通用语：乔纳斯学的富拉语是通用语，但也有2000万人以之为母语。斯瓦希里语在这方面做得更好，它同时扮演了3种不同的角色：坦桑尼亚的"重大语"、更大范围内的通用语，以及桑给巴尔群岛和印度洋沿岸数百万人的母语。在一些非洲城市，欧洲语言的功能同样在扩展，从重大语变成通用语，甚至成为少数精英家庭里的母语。

会说不会写

重大语跟其他两种语言有一个关键的不同特征：它们更多地出现在书面。几个世纪以来，一些非洲语言一直在努力走向书面化，今天，它们有不少已经建立了标准化拼写系统（采用拉丁语、

---

1 跟其他面临分类问题的科学一样，语言学里也有爱汇总的学者和爱拆分的学者。爱拆分的学者强调差异，提高了语言总数；而爱汇总的学者，因为看到了语言的相似性，会减少语言总数。——作者注

阿拉伯语或埃塞俄比亚字母，后者也叫吉兹字母，Ge'ez-ገዕዝ）。然而在实践当中，只有极少几种非洲语言在书面中被大范围使用。很多非洲作家都更偏爱英语、法语或葡萄牙语，其原因跟我以英语而非母语荷兰语作为写作语言一样，这样他们（我们）才得以进入国际市场。但就非洲作家的例子而言，这还不是故事的全貌，即便是纯粹着眼于当地的非洲作品，基本上也是使用上述欧洲语言之一出版的。作者们偏爱欧洲语言而非自己的母语，除了商业考量之外还有另一个原因：读者们，哪怕是那些坚持使用非洲语言的人，也觉得这更容易。阅读一种自己不习惯在书面上看到的语言，就像阅读《哈克贝利·费恩历险记》（*Huckleberry Finn*）里的方言对话一样：单词的陌生样子，会放慢我们的阅读速度。

新闻报道同样主要用欧洲语言所写（阿拉伯语略少）。哪怕在各有非洲"重大语"的坦桑尼亚、索马里和埃塞俄比亚，英语在印刷和网络媒体上也处处可见。还有好几个国家，我在它们的网络上搜索都没有找到任何一本使用非洲语言的新闻杂志。这并非纯粹是因为经济上的原因，毕竟，懂通用语的人比懂英语或法语的人要多得多。相反，这似乎是因为，虽然各国独立已过去大半个世纪，读者和作者们却似乎仍然存在偏见，认为非洲语言无法像过去数代人使用的殖民语言那样，扮演好"现代"的角色。如果说这种偏见需要什么证据来驳斥，斯瓦希里语就是个好例子。

普通人，并非天才

除非你跟乔纳斯以及其他通晓多种语言的人在同一块大陆上长大，否则，你兴许会开始有些担忧，在语言学习方面，你没法跟这些非洲人竞争（就跟在长跑领域一样）。他们太精通此道。有人认为，他们的身体里有特殊之处：某种来自基因的东西，远远抛下了其他人类，让后者显得似乎怎么也追不上。对跑步而言，这种想法有几分道理：东非人，尤其是肯尼亚的卡伦津人，很可能真的天生具备某些极为适合长跑的身体素质。但还是那句话，基因远远不是全部故事。多亏最初的几次成功，才点燃了大批东非年轻人的运动雄心，而这反过来又增加了他们一展所长的可能性。只有那些为比赛训练并参加比赛的人，最终证明了自己的优秀，成为冠军。肯尼亚人做到了这一点。

在语言学习上，这是怎么运转的呢？非洲的多语言现象也可以用基因和社会因素的混合来解释吗？就乔纳斯的个例而言，他似乎拥有高于平均水平的智力，这可以说是一种天赋。但他选择学习一些只是有用但并非不可或缺的语言的做法，更多地跟他所在的民族文化有关，这种文化认为，精通多种语言本身就是一件好事。至于一般的非洲人，

在坦桑尼亚阿鲁沙（Arusha）的菜单上，menu、chipsi、supu和rost借用自英语，karibuni（"欢迎""welcome"）源自阿拉伯语。nyama是一个非常普遍的班图语，意思是"肉"。在斯瓦希里里，许多用于抽象概念的词汇都有着阿拉伯语词根。

解释甚至更简单：他们使用多种语言，是因为社会就使用多种语言。如果你一直生活在说不同语言的群体里，你就有理由学习这些语言——而且也有练习机会。

我自己的经历证实了必要性、机会和成就之间的这种联系。我擅长的外语，全都是那些我需要且有充分时间练习的语言。青少年时代，我喜欢上了一个德国姑娘，我需要德语，并通过练习讨我心上人的欢心。研究生时代，我到秘鲁做研究，需要西班牙语，有半年时间，我几乎不说其他语言。后来，一份工作激励我提高英语水平。我的确做到了，但由于从来没在说英语的国家生活过，直到今天，我的口语熟练度都比写作能力要差，我的词汇也有点太过书面化。不过，虽然父亲一直教我法语，而且我在中学上了整整6年法语课，但我的法语口语能力始终让我感到脸红。原因在于，我从来没有必要在一段时期内密集而持续地使用它。我后来基本上出于好奇心驱使所学的其他语言，全都学得三心二意无疾而终——还记得我在越南语上的惨败吗？投入时间是学习语言最难的一点。

风暴扫清语言障碍

所以，非洲人并非天生就是语言天才，而是身处非洲，他们才成了语言天才。但话虽如此，我还应该补充一句：非洲的语言文化有别于欧洲（跟美国更不一样），使得人们在学习一门新语言时不会感到太过畏惧。

在欧洲，主要语言受到近乎极权主义的严厉监管，它们大多数都有官方学院或委员会、拼写法律、语法书籍、字典词典、发音标准、文风指南和术语委员会。因此，这些语言也有着拼写异

见人士，给编辑的信，拼写比赛，拼写进修课，以及亨利·福勒
（Henry Fowler）、琳恩·特鲁斯（Lynne Trusse）等咬文嚼字、指
手画脚的人。自封为"语言爱好者"的人主张，所有人，不管其生
活地位如何、母语是什么，都应该正确拼写、准确打标点、遵守语
法规则、避免使用不可接受的词汇。欧洲，还有美国（如果我对这
些地方的印象没错的话），充斥着吹毛求疵的学究（只不过，他们
可不愿被人说成是吹毛求疵）。

　　我们要是非洲人就好了！在这方面，撒哈拉以南地区的大多数
人要务实得多，也随和得多。这并不是说他们对语言毫不在乎，他
们的母语是骄傲和身份的来源，他们和我们一样欣赏雄辩和犀利的
语言，高度推崇讲得栩栩如生的故事。但他们知道，自己的母语在
社会和地理上不能带他们走太远，所以他们也说其他语言。他们从
不炫耀自己能说多种语言，他们只是轻装上阵，不动声色。如果两
名非洲人遇到语言障碍，双方都会动用所有可用的资源——无论是
流利的卢干达语、简单的斯瓦希里语、还是蹩脚的英语（通常还混
合了几种语言）——强攻猛打。重要的是建立沟通，而找到一种共
同的语言，是实现沟通的途径。

　　这种明智和务实的态度并非非洲所独有。实际上，在国家标准
语言首次出现之前，欧洲人也一样。同样明智和务实的态度曾经把
持着不列颠群岛。盎格鲁-撒克逊人和维京人就是这么打交道的，
而在此过程中产生了英语。在欧洲自己的"巴别塔"——巴尔干半
岛上也是如此，直到19世纪民族主义控制了这个地区，把这个多语
言组合体变成了一团解不开的绳结。随着灵活的口语固化为规范的
标准，明智的实用主义变得更加难以维持。一旦语言在面积广大的
地区占据主导地位并广泛应用于书面写作，宽容度就变弱了。如果
有一天，非洲语言在整块大陆上获得了重大语的地位，当地现有的

语言使用现状或许也会分崩离析。

　　非洲语言比欧洲语言更容易学习的另一点不同之处在于，非洲语言的词汇量较小。我知道，这话听上去有些危险的意味。我是在暗示非洲语言在某种程度上更简单、更原始吗？绝非如此。受过教育的非洲人运用极为丰富的词汇。问题在于，在大多数非洲语言里，他们做不到这一点，因为只有重大语（包括斯瓦希里语）发展出了庞大的词汇。由于应用在（非传统）政府、教育、科学、技术、金融、艺术、哲学、体育等现代领域，重大语（也只有重大语）才发展出了这些活动所需的术语，进而扩大了自己的词汇量。此外，那些已经书写了几个世纪的语言，形成了丰富的"化石"地层，也就是日常对话里很少能听到，但仍可以在文学作品和厚厚的字典里找到的词语。母语使用者对这些古老的、专用的或其他少见的单词并无了解，但却实实在在地知道数万个这样的字眼。这庞大的词汇量使得典型的重大语向学习者展现出了一幅令人畏惧的景象。而非洲的通用语没那么可怕，它们只是非常有用的语言载体，可以精确而微妙地沟通生活中的方方面面。它们也不仅用于传统的乡村生活，许多还用于政治集会、广播新闻、地方行政和初级法院，故此它们创造或借用了这些领域所需的词汇。但整体而言，它们的词汇储备比较少。

　　至于在语法和发音（语言学习者必须解决的另外两件事）上，非洲语言并不简单——甚至恰恰相反。首先，大多数非洲语言都有声调（我们已经在旁遮普语里遇到过这种棘手的宛如唱歌般的性质）。其次，许多非洲语言的辅音发音在其他地方很少见，比如/mb/（这是一个音，不是两个，比如mamba一词，最初写作ma-mba，这是非洲的一种眼镜蛇，也叫作曼巴），或者Xhosa（科萨语）和Zulu（祖鲁语）出名的咔咔声。从语法上看，非洲语言往往有着密集的词形变化，跟拉丁语、俄语或土耳其语类似：单词有着许多不同的形式，分别反映了词格、时态、语气等概念。另一个共同特点（至少在分布广阔的尼日尔-刚果语系里）是所谓的名词类别（noun classes）。这跟成年人学德语和拉丁语时感到困扰的词性没有太人不同，但词性一般是两种或三种，名词类别动辄就有十多种。

多民族聊天的基础

人们怎样掌握这么多错综复杂的事情呢？部分答案是，如果你从小就说非洲语言，那么，外人眼里看来困难的事情，对你来说可能要容易些。如果你的母语是班图语族下的恩科尔语（Nkore）、苏库玛语（Sukuma）或基库尤语（Kikuyu）（分别在乌干达、坦桑尼亚和肯尼亚使用），那么你本来就习惯了名词类别。斯瓦希里语在细节上有所不同，但它显然属于近亲。跟学习欧洲语言比较的话，复数形式跟英语或许有些不同，更不规则，但你能毫不困难地把它们用到正确的地方。然而，对以汉语或越南语为母语的人来说，名词的复数从一开始就是一个陌生的概念。

这种机制也不光适用于存在关联的非洲语言之间。就连不同语系下的语言，如尼日尔-刚果语系和乍得语系，也存在一定程度的趋同性。举个例子，10种非洲语言里有9种会把数字放在名词后面（如"我有孩子3个"），而在非洲以外的地方，反过来的顺序更为常见。这种趋同性，大多发生在广泛使用多语言的地方。通行多语言的地区，就像是在60摄氏度水温下运转的洗衣机：各种颜色的衣物，洗完以后会变成中间色调，但你仍然看得出来它们是衬衫、袜子和裙子。欧洲的巴尔干地区就是一台得到过透彻研究的语言洗衣机，在当地，保加利亚语（斯拉夫语系）和罗马尼亚语（罗曼语系）在不少方面都变得跟阿尔巴尼亚语更为类似，而不像自己的近亲了。语言学家把一个语言地区存在的这种相似性称为区域特征，也叫作"语言联盟"（sprachbund）。

通用语尤其容易吸收相邻语言的比喻色彩。而且，通用语越是通用，情况就越是如此。换句话说，一种语言，以之为第二语言的人数超过以之为母语的人越多，该语言的独特性就越是不明显。它会损失一些非母语人士难以应对的东西，比如不规则变化。在"第15名　波斯语"一章中，我们看到波斯语（和英语）身上发生过这样的剧烈变化。对斯瓦希里语来说，这种情况发生的程度较轻。在坦桑尼亚，斯瓦希里语是重大语，在学校里广泛教授，在媒体和写作中广泛使用，口语趋向于接近标准语。而且，这种标准语建立在桑给巴尔方言的基础上（桑给巴尔是坦桑尼亚的一部分，"坦桑尼亚"国名里的"桑"，指的就是桑给巴尔）。但在刚果东部等地方，人们是在非正式场合学习的斯瓦希里语，很少能在正式环境下听到它，那么，它就有可能跟坦桑尼亚电视新闻广播员的黄金用语标准相去甚远。

声调是整个非洲地区语言中普遍存在的一个特点，但斯瓦希里语却明显没有声调。这可能是受阿拉伯语的影响，阿拉伯语是曾经统治桑给巴尔和邻近海岸的阿曼人的母语，它没有声调。但另一种纯非洲的场景假说也能解释声调的丧失。学习斯瓦希里语的非洲人可能很熟悉声调，但他们的母语，则会以不同的方式使用声调，进而产生混淆。故此，他们最终放弃了斯瓦希里语的声调。这跟1000年前盎格鲁–撒克逊人和维京人在英格兰的融合十分类似：古英语和古挪威语都存在词格系统，但彼此不同。由此带来了混乱的英语（后来重命名为中古英语），它几乎没有保留任何词格。而自此以后，没有声调的斯瓦希里语和没有词格系统的英语，便可轻装前进。

这块告示牌到处都可以看到，它上面写着"保持冷静，说斯瓦希里语"（Keep calm and speak Swahili）。

过去与未来之间

上面描述的语言景观，在某些重要方面为非洲所独有。大多数欧洲国家都有一种本土发展出来的主要语言（至少人们这么认为）。亚洲的情况也是一样，只是例外情况比欧洲更明显——印度就是其中之一。在美洲和澳大利亚，少数欧洲大语种主宰着当地：西班牙语、英语、葡萄牙语，以及程度稍逊的法语。在几乎每一个国家，它们既是重大语，也是大多数人的母语。而在撒哈拉以南的非洲地区，重大语和母语几乎始终不一样。这是怎么回事呢？发生了些什么？最粗略地介绍起来，事情是这样的。

一方面，前殖民时代的非洲从来不曾像亚洲一样，有过庞大、强权且官僚体系高度复杂的帝国，主流语言不曾像汉语、印地-乌尔都语、阿拉伯语等那样大范围传播。这解释了为什么本书收入了这么多种亚洲语言，而来自非洲的语言却只有一种。另一方面，非洲又不像美洲和澳大利亚那样，经历过带有种族灭绝性质的欧洲殖民阶段，因此殖民语言从未取代土著语言成为母语。因此，今天的非洲人说着很多种语言，几乎每一种都起源于非洲。（或许你觉得用"很多种"这个说法来形容目前的情况还显得太过保守。其实，殖民时代前的美洲和澳大利亚在语言上要多样化得多，今天还有几个地方仍然如此。跟新几内亚岛比起来，就连乔纳斯所在的喀麦隆也显得像是单一文化：新几内亚岛有100万居民，却有60多种语言。）

殖民时代结束后，几乎所有的非洲国家都继续使用英语、法语或葡萄牙语进行行政管理和开展教育，一部分原因是使用国内少数族裔的语言，有可能导致国家分裂；另一部分原因则在于，人们感觉非洲语言不适合充当如此重要的角色。然而，这些来自外国的重大语并未取代古老的通用语，更不曾取代人们的母语。但就算到了将来的某一天，人们普遍用英语、法语和葡萄牙语对话，它们也很可能主要用于正式目的，非洲语言仍然是日常生活中种族交流的首选语言。在欧洲人和北美人听来，这显得不太可能，但在有着繁多语言的地方，这是一种十分常见的模式。最明显的例子或许是苏里南，当地不光有十多种少数民族语言，还有两种普遍使用的通用语，一种正式（荷兰语，是当地的官方语言），另一种非正式（克里奥语，是当地克里奥尔人使用的语言）。

如果跟全球趋势一样的话，非洲的语言多样性减少，与其说是因为重大语取代了通用语，倒不如说是通用语把更小的母语逼到了绝境。非洲人或许擅长学习语言，但要是只用少量的语言即可满足交流需求，他们也觉得挺好。他们是务实的普通人，并不追求成为一名多语言者。

当然，也有例外者，比如乔纳斯。他掌握8种语言是个了不起的成就，哪怕对喀麦隆人而言也是如此。这让我禁不住浮想联翩：假设乔纳斯今天有了孩子（不是跟果果的，因为他的求爱最终失败了），他们会学多少种语言呢？很遗憾的是，研究员莱斯利·摩尔并不知道。我真想去问问乔纳斯。

第十一名

德 语

DEUTSCH

2亿使用者

大约有1亿人以德语为母语，另外还有1亿人把德语作为第二语言。德国、奥地利、卢森堡和大约2/3的瑞士地区，以它为母语。大多数的邻国，外加罗马尼亚、纳米比亚、美国、阿根廷和巴西，都有说德语的社区。

自称　Deutsch、Hochdeutsch。

语系　正如德语的英文名字（German）所暗示，它属于印欧语系的日耳曼（Germanic）分支。

书写方式　德语使用拉丁字母书写。*Ä*、*ö*、*ü*和*ß*虽然出现得很频繁，但并不被视为单独的字母，甚至可以用*ae*、*oe*、*ue*和*ss*代替。直到1941年，还通用一种叫作Fraktur的哥特体字母。

语法　虽然古德语和古英语非常相似，但德语的名词、形容词和动词保留了更多从前这两种语言都使用的词尾。和英语一样，德语也喜欢制造复合名词；跟英语不同的是，它在书写时没有空格，所以才产生了一些令人望而生畏的单词，比如*Rindfleischetikettierungsüberwachungsaufgabenübertragungsgesetz*，它是一项真正存在的法律名称的一部分，2013年才废除。更多跟语法相关的故事，请看正文。

发音　和其他日耳曼语言一样，德语有相当多的不同元音：15～20个。辅音数量比较正常，有25个。

外来语　传统上来自拉丁语、法语、希腊语，如今是英语。

语言输出　angst（焦虑）、bratwurst（香肠）、doppelganger（分身，死灵）、ersatz（代用品）、hinterland（腹地）、kindergarten（幼儿园）、pretzel（椒盐卷饼）、realpolitik（现实政治）、schadenfreude（幸灾乐祸）、statistics（统计学）、sauerkraut（德国泡菜）、weltanschauung（世界观）、zeitgeist（时代精神）。在语言学领域：urheimat（原乡）和sprachbund（语言联盟）。

假新闻　美国建国之初的1795年，由于说德语的少数族裔人口众多，国会曾将所有法律译成德语。这项提案遭到了否决（但差额未知）。不知怎么的，这件事带来了一个现代传说，也即德语差一点（还常常说是一票之差）就成了美国的官方语言。其实，从无此事。

11 德语

中欧的异类

最近我听说有个学德语学到心力交瘁的美国学生，每次学到抓狂之际，嘴里都会冒出一个德语单词——唯一能慰藉他疲惫不堪的灵魂，听起来还很美好的稀罕词儿。这个词就是*damit*。其实他就是喜欢这个词的发音罢了，绝非词义本身（它的意思是"同此，附上"，但跟英语里"该死的"damned发音相似）。但后来，他听说，这个词的重音居然并不在第一个音节上，他唯一的依靠和支撑都没了，竟至郁郁而终。

《可怕的德语》
（*THE AWFUL GERMAN LANGUAGE*）
马克·吐温

在英美学校最常教授的三种外语（法语、德语和西班牙语）中，人们普遍认为德语最难。它烧脑又难缠，不是"脑筋急转弯"的难度，而是"榨干脑汁"的难度。放眼世界，不光只有说英语的地区这么认为，连斯堪的纳维亚人和荷兰人也这么想，哪怕跟英语相比，后两个地区的语言都更接近德语。（我常爱半开玩笑地说，荷兰语是"初级德语"。）实际上，德国人自己似乎也认同外面世界的看法，因为他们经常爱说："*deutsche Sprache, schwere Sprache.*"（"德国的语言，难学的语言。"）这或许带着一定程度的自我吹嘘（我们都喜欢认为自己擅长做别人做不到的事情），但普遍的共识暗示这种说法不无道理。这能用德语跟其他语言很不一样来解释吗？毕竟，任何不熟悉的东西都需要适应，需要下苦功夫。不同的发音、不同的词汇、不同的语法，它们都是绊脚石。那么，难道说，德语真是个异类和怪胎吗？

"墙"里的砖块

为了找到答案，让我们来看看美国语言学家泰勒·施诺贝伦（Tyler Schnoebelen）的一篇文章。他使用了一套名为"世界语言结构地图集"（World Atlas of Linguistic Structures）（wals.info）的公开数据库。你可以把这套数据库想象成一份庞大的电子表格，其中，每一列代表一种语言特征（是否存在鼻元音，或是主谓宾语的顺序），而每一行代表一种语言，按字母A到Z排列，从埃塞俄比亚南部的阿瑞语（Aari）到新墨西哥州的尊尼语（Zuni）。该数据库（简称WALS，跟"墙壁"walls同音）收录了192种特征，2679种语言，所以，如果要把这份电子表格打印出来，真的非常庞大。就算我们让每一个表格只有一厘米宽、半厘米高，整份表格也将是一堵足有两米宽、5层楼高的墙。不过，它有80%的表格都是空的，因为大多数语言只有十来个特征可供填入表格。这里，不妨把这些单个的表格想成是墙壁里的砖块。

施诺贝伦并未考虑所有的192个特征，因为它们许多在逻辑上是彼此关联的。例如，一种语言有许多个不同的元音（WALS数据库收录的特征1），很可能也有着很高的元音—辅音之比（特征3），而如果元音少，该比率也较低。如果把这两个特征都考虑在内，就会给予统计意义上的同一特点不恰当的权重。这样的情况很多，故此很容易歪曲整体画面。（我们后面会看到，他未能完全避开这一陷阱。）

为了达到这一目的，施诺贝伦只考虑了21个特征，涵盖了语法、音韵学和词汇方面。由于WALS电子表中的大多数单元（也即单个表格）都是空的，拥有全部21块"砖"的语言很少（确切地说，是18种语言），由于这么小的样本无法代表世界语言的多样性，施诺贝伦降低了标准。他将每一种语言拥有砖块的最低数量设为14，得到了239种语言，本书涉及其中的15种，施诺贝伦未探讨的5种语言是孟加拉语、爪哇语、葡萄牙语、旁遮普语和泰米尔语。下一步是分析数据，为这239种语言生成一个"怪异"指数，其数值从0到1，0代表极端怪异，1代表非常平庸。最后，将这些语言按0到1的顺序排列起来，最怪异的排名靠前，平庸的排名靠后。我再说明一下：数值低反映了稀有性，所以德语在这份"怪异"表上排名靠前。

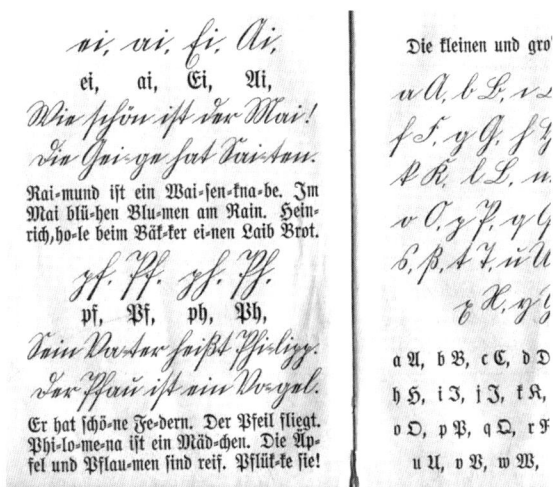

德语是一种奇怪的语言吗？至少它看起来不再像以前那么怪异了——毕竟，在这本战前的初级教科书里，哥特字体可是很流行呢。

本书涉及的15种语言的怪异程度排名情况*

语　言	特征数量	怪异指数
德语	20	0.144
西班牙语	21	0.211
英语	20	0.244
法语	20	0.246
（埃及）阿拉伯语	19	0.259
日语	20	0.264
越南语	18	0.325
汉语（普通话）**	21	0.342
波斯语	19	0.351
斯瓦希里语	19	0.441
韩语	19	0.546
俄语	21	0.599
印尼语	21	0.755
土耳其语	21	0.786
印地-乌尔都语	17	0.913

* 其余5种语言的数据太不完整。

** 我纠正了汉语（普通话）中的一处明显失误。在原始文章中，指数是0.212。

数据来源：corplinguistics.wordpress.com，博客文章 "The weirdest languages"（2016年6月21日发表）。文件名：weirdness_index_values_full_list.xlsx.

在我们转向德语之前，先简略地看看两个极端。在最底部的位置，我们发现的不是某种小而偏僻、压根儿没人听说过的方言，而是一个熟悉的角色——实际上，还是巴别塔里最大的一种语言：印地-乌尔都语。它的指数不低于0.913，无趣得叫人好笑。在表格靠平庸的底部，还有两种语言，或许会叫人更加吃惊：匈牙利语和巴斯克语，大多数欧洲人认为它们狂野、不规则、反复无常，结果却是平平无奇。

排名最靠前的"怪异"者，指数仅为0.028，是一种仅为数千人使用的小方言：墨西哥查尔卡顿戈地区的米斯特克语。虽说它的指数极低，但总体来说，它不算奇异。在它总共拥有的17个特征里，有11个完全不明显，获得了最高分1。它拿到"怪异"金牌主要归功于它的3个极为稀罕的特征，每一种特征的分值都不到0.1，尤其是它将陈述句转为疑问句的独特方式。在WALS涉及了这一特征的955种语言里，米斯特克语是唯一一种不区分陈述和疑问的语言。例如，*ñabaʔaró librúro*这句话，用相同的音调发音（相同的音高、相同的声量、方方面面都一样），既可能指"你有书"，也可能指"你有书了吗？"真叫人好奇他们是怎么做到的。

只有6种语言（全都是极小的语种）的指数低于0.1，米斯特克方言是其中之一。唯一一种使用者超出4位数的语言是埃塞俄比亚中部的东奥罗莫语（Eastern Orom），使用它的人有上百万。榜单上第一种可以（勉强）称为欧洲语言的，是亚美尼亚语，它排第9名，其指数仅比第10名高了一点点（0.003）。而第10名便是——德语。

所以，德语确实是个怪胎。马克·吐温和所有牢骚不断的学生，似乎并不是无中生有。

7个决定性的特征

那么，德语特别在什么地方呢？请注意，它有10个特征，得分是响亮的1——也就是说，完全平庸。这为它打下了坚实的基础。但让它脱颖而出的是另外至少7个特征，得分低于0.33。让我们逐一来看一看。

1. 疑问句

为将陈述句变成疑问句，德语通常会颠倒主语和谓语的顺序。"*wir trinken Bier.*" 变成疑问句就成了 "*trinken wir Bier?*" 只要你把这句话翻译成 "We are drinking beer."（我们在喝啤酒），这种方法就显得很自然，因为英语里也有类似的做法，"Are we drinking beer?"（我们正在喝啤酒吗？）然而，这个德语陈述句还有另一种正当的翻译："We drink beer."（我们喝啤酒。）故此对应的问题形式是 "Do we drink beer?"（我们喝啤酒吗？）如果你说 "Drink we beer?"别人仍然能理解你，尤其是当你用疑问的语气说话时。只不过，对方的表情会很疑惑。尽管存在这种根本性的区别，这里，WALS还是把英语和德语放在了同一类，也即"疑问词序"。两者的得分都很低，仅为0.023，因为除了欧洲，改变词序是一种相当罕见的构成疑问句的做法。

2. Ng

德语单词可以在单词的中间和结尾出现/ng/发音，但不能出现在开头；*ring*、*angst*和*finger*是正当的德语单词（意思也跟英语完全一样），但并没有跟*bratwurst*押韵的*ngatwurst*。非洲和东亚语言对单词是否以/ng/打头无所谓（还记得"第16名　日语"章节里提到的ngoko吗？）但德语的音韵系统下不会有这样的词。英语音韵学也一样，所以两种语言的分数一样，均为0.319。

3. 罕见的辅音

用舌头后部靠近小舌（指从上颚后面垂下来的一小块肉）的地方来发辅音，这样做的语言很少。就算真的这么做，往往也是一个停顿音（/t/和/p/就是停顿）而非连续音（如/s/和/n/）（当然，它们也不是随时都在小舌附近发音）。感谢Bach（巴赫）的/kh/音（这也是利物浦人读back一词时的发音），德语成了一个精选小群体的一员：567种语言里只有11种这么做。这为它带来了一个极低的分数，0.026。由于thin和this的/th/发音，英语也在"有趣的辅音发音"部门把持了一个挺好的位置，得分0.089，同样相当低。

4. 永远要有主语

德语动词的主语必须通过名词或代词来明确表示。名词可以用代词代替，但不能省略，除非是祈使句，以及最不正式的口语：

Ja, komm schon（"耶，来了"）是*Ja, ich komme schon*（"好的，我来了"）的不正式简化版。强制性出现名词或代词，在世界范围内是一种罕见现象，因为大多数语言都不认为必须保留明确的代词，也无须把它整合到动词里。在这里，德语又为自己得了一个低分0.190——当然，英语也一样。

5. 代词中的性别

德语中"他""她"和"它"是分开的：ER、SIE和ES。从全球的角度来看，这远没有我们想象中那么普遍。所有日耳曼语言和大多数欧洲语言在这方面分数都很低：0.246。

6/7. 复杂的词序

词序的复杂规则，为德语在怪异指数中排名第10做出了很大贡献。如果主句不以主语开头，它会把主语放到第一个动词之后。因此，尽管*ich sehe sie*跟我们的"I see her"（我看见她了）词序相同，但要是你用"there"来作为这句话的开头，词序立刻就变成了*dort sehe ich sie*，按字面顺序，对应着英语的"There see I her"。但这还没完，因为从句里的情况又不一样。这里，动词要直到最后才出现，紧紧跟句号挨在一起：*ich denke, dass ich sie dort sehe*，对应着英语的"I think that I her there see"。这听起来可能有点混乱，但它严格遵循规则。这里，德语的得分是0.148，而英语则因为极常见的主语—谓语—宾语顺序，得到了1.0的满分。

　　略失公平的是，施诺贝伦还单列了一个类别叫"否定词的位置"，换句话说：一种语言会把"不"这个词插入在句子的什么位置？德语多多少少把*nicht*当成是宾语（它过去其实的确是宾语），用前文描述的方式来移动它的位置：*Ich gehe nicht dorthin*；*Dorthin gehe ich nicht*；*Ich glaube, dass ich nicht dorthin gehe*（对应的英文顺序分别是："I go not there；There go I not；I believe that I not there go"）。这为它带来了更低的分数0.043。我之所以说它略失公平，因为这两项特征是明显相关的。用律师的话来说，这叫作"重复起诉"（double jeopardy，因同一原因做了两次处罚）。

位于巴特黑斯费尔德的德国新语言博物馆。它的名字*wortreich*有两种意思，一是"文字丰富"，一是"文字帝国"。

三条消息

不可否认，这一切并非是语言学中最科学的部分，施诺贝伦也并没有这么说过。按照他的说法，这篇文章不是发表在学术期刊上经同行评审的论文，而仅仅是一篇论述得当、普及知识的博客帖子，试着想回答一个热门的问题：哪一种语言最怪异？虽然有声望的学者经常引用WALS的数据，但它也并非始终可靠。故此，区区21种特征，是否真的代表了充满奇迹的广阔世界里所有语言的多样性，实在很难判断。几乎所有语言（包括德语），在大多数特征上的得分都超过0.9（也即"完全不值得注意"），故此，其他几项特征上得分极低，就足以在指数和最终排名上产生巨大影响。这或许可以解释，为什么西班牙语和意大利语（23和198）、捷克语和波兰语（21和112）这种关系极为密切的语言，得分差距极大。

但是，除了这些值得注意的地方，我们还可以指出，施诺贝伦的结论的确符合一种模式。另一位语言学家迈克尔·塞索（Michael Cysouw）也带着一个类似的问题深入研究了WALS的数据。尽管他所用的研究方法很不一样，但他至少得出了一个很相似的结论：西北欧的语言（荷兰语、英语、法语、弗里斯兰语和德语）是离群的，其中又以德语为甚。和施诺贝伦不同的地方在于，塞索在一本学术著作（并由一家备受尊崇的出版社出版）中报告了自己的发现，书名也很贴切：《期待意外》（*Expecting the Unexpected*）。

不管日耳曼语这一群体（以及受日耳曼语影响的法语）是否真的算得上是"怪异"，但整个研究过程为我们带来了几条有用的信息。首先，它表明，英语、德语和该语系的其他成员有几个特点，让它们有别于全球其他大多数语言。你和我不会觉得省略代词是件很自然的事情，但实际上，省略代词很常见；同样的道理也适用于颠倒主语和动词的顺序来提问这一点。

其次，事实证明，尽管德语确实很怪异，也并不比英语怪异太多。在样本中包含的日耳曼语中，英语或许是最"正常"的（施诺贝伦将它放在第33位），但这并不能说明什么。西班牙语比英语略微怪异一点（-0.033），法语基本上与英语处在同一水平（+0.002）。一些奇特出了名的语言，比如阿拉伯语（准确来说是埃及阿拉伯语，+0.015）和日语（+0.020），跟英语属于同一阵营，而通常我们认为又奇怪又难学的语言，比如韩语、俄语和土耳其语，更靠近榜单的尾部，它们的指数分别是0.302、0.355和0.542，比英语高。而属于最平庸乏味语言之列的印地-乌尔都语，其怪异指数与英语的差异不少于0.669。

所有这一切，为我们提示出了第三条信息：怪异度（至少是本研究中所测量的怪异度）与学习的困难程度，相关性非常弱，甚至几近于无。部分原因在于，我们是从客观上比较怪异的日耳曼语的角度来接触这些语言的。但更重要的是，一些让语言变得困难的东西——不规则动词、不规则复数、词格系统、声调，与让它们显得怪异的元素并不一样。

那么，如果不是因为怪异，德语为什么那么难对付呢？

且慢，别这么着急，怪异指数对回答这个问题有帮助。德语有着你能想象到的最怪异的词序规则。这是一个重大障碍，因为无论你说什么，总是需要把单词按一定的顺序排列起来。引用我认识的一位博学的英国作家的话："在英语里，我们可以开始写一个句子，不必知道它将通往何方；但对德语，我们不能这样即兴发挥。我们对自己要说什么必须有了清晰的概念才能说，我们必须把从句按正确的顺序排列。"

毫无疑问，这就是他和大多数非德语母语人士的发现——但对德国人自己来说，这是个很不一样的故事。他们完全可以用自己的母语旁若无人地即兴发挥，完全不知道要说些什么就开始一个句子，一口气说到结束。大多数情况下，人类就是这么说话的，德国人也不例外。实际上，他们觉得，英语也会

"现代语法"：不管语言学家怎么说，德语口语的真正句法是"主语、谓语、怪话、伙计（*Alter*）"！

强迫自己更谨慎地安排句子，因为他必须把通常放在句末的部分，放到前面去（如主语和动词）。这一点，我是根据个人经验来说的，因为虽然我的母语是荷兰语而非德语，但两种语言的词序基本相同。

尽管如此，德语困难的地方，大部分跟施诺贝伦的发现没有关系。他的怪异指数，反映的是抽象的语言概念。反过来说，学习者眼里的"难"，往往隐藏在具体的细节里，也即学习所有自己不习惯的词汇，所有该死的不规则之处——德语里这两样东西都不少。例如，拥有词格系统的语言数量大致相同，故此，不管有没有词格，都算不上异常情况。然而，就算你熟悉自己语言的词格系统，要熟悉另一种语言的格系，仍然非常困难，因为两者的词尾和具体

的应用并不一样。不管是学习俄语还是德语，土耳其人都很痛苦。此外，德语（以及俄语、拉丁语和其他许多语言）里每个名词都有三种不同的性别，掌握它比掌握法语及其亲属语言要难一些，因为后者的名词只有两种性别。

那么，德语怪异吗？是的，它很怪异。如果你的母语是英语，它难学吗？是的，作为一种日耳曼语言，它相当难，兴许比跟英语有着熟悉词汇库的西班牙语和法语更难。但我想说，它也没有想象中那么艰难。本书提到的20种语言，大多数都需要花费很多的时间和精力。只不过，德语素来有着难学的名声。

第十名

法　语

FRANÇAIS

2.5亿使用者

　　8000万人以法语为母语，主要分布在法国、加拿大、比利时、瑞士和加勒比海地区。以法语为第二语言的人数是其母语使用者的两倍，分布于非洲前法属殖民地和欧洲。前者人数在增加，而后者则锐减。

法　语

自称　Français。

语系　法语是印欧语系罗曼语族的一员，但跟同族的其他亲戚相比，受日耳曼语影响更大。

书写方式　拉丁字母。尖音符和重音符都很常见（é、è），抑扬音符、分音符和变音符较少（ê、ë、ç）。法语的拼写出了名地复杂。

语法　法语是一种源于拉丁语的语言，有着相当丰富的变形，尤其是动词（时态、语气、人称等）和形容词（词性、数）。不过，这类词形变化大部分只涉及不发声的字母，因此只能在书面上进行区分。

发音　法语有大约20个辅音，比大多数罗曼语有更多的元音：大约15个，包括3个或4个鼻音。词重音比较弱。放在词语最后不发音的辅音，如果后面跟着一个以元音开头的单词，也可以发音。

外来语　法兰克语（日耳曼语）、意大利语、希腊语、拉丁语（书面借用）、英语。

语言输出　英语借用法语已经有近千年的历史。大约有1/4到一半的英语单词（取决于你的计算方法）起源于法语。

卡津和阿卡迪亚　Cajun（卡津语）是Acadian（阿卡迪亚语）的缩写，如今以路易斯安那州（路易斯安那本身的名字也得自法国国王路易十四）的烹饪和音乐风格闻名于世，但它还用来非正式地（也就是说，语言学家不会这么说）指代该州15万人作为母语使用的法语。最初，阿卡迪亚指的是加拿大东部的阿卡迪业地区，18世纪时，许多讲法语的人从那里逃到了路易斯安那州。如今，在一个极小的地区（大部分属于加拿大新不伦瑞克省，也包括美国缅因州的一些城镇），仍有30多万人使用阿卡迪亚法语。

10　法语

区别至死

　　法国是一个美味多元化的国家。它夸口自己拥有大约400种奶酪、300多种不同原产地的红酒，以及至少12种地区烹饪风格的美食。法国多样性的国家风光，则通过一年一度的"走遍法国"活动（巧妙伪装成为期3周的环法自行车赛），向全世界传播。这个国家的语言多样性也不容小觑：它的6500万人口至少说12种法国方言，还有另外大约8种其他地区性语言，外加几十种移民语言——这还不包括欧洲以外的法属领地。

　　法国人有理由为这种多样性感到自豪。仅在巴黎，就有100多家贩售来自各地区各种奶酪的专卖店。一家令人敬畏的"全国管理局"（institut national），为各种酒类执行"法定产区控制"（*appellations contrôlées*）。说到好、较好和最好的美食，《米其林指南》代表最高权威。

　　可对于语言，情况大不一样——语言多样性让许多法国人焦虑不安。臭气熏天的奶酪，仍然可以被视为美食。散发着焦油和甘草气息的葡萄酒，可以叫人赞不绝口。端上牛脑或海胆，客人们会舔舔嘴唇。可要是一个新出生的宝宝起了阿拉伯语或者布列塔尼语名字，那就会触发截然不同的反应了。

　　20世纪90年代，在法国普罗旺斯地区，我认识的一对法国家长，给自己刚出生的女儿起名叫佘玛（Naïma，这个名字起源于阿拉伯语和希伯来语），当地的登记员拒绝为之登记。结果，这个女孩儿如今只能顶着恰如其分的法国名字席琳（Céline，至少，她的护照上是用这个名字）过一辈子了。迟至2017年，来自坎佩尔的一对父母，还因为给儿子起名"Fañch"并登记，而遭到起诉（Fañch是布列塔尼的一个常见名字）。但法官也不能强迫他们把自己的小家伙叫作弗朗索瓦（François）——这在1966年以前一直是惯例。即便如此，他裁定，波浪符号必须去掉，所以名字变成了Fanch。为什么呢？因为接受波浪符号"相当于违背了我们在不分血统的条件下维护国家统一平等的法律意愿"，法官宣称。但他的决定对国家的团结统一并没起到多大的作用。人们对此感到难以置信和愤怒，表明他这19世纪的古板看法并未得到全法国的认同，随后他的裁决也遭到推翻。即便是在法国的乡村腹地（其实，直到今天，这些地方的孩子仍然起着朱尔和让娜一类典型的法国名字），也很少有人关注这样的语言原教旨主义。

那么，什么人认同这位法官的观点呢？是以巴黎人和其他权力中心为基础的高度集权体制的保守多数派，以及向往成为其中一员的人。他们是法国乃至法语世界语言文化背后的主导力量，他们的态度，反映在教育、严肃媒体和政府政策当中。

自由放任和自由言说

体制人士对民族语言的着迷，远远晚于法国语言多样性的诞生。公元前若干世纪，当今法国地区的主要语言是属于凯尔特语族的高卢语。但在西南部的大片地区，人们说着一种类似巴斯克语的语言，在南部海岸，人们说希腊方言，而这些人，跟在法国土地上种下第一代葡萄藤的人是同一批。与此同时，科西嘉岛是语言大杂烩，使用着腓尼基语、伊特鲁里亚语、希腊语，兴许还存在其他一些已经消失在历史中的语言。这种局面持续到公元前3世纪的罗马化开始。

公元一、二世纪，高卢逐渐成为罗马的一个省，拉丁语征服了高卢社会，高卢奶酪征服了拉丁美食。罗马帝国覆灭后（传统上可以追溯为公元476年），法兰克国王在东北部建立了权力根据地并逐渐扩张，但他们的日耳曼语，仍然注定要遭到（高卢）拉丁语的征服。在西北部，来自英格兰的凯尔特难民引入了布列塔尼语。

贯穿整个中世纪，地区多样性迅速提升。食物和饮品亦然——布里干酪从查理曼大帝时代开始生产，洛克福羊乳干酪紧随其后，各地的葡萄酒类型也可追溯到这一时代——至于拉丁语，也分化成了各种方言。直到很久以后，它们才又汇聚了法语、奥克语、科西嘉语、加泰罗尼亚语和弗朗哥–普罗旺斯语。巴斯克语和布列塔尼语同样在周围盘桓，居住在王国边境的人说日耳曼方言（如今它们叫作德语和荷兰语）。

在这锅大杂烩里，有一种方言受到了命运的垂青，它通行于巴黎周边的法兰西岛（*Île de France*）。公元6世纪，法兰克国王在这里建立了首都，跟欧洲其他若干国家一样，宫廷方言为标准语言奠定了基础。这个过程延续了数百年，直到1539年，拉丁语一直是法国的官方书面语言。同年，国王弗朗索瓦一世将《维莱–科特雷条例》（*Ordinance of Villers-Cotterêts*）签署为法律。自此以后，所有的官方文件都必须用"*en langage maternel françois*"（法语母语）书写。不过，把它阐释成"法国母语之一"也是合理的，也就是说，如果巴斯克人想用巴斯克语书写（或者说话），普罗旺斯人喜欢用普罗旺斯语，随他们去好了。反正，只要不是拉丁语就行。只要写给巴黎的信件用的是类似法语的东西，大臣们就能够抓住要旨。

找出文盲

这种从拉丁语到本国语言的转变并非法国所独有，而是一种从南到北扩散的世俗潮流，最初始于西班牙和意大利。不过，到了17、18世纪，法语却变得特殊起来。从1610年—1792年，国王路易十三到十六都以绝对的"朕即国家"态度统治着这个国家。他们独揽大权，是王国的辐射中心，是一切事物（不管是礼仪还是建筑，不管是高级烹饪还是高级时装，不管是聚会还是诗歌）良好品位的标准。当然，他们也是正确使用法国语言的标准。

但一如不是每一个法国公民都接受宫廷礼仪，国王的法语也并未传播到全国六方（法国人把自己的国家疆域轮廓想成是一个六角形）。2000万人口里，或许有100万的朝臣、贵族、富裕的资产阶级、学者和文人，知道怎样按照规范（*la Norme*）说话。农村的农民和手工业者几乎完全不懂得这类东西。他们的语言，往往会被贴上"*patois*"的标签，这个词可翻译为"方言"，但带有"落后"的言外之意。

随着宫廷法语成为法国版图的官方语言，它受到了越来越严格的规则束缚。这是西欧的另一股趋势，但法国比其他任何邻国都更加热情和坚定地接受了它。或者，更准确地说，中央集权统治集团一握住语言的控制权，就再也不肯松手。1635年，法兰西学术院（Académie Française）成立，并以将法语改造成"纯正而雄辩的语言""现代化的拉丁语"为己任——换句话说，要让法语成为一门经过良好规范的国际精英语言。

从那以后，法语的标准化就跟克洛德·法弗尔·德·沃热拉（Claude Favre de Vaugelas）产生了不可分割的关系。作为法兰西学术院的创始成员，他承担了编撰第一部官方词典的艰巨工作。尽管词典直到他去世后44年（也即1694年）才正式完成，但沃热拉通过他的文风指南《法语评论》（*Remarques sur la langue française*）对这门语言产生了巨大的影响。一如《法语评论》所示，沃热拉全心全意地热爱规范监管。

举个例子，他认为，词典只应该收录适合在宫廷和文学沙龙里交谈的单词。这样，只有2.4万个单词满足条件，1.5万多个单

监管者：法兰西学术院的克洛德·法弗尔·德·沃热拉，第一本法语词典的作者。

词都不合格。在被拒绝收入的单词里，许多据说太过专业化，收录在单独的出版物里；另一些则太通俗，如ÉPINGLE（别针）和POITRINE（特指"女性胸部"这一词义，如用它指普通的胸膛或动物的胸部，则没问题）；还有一些有过时感，比如IMMENSE（巨大的）和ANGOISSE（痛苦的），但今天拿出来说，也并不显得特别老派。

在沃热拉去世已近一代人、字典编撰工作成功在望的时候，法兰西学术院突然冒出了要为拼写创造秩序的念头——当时，拼写顺序还处在一种快活的无政府状态。接下这桩任务的人，对坚守词源学有着强烈的信念，对还原当代发音则三心二意——这对今天的小学生们是件特别遗憾的事情。一位学者大言不惭地宣称，基于拉丁语和希腊语的拼写，有助于"区分'文盲'和'无知的女人'"——换句话说，也就是区分精英与落魄汉子及女性。对死掉语言的病态迷恋，让法语背负上了大量不发音的辅音，如CORPS（身体）、TEMPS（时间，天气）、POULMONS（肺）、PTISANE（花草茶）、TESTE（头）等，不计其数。有些单词后来得到了简化（TISANE，TÊTE），但大多数没有（有些甚至变得更难了，GENS和IGNORANS现在分别拼写为GENIS和IGNORANTS，末尾的"T"不发音）。由此而来的一个结果是，法语的拼写，如今跟英语一样飘忽不定。

法兰西学术院还致力强化正确的发音。但一如它规定的拼写方式随着时代不停变化，推荐发音也一样。举例来说，*l*和*r*应该发音还是不发音？有一段时间，权威建议完全无视实际情况，随意摇摆不定，留下了很混乱的结果：FINIR（结束）、MINEUR（次要的）和BEL（美丽的）中的最后一个辅音要发音，MANGER（吃）、MONSIEUR（先生）和OUTIL（工具）中的最后一个辅音则不发音。尤其是如今大多数讲法语的人相信，自"太阳王"路易十四时代以来，他们的语言一直是稳定的典范。这种错觉完全是靠着小心维持下来的：每当拼写改革开始实施，出版商们就会往书店里堆放拼写经过修改的新版经典作品。

不过，有一件事法兰西学术院忘了做，那就是编纂法语语法。[1]1660年的《皇家港语法》（*Grammaire de Port-Royal*）填补了空白，它的名称得自两位作者居住过的、位于巴黎附近的一家修道院。它的全名是"经清晰自然方式解释的通用合理语法，包含说话艺术的基础"（*Grammaire générale et raisonnée contenant les fondemens de l'art de parler, expliqués d'une manière claire et naturelle*）。和拼写一样，法语语法自那时起就成了雷区。在寄给著名语法学家多米尼克·鲍赫斯（Dominique Bouhours）的信件中，某剧作家引述了其新剧中的一段台词："我求你了，尊敬的神父，费心读读它，标出我犯下的错——毕竟，您是这门语言最优秀的大师。"写信人是让·拉辛（Jean Racine），当时最伟大的作家之一（虽说写信时他才崭露头角）。

可以说，只有法国人才是恰如其分地在说话

作为欧洲最强大、人口最多的国家的首都，17世纪的巴黎——以及它的凡尔赛飞地——是欧洲大部分地区宫廷、贵族、资产阶级、学术界和文学界无可匹敌的文化典范。法国标准语言扩展到布鲁塞尔、阿姆斯特丹、哥本哈根、斯德哥尔摩、柏林、维也纳和莫

1　几乎3个世纪之后的1932年，法兰西学术院才出版了一本语法书。它成了颗哑弹。评论家们放弃了对学术院的敬意，痛斥这本书是一场可悲的失败。学术院再也没敢尝试。——作者注

斯科，它还成为欧洲乃至全球外交的首选语言。

　　声望高的语言，常被人们误以为是优越的语言，特别丰富、和谐，甚至神圣。希腊语、汉语、梵语、拉丁语和英语的许多使用者和写作者，都落入了这个圈套，而说法语的人，也没有想过要怎么避开它（似乎也没在这方面做过什么努力）。一方面，法国精英们热爱他们眼里视之为法语出众之美的东西。1671年，拉辛的语法"楷模"鲍赫斯写道："在所有语言里，法语的发音最自然、最流畅。中国人和几乎所有亚洲人都在唱歌，德国人嘟哝，西班牙人呼噜，意大利人叹哀，英国人抽凉气。可以说，只有法国人才是恰如其分地在说话。"即便到了今天，"*la belle langue*"（美丽的语言）和"*la langue de Molière*"（莫里哀的语言）一样，仍然是"法语"的同义词。

　　法国精英们还把另一个特点归功于他们的语言。在启蒙运动时期，人们认为法语的这个特点，比庄严优美还有价值：逻辑性强。安托万·德·里瓦罗尔（Antoine de Rivarol，1753—1801）为这一主张进行过最著名的辩护，可惜理论的基础既不合乎逻辑，又存在明显错误。他认为，法语的语序（主语第一，动词其次，宾语再次）既独特，也比其他任何语序都更有逻辑性。但这种语序，不光在包括英语在内的世界语言中极为普遍，法语本身也经常反其道而行之——这不过是一些最显而易见的反对意见。尽管很傻，但"法语是逻辑的顶峰"概念，却成了另一种"*idée reçue*"（"刻板印象"）。我父母所用的《法语词典》——出版于20世纪50年代，而且并不来自法国本土——的封面上称，法语"在承载思想方面，是一种无与伦比的创造"。

铲除方言

法国大革命期间，最后一位国王路易十六和他辉煌的语言迎来了截然不同的命运：一位上了断头台，一位登上了宝座。按照当时的思潮，国王是旧日的遗迹，除掉最好；标准法语则是对共和国未来至关重要的东西。一种全新意识形态——民族主义——浮出水面，它将从前最多算是存在松散关联的现象——国家、民族和语言——紧密地凝聚到了一起。"在一个自由的民族里，语言必须统一，对所有人都一样。"大革命期间的激进派贝尔特朗·巴雷尔（Bertrand Barère）断言。乡下人的"野蛮抱怨"和"粗鲁方言"只为"狂热分子和反革命分子服务"。

新的统治者着手解决语言上"落后的封建残余"。革命派的国民大会议员亨利·格雷戈瓦（Henri Grégoire）主持了一项调查，发现在全国83个省里，法语仅为15个省的平民日常用语；只有1/8的公民能说法语，另外1/4勉强能够理解。格雷高利认为，这种情况必须改变，因为只有这样，"所有的公民……才能不受阻碍地互相交流思想"。他觉得在农村，地区语言延续着旧政权对农民的奴役。因为"对法语的无知会危害社会幸福，破坏平等"[1]，所以必须"消灭"方言。从未有人提到公民既能说法语也能说当地语言的情况——这非常奇怪，因为这在代表法国各个地区的国民大会议员中肯定司空见惯。

1794年7月20日，格雷戈瓦的调查结果发表大约6个星期后，为实现语言统一，新的法律规定和制裁措施出台了。从此以后，所有

1　戴高乐总统似乎认为，一切多样性（不光是语言上的多样性）都是有效治理的障碍。"一个人怎么可能统治有着246种奶酪的国家呢？"1962年，他打趣说。——作者注

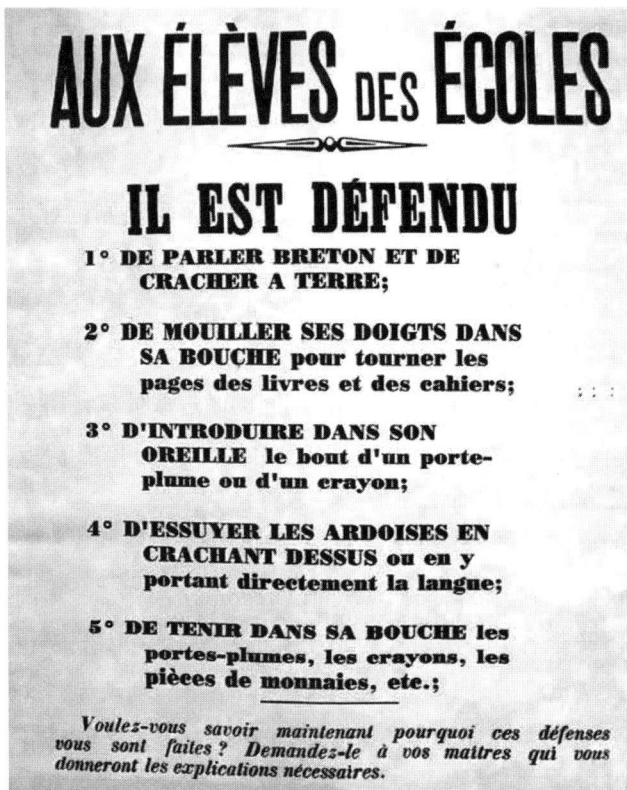

AUX ÉLÈVES DES ÉCOLES

IL EST DÉFENDU

1° DE PARLER BRETON ET DE CRACHER A TERRE;

2° DE MOUILLER SES DOIGTS DANS SA BOUCHE pour tourner les pages des livres et des cahiers;

3° D'INTRODUIRE DANS SON OREILLE le bout d'un porte-plume ou d'un crayon;

4° D'ESSUYER LES ARDOISES EN CRACHANT DESSUS ou en y portant directement la langue;

5° DE TENIR DANS SA BOUCHE les portes-plumes, les crayons, les pièces de monnaies, etc.;

Voulez-vous savoir maintenant pourquoi ces défenses vous sont faites? Demandez-le à vos maitres qui vous donneront les explications nécessaires.

从娃娃抓起。20世纪初，布列塔尼地区的小学生不允许说任何一个母语单词。要不然，就会把铅笔塞进他们的耳朵里。

的官方文件——合同、记录、规章，所有你能想象到的文书——都必须用法语书写。不服从命令的官员可能遭到解雇、入狱6个月。但这一即将逼近的"terreur linguistique"（语言恐怖）未能成为现实，因为仅仅一个星期后，实施雅各宾专政恐怖统治的领导人罗伯斯庇尔（Maximilien Robespierre）就被推翻并被砍掉了脑袋。

在随后几年的混乱中，语言政策并不是施政者最优先考虑的事项。在拿破仑的统治下，法国把精力转移到欧洲各地的战争上，只要士兵们服从用法语发出的命令，民众就可以随心所欲地说方言。然而，"一个国家、一个民族、一种语言"的民族主义意识形态延续下来，它注定要传向远方，在19世纪征服欧洲，在20世纪征服世界。它几乎肯定属于你价值观的一部分（哪怕相比而言更为温和），尤其是如果你生活在一个有着悠久历史的国家。

说法语，讲卫生

当然，从长远来看，标准的法语终将占据上风。1872年开始的征兵制度，把来自全国各地的小伙子们聚集在一起，这些原本除了家乡话什么都不会说的年轻人再也没法保持老样子了。1882年，法国开始实施义务教育，其明确的目标之一，就是向每一个公民教授法语。大众传媒强化了在学校和军队里学到的东西。

欧洲其他国家也发生过类似情况，但法国仍是例外。和英国、意大利和德国的当权者不同，法国官方强烈反对方言和少数民族语言。非法语出版物会被官方贴上"外语"标签，经常遭到禁止或查封。100多年来，阿尔及利亚都是法兰西共和国不可分割的一部分（跟布列塔尼或科西嘉一样），可阿拉伯语仍然是"外语"，不受欢迎。学校不允许学生在课堂或操场上讲方言。在布列塔尼，课堂规定"禁止说布列塔尼语，不得随地吐痰"。在其他地方，有横幅告诫孩子们"说法语，讲卫生"（*Parlez francais, soyez propre*）。

今天的法国人对自己语言的态度，大概已经失去了部分锐利的锋芒，但从一个并不说法语的人的视角来看，他们的态度仍然耐人寻味。以法语为母语的人普遍认为，自己的法语水平蹩脚极了。

这看似矛盾的现象（母语人士反倒觉得自己语言水平低劣）

很容易解释。人们的日常用语不符合严格的传统语法规则，这是不容否认的事实。在欧洲的其他地方，要是实践和规定发生冲突，传统主义者会奋力捍卫规定，但新一代的人会漠不关心地径直往前走，让前者的战斗失去阵地。在21世纪的英语里，很少有人会为"Who have you met?"或是听到有人问"Will you?"而回答以"Yes, I will"一类的做法大动干戈，虽说有人会写信给报纸编辑，坚持前一句用"Whom"后一句用"Shall"才是正宗用法。（毫无疑问，我自己最讨厌的用法，比如单数的"media"，也最终将遭遇这样的命运。）但法国的传统主义者们严厉得多。如果说，它的官方语法自从法国大革命以来有所改变，那么，我没能找到相关的证据。然而，语法恒定，并不能阻止日常语言的演变。故此，言说和写作就从那时开始有了实质上的分歧。

文明使命：将法语传遍殖民地。照片摄于阿尔及利亚，1860年。

这里有几个例子可以说明这道深渊有多么深和宽。标准法语会区分大量关系代词：QUE、QUI、OÙ、DONT和四种形式的LEQUEL。法语口语通常使用前三个词，尤其喜欢用的是QUE。

标准法语通过倒装，将陈述句（*Elle est contente*，"She is happy"，意思是"她很高兴"）变成疑问句，也即改变主语和谓语的顺序：*Est-elle contente?*（"Is she happy?""她高兴吗？"）跟英语在某些情况下一样。但在非正式对话里，这已经过时。标准法语的捍卫者，如果宽宏大量的话，会勉强允许使用以*est-ce que*这一短语来作为问号：*Est-ce qu'elle est contente*（"Is she happy?""她高兴吗？"）这种用法在日常生活中的确常见，但更常见的说法是："*Elle est heureuse?*"这里的疑问用升调来表达，如果把这个口语句子写出来，直接加上问号就行。但标准语法对此从不提及。再举最后一个例子：法语的否定句通常需要两个元素，一般否定的NE，以及更具体的否定，如PAS（not）、PERSONNE（nobody）或者NULLE PART（nowhere）。日常用语会省略掉不少NE，把否定任务完全交给另一个元素。然而，正式的法语语法拒绝接受这种省略，这带来了一个有趣的局面：英语的双重否定被斥为"不合逻辑"，而法语的双重否定则成了不可或缺的东西。

上层的激进主义

自20世纪60年代以来，西方许多国家的语言图景发生了很大变化。不管是在私人之间还是媒体上，我们的口语和写作越来越不正式了。对地方口音的忌讳逐渐消失。少数族裔的语言出现显著的复兴，说威尔士语、苏格兰语、加泰罗尼亚语、低地德语或弗里斯兰语，不再是耻辱，而是自豪的来源和身份认同的象征。

法国社会也并未对此类变化免疫。人们已经见证了巴斯克语、布列塔尼语、加泰罗尼亚语、科西嘉语、阿尔萨斯语和奥克西坦语的复兴，在地方当局的允许下，甚至一些学校都可使用和教授它们。全国性电台和电视中都可听到地方口音，尤其是在体育新闻、天气预报和流行节目中。

尽管如此，法国仍然存在语言守护者，他们继续不懈地传道、纠查和建议。法语仍然是中央集权体制的一个重要组成部分，在政治和文化上都占据强有力的支配地位。法语的文化影响力也不仅限于法国本土，它扩展到周边的"半国"（比利时部分地区、瑞士部分地区、当时卢森堡的部分地区）和从前的殖民地——这多亏了相当于英联邦的"法语国家组织"（La Francophonie）。

英语、德语、西班牙语、葡萄牙语和荷兰语已经成为多中心语言（pluricentric languages），也就是说，在不同的国家，它们接受略有不同的标准，但整个法语世界，在语言指导上，都唯法国马首是瞻；而整个法国，唯巴黎马首是瞻。说话有口音、不太符合标准的人，可以当上体育评论员或游戏节目主持人，但不能成为电台和电视的新闻播报员或记者。一位来自南法塔恩省的年轻人想要学习广播新闻学，招生委员会的一名委员问他："你真的相信自己能靠那样的口音在这个行业里功成名就吗？"魁北克记者萨布丽娜·迈耶（Sabrina Myre）在巴黎学习期间下了苦功夫掩饰自己的口音，获准在法国国家电台报道新闻，但仅限于播报来自加拿大的新闻。遗憾的是，她被派驻到了耶路撒冷，法国电台便拒绝了她——"原产地"不正确。

在某些方面，保守的中央集权体制最近几十年变得十分激进。首先，他们把对地方语言的传统排斥写进了法律。1992年的宪法第一次宣布法语是"共和国的语言"。第二条里的这些话，听起来似乎像是在陈述事实，但法官们却只从十分局限的角度去加以阐释。希拉克总统签署了《欧洲区域和少数民族语言宪章》之后，法国宪法法院禁止政府批准该宪章。法官们认为，承认并支持其他语言会削弱法语的地位。让我们换个角度来看待这个问题：大约3%的人口说一种既不是法语，也不是法语方言的（非移民）语言。

2008年修订宪法时，法国参议院接受地方语言是"法国遗产的一部分"，但拒绝将其纳入宪法第二条；第75条对它们来说就足够了。2015年，更偏向自由主义的新一届政府为了修正《宪章》而推动另一项修正案，参议院的右翼多数派投了反对票，并一直宣称他们"支持区域语言"。没人上当。

其次，法国语言文化中一个相对较新的元素是对英语的厌恶，恨它夺走了法语在全球的卓然地位。法国和加拿大魁北克地区的政府和学术院尽了最大努力清理法语中的英语词汇，以及公共空间张贴的英语告示牌。由于同样的英语恐惧症，自1994年以来，法律要求电台在40%的时间里播放法语歌曲。如果你曾在法国高速公路上开过几个小时的车，你大概已经注意到了——而且，你说不定并不怎么高兴。你不是唯一一个这么想的人：限额制度在听众（如今已经转向了流媒体）和电台里都不怎么受欢迎。但，嘿，他们无非是些普通人。他们无法决定法国的文化、语言，或者其他方面应该是什么样的。

第九名

马来语

BAHASA MELAYU

2.75亿使用者

至少有8000万人以马来语为母语，大约有2亿人以之为第二语言，几乎全部分布在印度尼西亚、马来西亚、新加坡、文莱和泰国南端的泰南三府（也叫"马来区"，Malay realm）。马来西亚人喜欢将所有形式的马来语视为同一种语言，而印尼人则大多强调其差异性。

马来语

自称 （Bahasa）Melayu（马来语）、Bahasa Indonesia（印度尼西亚语）、Bahasa Malaysia（马来西亚语）、Bahasa Melayu Baku（马来标准语）。有时也叫Bahasa，但不太正确，因为这只是马来语的"语言"一词。

语系 马来语是南岛语系中最大的语言，它属于该语系下庞大的马来–波利尼西亚语族。

书写方式 今天，马来语主要是用拉丁字母或马来罗马字符（*Rumi*，源自Rome）书写。除了部分保守地区，以阿拉伯语为基础的爪夷文仍然在某些宗教和文化环境中使用；不过，在文莱，爪夷文的使用更为广泛。

语法 代词有正式和非正式形式，但程度有限，并经常以亲属称谓代替。名词、形容词和动词在词格、数量、人称或时态上没有变化。然而，形容词和动词可以加上许多带若干语法功能（如表被动和及物性）的词缀（前缀、后缀等）。

发音 马来语没有声调，有规律的单词重音，只有6个不同的元音和19个辅音，都很常见，并大多单独出现，极少叠加出现。一句话，马来语的音韵很简单。

外来词 有梵语和泰米尔语（早期印度教—佛教时期）、阿拉伯语和波斯语（伊斯兰化后）、荷兰语和英语（殖民统治时期）以及爪哇语（印度尼西亚独立以来）。

语言输出 amok（杀人狂）、kapok（木棉）、orangutan（红毛猩猩）、pangolin（穿山甲）、sago（西米）、satay（沙茶）等。

相映成趣 马来西亚语和印度尼西亚语的一个主要区别是外来词的主要来源：前者是英语，后者是爪哇语、荷兰语和拉丁语。这就带来了一些写法不同的同义词，比如BONET-KAP（软帽）、MAJORITI-MAJORITAS（大多数）、EMPAYAR-IMPERIUM（帝国）、Julai-Juli（7月）、PLATFORM-PERON（火车站台）等。由于词汇上的不同，马来西亚人和印度尼西亚人或许更喜欢用英语或粤语来彼此交谈。

9 马来语

胜者为王

语言多样性很美好，除非你是国家的统治者。从执掌政权的角度看，你希望国家的公民互相能理解。就算他们彼此不能理解，那至少得能理解你的命令。然而，在地球上几乎每一个国家，人们都说若干种不同的语言。回到"当老大"是收税同义词的年代，这不是一个太大的问题——收税员自有办法，文字不是关键。然而，在现代世界，相互理解事关重大。

更重要的是，共同的语言创造出忠诚感。社会凝聚力可以通过许多方式得到加强：共同的敌人、普遍的宗教或意识形态、全面征兵、国家宣传、民族神话、独特传统等。但就身份标志而言，很少有其他方法比共同的语言更有力量。实际上，标志身份恰恰是语言最擅长的东西：作为沟通手段，我们的口语和书面语偶尔会存在严重的分歧，但我们都是识别口音、词汇和其他语言特征的专家，这些特征会把他人跟我们自己的群体区分开来。一种国家语言，甚至只是同一种语言在不同国家的变体（如澳大利亚英语、奥地利德语等），就足以奇迹般地定义我们属于什么地方。

沟通和国家认同有可能让每一个有着多种语言的国家感到头痛，想象一下印度尼西亚所面临的问题吧。印尼有2.65亿人口，分布在近1000座岛屿上，讲着700多种不同的语言，是全世界除了邻国巴布亚新几内亚之外通行语言数量最多的国家。但叫人吃惊的地方在于：不管印尼独立之后出现了什么样的问题（这类问题数量繁多，也非常严重），语言在其中都不曾扮演什么太重要的角色。20世纪初，民族主义运动宣布马来语为印度尼西亚的国家语言，20世纪40年代独立之后，人们毫无怨言地接受了马来语。自此以后的70年，该国绝大多数人都学会了马来语。[1]

　　并非所有国家都这么幸运，有着远见卓识的领导人。例如，围绕语言分界线，斯里兰卡、比利时和巴基斯坦，就出现了持续的甚至是暴力的冲突。倒不是说语言是唯一或者根本的问题。紧张的政治局势无不牵扯到更多的利害关系，如经济、宗教和政治对抗。但语言能做的，是画出一条方便的界线，让不同的人顺着它挖战壕。在许多国家，语言在国家建设中发挥的作用不是存在缺陷，就是十分糟糕，甚至完全没有发挥作用。

六种语言景观

　　让我们看看有着不同语言景观和政策的国家，在政治稳定方面的表现。我的焦点会放在那些至少说一种本书所涉及语言的国家。在根据语言群体分析国家人口时，我们可以将语言的分布情况分为6种，如下面的饼状图所示。

1　只有一个重大的例外：新几内亚的西半部，也叫作巴布亚（Papua，从前叫作伊里安查亚，Irian Jaya），请不要把它跟独立的巴布亚新几内亚混淆，后者占据了新几内亚的东半部。巴布亚人在语言、文化甚至基因上，都跟印尼群岛上的其他人相去甚远。这块土地在独立时并不属于印度尼西亚的一部分，但到20世纪60年代，印尼获得了它。从那以后那里就一直存在暴力冲突，一般程度较轻，但有时候也会升级到可怕的地步。——作者注

1

2a　2b

3a　3b

4

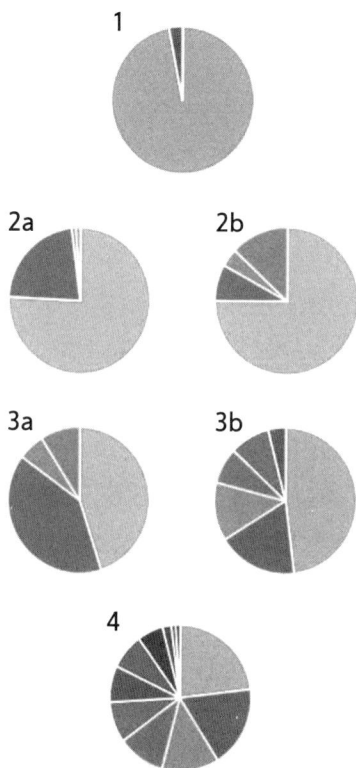

1和4：在第一种和最后一种类型里，语言冲突的风险很低。第一组包括孟加拉国、沙特阿拉伯、朝鲜、韩国和加勒比的大部分岛国，这些国家最大的语言由本国90%以上人口使用，少数族裔语言（除了新来的外来人口，除非这些外来者是征服者，或占据压倒性的多数，否则一般不会让一个国家或一个地区改用另一种官方语言）小到几近于无。

在有着第四种语言图景的国家，哪怕是最大的语言，也只有不到40%的本国人口使用。它们包括不少非洲国家，还有菲律宾、瓦努阿图和巴布亚新几内亚。任何一支少数派别都不太可能长期垄断权力，因为这会诱使其他族裔联合起来反抗。大多数情况下，在全国范围内沟通的难题，是选择一种前殖民宗主国语言作为官方语言来加以解决的（见本书"第12名　斯瓦希里语"中的"重大语"）。坦桑尼亚是一个罕见的特例，它只赋予了土生土长的斯瓦希里语这一地位。

不过，对中间的几种语言图景，事情就没这么清晰了。

2a：大语种一目了然，少数语种规模不小。在这里，紧张局势加剧和失控的风险往往很大。斯里兰卡就是一个例子，当地的泰米尔少数民族被人口占多数的僧伽罗人征服，导致了长达25年的内战。同样，土耳其的库尔德人数十年来遭受了严重的文化压迫，并做出了暴力的回应。在萨达姆·侯赛因（Saddam Hussein）统治时期，伊拉克的库尔德人遭受了类似甚至更为糟糕的命运，尽管现行宪法中，库尔德语是跟阿拉伯语并列的官方语言。塞浦路斯（从土耳其分离之前）境内讲土耳其语的人、北非马格里布诸国讲柏柏尔语的人，以及波罗的海三国和乌克兰境内讲俄语的人所受到的待遇，也挑起了冲突。就波罗的海国家和乌克兰的例子而言，在实行了70年强制性的俄罗斯化之后，很容易理解大多数人会有什么样的感受。但一些公民生来就使用父母教的语言，让他们为此受到折磨，真的有什么正义可言吗？

严格地说，印度不属于这一组，因为它的大语种印地语也只由全国少数人口使用，此外还有无数种更小的语言，应该属于3b组。但它3/4的人口说的是某一种印度-雅利安语言（它们大部分是近亲），还有1/5的人说达罗毗荼语的一种。这样一来，印度的局面可以说符合"大语种一目了然，少数语种规模不小"的总结。总的说来，印度政府根据少数民族的要求，维持了英语的官方地位，并根据不同的语言对各邦进行了重组，成功地拆除了乱局的导火索。

2b：大语种一目了然，并有若干小语种。这一类的国家在维持和平方面前景较好。在拉丁美洲的大部分地区，西班牙语或葡萄牙语把持最高的统治地位，尽管原住民解放运动在墨西哥和玻利维亚等国家大声疾呼要求得到官方承认（并在玻利维亚取得成功），但语言只是社会冲突中一个次要的断层线。在越南，说越南语的大多数人不曾向使用小语种的多个少数族裔做出任何让步，而且所有这些少数族裔的人口都相对较少，对当前局面只有着最低限度的不满。

在其他一些国家，若干而非全部的少数族裔的区域语言权得到了满足。在俄罗斯，各地区总共有35种少数民族语言，其中两个民族，鞑靼人和车臣人，曾发生过严重冲突。在西班牙，经历了非民主政府的长期语言压迫，到20世纪70年代末，加泰罗尼亚语、加利西亚语和巴斯克语终于获得了广泛的区域权利。即便如此，该国还是出现了狂热的独立运动，巴斯克地区出现了数十年的流血事件，而目前，加泰罗尼亚地区也陷入政治瘫痪。

文化身份存在强烈反差的少数民族（如车臣人），以及拥有强大经济地位的少数民族（加泰罗尼亚人和斯洛文尼亚人），或是同时处在这两种状态下的少数民族（巴斯克人），似乎最可能发起反抗。规模也很重要：鞑靼语较之俄语，就像是汪洋大海里的一片小小漩涡，但就绝对使用人数而言，他们跟加泰罗尼亚人处在同一规模。

3a：两个大语种。国家人口由两个规模大致相同的群体构成，听上去似乎像是注定要发生大乱，但实际情况并不一定是这样。例如，阿富汗有两种官方语言，波斯语（达里语）和普什图语，但语言并不是该国冲突的断层线。巴拉圭以西班牙语和瓜拉尼语作为官方语言，但不管人们的母语是哪一种，大多数人都能同时说，或者至少理解另一种语言。新加坡的情况更加复杂：汉语（普通话）和英语是新加坡人使用最多的两种语言，但还有更小的群体喜欢汉语的其余方言，或是马来语、泰米尔语。英语、汉语、马来语和泰米尔语都有官方地位，英语是主要语言，马来语是民族（身份认同）语言。在这一类国家里，唯一因为语言陷入麻烦的国家似乎是比利时，但它不曾因此发生过流血事件。

3b：一个大语种，若干小语种。现在，我们来到了马来西亚和印度尼西亚这两个主要讲马来语的国家所属的类别了。在伊朗，以波斯语为母语的人只占总人口的一半多一点。一些少数民族说跟波斯语没有相关性的语言，所以学起来很难。尽管如此，这个国家的小语种民族似乎接受了波斯语的主导地位。正如我们在"第15名 波斯语"一章中所述，部分原因在于，波斯语有着悠久的通用语言历史，对学习者十分友好。此外，数百年来，国王、诗人和伊玛目（伊斯兰教长称号）都使用它，这为它带来了全国性的崇高地位。

巴基斯坦，1947年独立，官方语言一直是乌尔都语（英语曾短暂地与它做伴）。和波斯语一样，乌尔都语也有很高的历史、文化和宗教声望（见"第4名 印地-乌尔都语"章节）。然而，跟波斯语在伊朗的情况不同，在巴基斯坦，乌尔都语的使用者始终不算太多。直到1971年，在如今的孟加拉国，只有5%的人以乌尔都语为母语，而以孟加拉语为母语的则有50%。因为察觉到了政治、经济和语言上的不利地位，该地区在一场短暂却血腥的内战中四分五裂。在新成立的、国土面积较小的巴基斯坦，说乌尔都语的人占总人口的10%，新的大语种则成了旁遮普语，至少有45%的人以之为母语。然而，跟孟加拉人相比，旁遮普人在国家政治上有着更强烈的存在感，对母语的态度保持更超然的态度，以更宽容的心态接纳了乌尔都语的地位。

乍一看，马来西亚的情况似乎与伊朗相似：在该国，马来语叫作马来西亚语，有着唯一的官方地位，但仍然只是微弱多数人口的母语。同样，一些主要的少数民族语言跟它没有相关性。但两者的相似之处仅限于此。在英国的殖民统治下，尤其是在19世纪末到20

印尼语排在第一位，接着是英语，还有汉语、阿拉伯语和日语的身影。机场的标识牌上出现了本书1/4的语言。

世纪初，大规模的移民造就了令人不安的种族混合状态——既有本土的马来人，也有新来的华人和印度人。1957年马来西亚独立后，政治权力落入马来人手中，马来语自此成为官方语言。与此同时，该国的经济，大部分由华人掌控。种族间的紧张关系到1969年升级为骚乱，之后，马来人为自己和原住少数族裔创造了据说是暂时性的官方特权，叫作"BUMIPUTRA"（意思是"大地之子"，也译作"马来土著"）。华人和印度少数族裔，以马来语为第二语言，变得比占大多数的马来人更贫穷，因为政府越发肆无忌惮地采取种族主义立场，经常迎合极端立场的群体。不过，2018年5月一支多种族联盟在选举中获胜（数十年来的第一次政治变化），有望带来更为明智的政策制定者。

对比来看，印度尼西亚的语言状况跟巴基斯坦类似：官方语言马来语（这里称为印度尼西亚语）只是少数人的母语，40%以上的人口使用另一种覆盖最广泛的语言。不过，这里有一项重大区别：巴基斯坦将一个占主导地位的小语种强加给全国，而在印尼，小语种马来语的官方地位，不是来自使用它的人，而是来自占主导地位的最大少数民族爪哇人，为了国家的团结，他们放弃了语言特权。

在统计数据之外

如我们所见，语言分布相似的国家，在和平和冲突程度上的表现并不完全类似。所以，数字并不是故事的全部。那么，还有什么重要的因素呢？

熟悉程度。长期接触特定语言（如参与宗教仪式，跟精英人士接触，或跟商人讨价还价）的社群，哪怕日常生活里并不使用，也不认为这些语言完全陌生。此外，跟宗教场所或权力殿堂的关系，还将为这些语言带去更高的地位，例如伊朗的波斯语，或北非马格里布诸国的阿拉伯语。贸易语言没有这么高的威望，但跟寺庙和宫殿比起来，在市场——真正的市场，而非如今的抽象概念——上能进行更公平的互动。在谈判价格和条件时，买卖双方要同时克服一切语言障碍，在这个过程中，有时候人们会创造出一套简化的贸易术语。在很大程度上，斯瓦希里语就是这样在坦桑尼亚蓬勃发展起来的，马来语在印度尼西亚也是如此。

相似性也很重要——尽管并非总是如此。容易学习的语言（通常是由于有共同的起源），比那些不熟悉的语言更容易被接受。坦桑尼亚再一次受到了命运的青睐，该国大多数人的母语都属于与斯瓦希里语所属相同的班图语族。同样，印度尼西亚的运气也不错：几乎所有人口都说某一种跟马来语密切相关的语言。世界其他地方许多牢骚满腹的少数民族，如库尔德人、鞑靼人、巴斯克人、柏柏尔人以及拉丁美洲的土著民族，对占据统治地位的多数民族来说是"语言上的陌生人"。不过，相似性并不能万无一失地避免产生摩擦：乌克兰语是俄语的近亲，加泰罗尼亚语跟西班牙语也是近亲。

政治和经济历史也很重要，而且会引起不和——例如，在乌克兰和加泰罗尼亚，不和的地方就太多了。这种紧张关系的根源往往是一种涉及征服、压迫或剥削的混乱关系。如果没有它们，历史有时会创造出和平共处的局面。就像瑞士联邦：这个多语言国家通过民主制度发展壮大，又一贯重视政府权力的分散，所以从未出现任何建立在语言基础上的敌意。至于印尼，它其实有着遭到征服、压迫或剥削的经历，在300多年里，荷兰人一直热心地实践着征服、压迫或剥削，日本人也效法荷兰人统治了3年（1942年—1945年），故此，日语和荷兰语不受印尼人欢迎。

然而，尽管所有这些因素都很重要，并造成了不同的基本局面，但政府政策最终决定了结果。斯里兰卡陷入内战并不是不可避免的，多数派只要多些温和举措，就有可能会阻止少数派拿起武器。土耳其领导层的做法也并不明智，他们在没有任何事实根据的情况下，声称库尔德人的语言是土耳其语的一种退化方言，不承认其少数民族的地位。讲乌尔都语的人尽管只占巴基斯坦人口的5%，却赋予自己的语言官方地位，这固然是一种傲慢，但统治精英们在谨慎对待语言少数群体方面做得很好。撇开一切政治上的权宜之计不谈，尊重这类少数群体有着绝对的道德必要性。不管人们操持何种语言说还是写，都应该和平地允许他们用这种语言说或写——不这么做，就是侵犯人权。

马来语的崛起，崛起，再崛起

如本章开头所述，尽管印度尼西亚是世界上语言种类第二多的国家，但自独立以来，该国在语言上一直和平相处。这个国家的标准版马来语——印尼语（Bahasa Indonesia）——并没有分裂国家，反而促进了国家的团结。这是如何实现的？为什么这个国家和它的国家语言表现得比许多别的国家好那么多呢？让我们首先来回顾一下过去。

有文献记载的马来西亚历史始于公元7世纪，当时，苏门答腊的一个王国控制了马来半岛、爪哇岛的大部分地区，以及其间一些较小的岛屿。它充当了大陆和群岛之间沟通的节点，并凭借这样的战略地位，主导了一张巨大的贸易网络。在该王国之外许多岛屿的沿岸地区，商人们掌握了一些基本的马来语。就这样，马来语所扮演的现代角色的第一批种子，早在1000多年前就已播下。

到了13和14世纪，出现了两大变化。其一是宗教，随着跟阿拉伯和印度商人的接触，该地区拉开了向伊斯兰教转变的漫长过程，它缓缓地从西到东，从沿海到内陆，最终覆盖了今天的整个印度尼西亚。接着，在政治舞台上，一个新的爪哇王国，将马来权力中心从苏门答腊转移到大陆（今天的马来西亚）。在这里，马六甲不光成了同名苏丹国的首都，也成了东南业最大的城市和港口。到15世纪，马六甲达到全盛期，至今仍被视为马来世界政治和文化的黄金时代。受其影响的沿海地区，一直往东扩展到摩鹿加群岛（也叫"香料群岛""东印度群岛"），伊斯兰教和马来语都扎下了脚跟。值得注意的是，跟宗教的联系，让这一通用语获得了更崇高的地位，一般的贸易用语往往很难达到。马来语的第二发展阶段，不光代表了它的进一步传播，也代表了它的崛起。

接下来，欧洲殖民主义彻底改变了局面。17—18世纪，荷兰人逐渐巩固了对爪哇和摩鹿加群岛的控制，后来又扩张到其他岛屿。为与爪哇传统精英交流，他们首先尝试了爪哇语。但爪哇语里与地位相关的敏感微妙之处，远远超过了讲究实际的商人和水手的能力（荷兰人本身的直率鲁莽更加深了这种难度）。与此同时，他们感觉，把自己的语言传授给爪哇精英也并非一种现实的选择。为此，他们投入了马来语的怀抱，他们发现，马来语更便于推广。殖民者与当地居民之间的互动，带来了一种与公务员相关的名叫"服务马来语"的简化形式。从1865年开始，马来语成为殖民地的第二官方语言，与荷兰语并列。由于马来语传统上就是一种非正式使用的通用语，爪哇精英阶层更容易接受这种经过大刀阔斧削减的语言，而非不够精美的爪哇语。

19世纪末，殖民政府热情地支持马来语流行文学的传播，苏门答腊中部和马来半岛的本土语言亦加速发展。于是，马来语的词汇量、使用人数和声望都随之增长。1928年，萌芽中的独立运动选择马来语作为官方语言，1945年印尼宣布独立，又一次巩固了这一决定。

事后看来，这似乎是一个必然选择，但事实并非完全如此。在政治圈，说爪哇语的人甚至比总人口中占主导地位的人还要多，所以，必须要有非常理性的政治头脑，才能抵制对母语的偏爱。值得庆幸的是，这些政治家一早就意识到爪哇语在其他岛屿极其不受待见，这不光是因为爪哇语蕴含的复杂尊卑等级特性，也跟爪哇人是全印尼最大的民族群体有关。

另一个选择是荷兰语。以当时的眼光看来，这个设想并不像如今这么牵强——实际上，荷兰的另一个前殖民地苏里南，1975年独立时就是这么选的。欧式教育不光促进了印度尼西亚独立运动领

1928年，出席第二届青年代表大会的印尼学生会成员。正是这次会议宣布了具有历史意义的青年誓言，从而使印尼语成为该国的国家语言。

导人有关自由、平等和博爱的思想，也让他们得以流利地使用荷兰语。没错，在20世纪40年代，仅有1.5%的非欧洲人口能说这一殖民语言。但同一时期独立的印度，只有2%的人口会说英语，却仍将英语作为自己的官方语言之一。

和其他殖民语言一样，荷兰语的一个重要优势是其广泛的词汇。数百年来，它在欧洲生活的各个领域使用，从行政到科学，具备了现代化可能需要用到的所有词汇。多亏了殖民政府，马来语奋力追赶，但在印度尼西亚领导人宣布它为官方语言的时候，他们知道自己面临着一项重大挑战，马来语的词汇必须扩大到覆盖所有科学、经济、政府和民众在正式环境里有可能需要谈到的一切分支。这项任务交到了一个语言学会手里，它务实、积极并成功地完成了这项任务，创造并定义了数十万个专业术语。因此，印度尼西亚得以避免土耳其在20世纪中叶所遭遇的混乱局面。

印尼语从一开始就是个成功的故事。很快，它就跟现代化、"印尼化"和社会流动性联系到了一起，并随着城市化的推进和现代媒体的传播而不断获得提升。2010年，超过90%的印尼人声称自己熟练掌握印尼语，相比而言，这个数字在1970年时仅为40%，在刚独立时还要低得多。

但该国的语言政策并未让马来语独享特权。从一开始，它就宣传要以普遍使用双语为目标：为了国家统一，鼓励所有公民学习印尼语，但同时也保持他们的本地语言。语言学会的任务不仅针对印尼语，也针对其他语言。当然，跟世界上其他地方一样，印度尼西亚的小语种如今也面临着大语种的威胁，在主要的城市中心，由于人口混杂，印尼语逐渐把持了城市语言景观。但值得注意的是，这并不是国家干预有意想达到的结果，而是尽管国家进行了干预，它仍然变成了这样。

印度尼西亚语言政策的另一个明智方面是，允许学生在初等教育的最初三年里使用方言，而不是像其他许多国家那样从一开始就强迫幼儿使用官方语言。这样一来，印尼年轻人学会了用自己熟悉的语言阅读和写作，而这毫无疑问是获得此类技能的最佳途径。如果说，即便如此他们的阅读技能在国际排名上仍然很低，这说不定是因为他们太早就从母语转向了官方语言。大多数教育学家建议在课堂上多用几年母语。

虽然语言政策在国家层面上取得了成功，但它并没有同样好地满足国际交流的需求。社会所有正式部门都以印尼语为主导，英语和其他外语的知识有限，大多还很糟糕。在这一点上，坦桑尼亚使用了一种更有效的方式，在国际接触最为重要的部门（尤其是高等教育和大企业）继续使用英语。当然，说到底，这是个意识形态问题——身份认同对应经济，民族主义对应全球化。

有时候，你需要把译文再翻译一遍：在印尼语里，"*gang*"指的是小巷、胡同（这个单词来自荷兰语）。

在马来西亚，马来语是一份有毒的礼物：说马来语的人只占小幅多数优势，因为近来感受到来自少数族裔的成功威胁，他们便把马来语强加给整个国家。这只是他们为自己争取到的若干特权之一，加在一起，这些特权让全国从根基上陷入了不稳定状态。反过来，对印度尼西亚来说，考虑到马来语跟伊斯兰教的历史渊源，它是一份名副其实的天赐礼物。由于它通过贸易传播，许多人对这种语言都略知一二；它的宗教联系赋予了它一定的威望；只有少数人说它，其他人不觉得它是种威胁；又因为它跟大多数人口所使用的语言相关，学起来很容易。一句话，它具备了良好国家语言的所有特征。

印尼领导人看到了机遇，一把抓住了它。光从语言的角度考虑，他们的政策是全世界最明智也是最成功的。

第八名

俄　语

РУССКИЙ ЯЗЫК
RUSSKIY YAZYK

2.75亿使用者

　　1.5亿人以俄语为母语，主要分布在俄罗斯、白俄罗斯、乌克兰和中亚地区。1.25亿人将俄语作为第二语言，其中大部分是分布在苏联、东欧与中欧卫星国以及蒙古的非俄罗斯人。作为第二语言的俄语，其阵地在持续丢失。

自称　русский язык（russkiy yazyk）。也叫作"大俄语"（Great Russian）。这个说法如今已经过时，它主要是为了跟来自乌克兰和白俄罗斯的语言做区别。

移民　在以色列，有100多万移民说俄语；在美国，这一数字稍低；德国有近两百万说俄语的人，大多数是日耳曼裔。

语系　俄语是斯拉夫语族下最大的语言，斯拉夫语族又来自印欧语系下的一个分支。从波兰和捷克共和国，一直到太平洋以东的广大毗连地区，以及巴尔干半岛地区，人们说的都是斯拉夫语。上、下索布族语是在德国使用的一种斯拉夫语。

书写方式　西里尔字母。

语法　名词：3种性别，6种词格，单数和复数。形容词跟名词在性、格和数上保持一致。动词有两种变体——未完成式和完成式，两者的词形几乎总是相似的，但具体的词形变化不可预知。

发音　和其他斯拉夫语言一样，俄语中有大量的齿擦音：/s/、/z/、/sh/、/zh/（发音类似"measure"一词里的s）、/ch/、/shch/和/ts/。大多数辅音有两种变体：发软辅音时，舌头中间抬得比硬辅音高。单词可以用很长的辅音组打头，如взгляд（VZGLYAD -"view"）。

外来语　从历史上看，俄语从古教会斯拉夫语（这是一种古典斯拉夫语）、各种突厥语、法语、德语和荷兰语中借用单词；今天外来语的源头主要是英语。

语言输出　大多数输出的单词与俄罗斯文化直接相关：tsar（沙皇）、intelligentsia（知识分子）、vodka（伏特加）、troika（三驾马车）、pogrom（大屠杀）、dacha（达恰，指乡间宅邸）、apparatchik（政府官员）。其他还包括steppe（西伯利亚干草原）、mammoth（猛犸象）和taiga（针叶林）。

太空　俄语是第一种在太空里使用的语言，使用者是1961年进入太空的尤里·加加林（Yuri Gagarin）。

8 俄语

身为印欧语系的一员

　　跟人类一样，语言也有着家族的归属。就跟人类的家族一样，它们有时候会让你好奇，归属到底意味着什么？属于同一家族（也即语系），会给语言带来什么样的共同点？只要你看看近亲语言，这个问题似乎很容易回答：西班牙语和葡萄牙语几乎长得一模一样，很明显因袭了它们的母亲——拉丁语。英语没有血缘那么近的兄弟姐妹，但语言学家一致认为，英语紧密地嵌在一个核心家族里——日耳曼语族，同时还属于一个扩展大家族——印欧语系。而印欧语系里又包含了一种明显不一样的语言：俄语。

　　如果你把英语和它的德语亲戚比较，事情相对简单。追溯这些语言的历史，你会发现，在公元900年前后，它们互相之间可以理解。当时的人所说的英语和德语，如今的人很难理解，但他们彼此之间算得上容易明白。这就是德语和英语同属一个语族的意思：在历史上，曾有一段时间，有一群人说着一种语言，这种语言日后发展出了方言，这些方言又变成了不同的语言，最后演变成了英语和德语。在这两种语言花样百出的历史冒险里，大量在基因上没有关系的不同人群学习了它们。以英语为例，这些人包括维京人、诺曼人、（法国的）胡格诺派教徒、被奴役的非洲人，以及那些穷困潦倒、疲倦不堪，挤在船上前往美国、加拿大和澳大利亚的无数移

217

民。反过来看德语，除了最近数十年出现的移民潮，"新鲜血液"相对较少，主要涌入人口是斯拉夫人。因此，英语的演变比德语更激烈，现代说德语的人跟祖先交流，要比现代说英语的人更容易。

尽管各有变化，但英语和德语在语法及词汇方面仍存在许多相似之处。以下面这句话为例：

Der Biber und der Otter leben in fliessendem Wasser; der Biber baut Dämme.

The beaver and the otter live in running water; the beaver builds dams.

（海狸和水獭生活在流动的水里，海狸建造水坝。）

首先，词序是一样的，并非所有语言都如此（法语和西班牙语会把"in running water"变成"in water running"），两句话都有冠词（*der*、the）。其次，在词汇方面，也有明显存在亲缘关系的单词：最明显的是*Otter*和In，但*Wasser*也很接近，还有*Biber*，发音比写法更接近（如果这是个英语单词，我们会把它拼写成"beaber"）。*Dämme*的单数形式*damm*跟英语更接近，就*der*和*leben*也跟the和live有相似之处。所有这些德语单词都跟其英语版有着共同的起源，他们的祖先语言都是原始日耳曼语，换句话说，它们是同源词（cognates，来自拉丁语的CO-GNATUS，意思是"一同出生"[1]）。

如果你怀疑我为了展示大量相关词汇故意安排例句，我认罪。

---

1 "一同出生"和"一同借用自……"的意思可不一样。*Bank*（银行）一词在英语、德语、俄语和其他许多语言里都一样，但它不是同源词。*Bank*起源于14世纪的意大利，并逐渐传播到了整个欧洲。但许多语言教材还是会把它和类似的例子称为"同源词"。——作者注

但在英语和德语的基本词汇中，同源词的比例确实很高。（原文为：If you suspect me of wilfully doctoring the example sentence with the intent of showing a good number of related words, I plead guilty. But in their basic vocabularies, English and German really do have a high proportion of cognates.）这段话的开头两句话完全没动过手脚，但它们同样包含了许多跟德语同源的单词：if、you、me、of、the、with、show、a、good、words、I、in、and、do、have和high，都有着直系同源词，而wilfully则可以拆解成有着德语同源词的单词，比如will、full和-ly。

和德语一样，英语跟俄语也是如此。但由于俄语是英语印欧语系下的表亲，而非日耳曼语族下的胞兄，它们之间的相似之处较少且疏远，差异更加明显。

如果用魔法召唤回我们的语言祖先，我们会发现，顺着英语这条脉络所进行的沟通，比顺着俄语脉络瓦解得更快。回到500年前，一个说英语的人兴许发现自己无法理解任何人所说的任何东西，而说俄语的人，恐怕能跟自己若干世纪前的祖先交流。但有趣的地方在于（如果英语和俄语真的是亲戚语言——所有的语言学家都知道[1]），我们可以继续往回追溯，并最终回到一个时间点，在那个点上，我们的英语和俄语祖先能够彼此理解。对英语和德语而言，这个时间点出现在公元1000年左右。而对俄语来说，这个时间点要早得多。我们跨过了公元前和公元后的交点之年：不行。我们迈过了公元前500年、公元前1000年的里程碑：仍然不行。我们继续往前走，走啊走，一直来到公元前3000年的刻度附近，那一刻终于出现了，两条脉络终于能互相对话，并合并成一条脉络了——也

1　更准确地说，除了尼古拉·雅可夫列维奇·马尔（Nikolay Yakovlevich Marr，1864—1934）及其学派之外的所有语言学家。有关马尔，我曾在一篇关于狂想语言学的文章里谈到过他，详见bit.ly/Aeon_TalkingGibberish。——作者注

就是原始印欧语的脉络。我们穿越了整整50个世纪，200多代人，比我们跟莎士比亚之间的距离要远10多倍。想象一下，这样长的一段历史，会对人们（任何人，不管是谁）说话的方式造成多大的蹂躏啊。不，根本不必想象，比较一下英语和俄语就知道了。两者之间的区别恰恰就是5000年的撕裂给它俩造成的后果。

> Бобр и выдра живут в проточной воде;
>
> бобр строит плотины.
>
> *Bobr i vydra zhivut v protochnoy vode;*
>
> *bobr stroit plotiny.*
>
> 这里的俄语例句，上一行是西里尔语，下面是其音译。

　　和之前的例句一样，我们说的还是"海狸和水獭生活在流水里，海狸建造水坝"。

　　在评论德语例句时，我指出德语和英语在语法上存在3点相似之处：主语和谓语的顺序、形容词和名词的顺序，以及冠词的存在。这里，你兴许再次观察到，主语仍然放在前面（从第二种写法里更容易看出）：*bobr*是俄语里的"海狸"一词（诚然，它跟英语的beaver确实不怎么像，但你已经见过德语的*Biber*，我们能从"印欧语同源词"的角度去看待它）。我应该补充一句，在俄语中，主语和谓语的顺序不像英语和德语里那么固定，但按照默认语序，主语放在前边。

　　在这个句子里，形容词和名词词组（running water，俄语里为"PROTOCHNOY VODE"）的顺序又是怎么样的呢？还是跟英语和德语相同，当然，在俄语里，反过来的顺序也有可能出现，但相对较少。（哪怕一点俄语都不懂，你也能猜出，*vode*，而不是 *protochnoy*，是"water"的意思。实际上，它跟美式英语里/wodder/的发音相去不远。）

至于冠词，它们代表了两种语言的一个主要区别：俄语里没有冠词。印欧语系里大部分语族，从日耳曼语、罗曼语、伊朗语到希腊语、阿尔巴尼亚语和亚美尼亚语，都喜欢使用冠词（"a"，或者"the"，也可能两者同时存在），只有3个语族回避了它们，斯拉夫语族是其中之一。但这并不是说斯拉夫人不小心摔碎了一件古老的印欧传家宝。相反，原始印欧语这位老祖母本身就没有冠词。

水獭和九头蛇

在德语海狸例句中，我们看到有很多日耳曼同源词，也就是说，大多数单词都有兄弟姐妹。考虑到印欧语的年龄要大得多，家族成员从日常词汇里遗失物品的机会更多。尽管如此，还是有不少同源词被保留了下来。

BOBR是个明显的例子，它与beaver都来自同一个古单词（也即BHÉBHRUS）。（现代语言学家仗着原始印欧语的使用者早已不在人间，赋予了它一种可怕的拼写：充满了星号、数字和上标字母。我把这些都给抛弃了。）更明显的例子是*vode*，或者更确切地说，VODA（这是它词尾无变形的形式）。water和VODA都源自原始印欧语的WÓDR或UÓDR（W和U只是同一个发音的不同拼写）。它们跟希腊语单词HUDŌR（也是水的意思）同源，而HUDŌR跟现代单词hydrate（水合物）相呼应。（如果你想为自己补水，喝伏特加VODKA并不明智，虽说这种俄国饮料的名字就是俄语的"水"VODA加了一个后缀。）

第3个有趣的单词是VYDRA，它跟otter（水獭）是同源词。不光如此，它们还跟VODA和water相关。大约5000年前，表示"water"的单词WÓDR或UÓDR，产生了形容词UDRÓS或UDRÉH（分别为阳性和阴性），意为"水的"或"水生的"。日耳曼语选择了阳性单词，并演变成了OTTER。斯拉夫语选择了阴性单词，而且不知怎么把首字母变成了v，后来就变成了VYDRA。其他印欧语系语言的使用者，包括梵语和拉丁语，也做出了类似的改变——但希腊人没有，他们把HYDRA保留给了一种多头水怪（跟好玩优雅的水獭完全不同）。

例句中还有其他同源词吗？是的，还有两个，但看起来一点也不像。根据语言学家的说法，俄语介词V的起源，可以追溯到跟

在19世纪，俄国的长耳帽（ushanka）通常是由海狸毛制成的，但今天的海狸（bobry）运气不错，现在这种帽子已大多用兔毛或人造毛制造了。

英语in相同的原始印欧语单词，即HÉN。HÉN-IN的转变，已经不太能叫人轻易相信，从HÉN到V的转变，就更像是召唤魔法了——虽然这是一招来得极为缓慢的魔法。另一个看不出来的同源词是ZHIVUT，它是动词ZHIT的一种形式。虽然看起来不靠谱，但它是quick的同源词，在英语里，quick过去曾有"alive"（活着的）的意思。更叫人目瞪口呆的是，ZHIVUT和quick，还跟biology（生物学）和revival（复兴、苏醒）相关。它们都是原始印欧语单词GWEIH和GWIHWÓS的现代翻版，意思分别是"live"和"alive"。

　　海狸和水獭例句接下来的部分里没有别的直接同源词了，但在那里，只要我们胆敢往罗曼语分支走一遭，也能找到俄语是原始印欧语后裔的证据。最明显的例子是俄语单词STROIT，意思是"（he）builds"（他）建造。拉丁语里的对应单词是STRUIT，来自动词STRUĔRE，它给我们带来了不少英语词汇，包括structure（结构）和destroy（破坏）。还要注意，STROIT和STRUIT都有着相同的T词尾，我们在德语的BAUT中也能看到。[1]

　　在PROTOCHNOY一词中，第一个音节跟我们在provoke（驱使、引发）、pronoun（代词）和pro-choice（支持堕胎）中看到的拉丁前缀很像。没错，它们都源自同一个印欧语前缀。有趣的是，除了从拉丁语里借用的外来词汇，英语里同样有它的痕迹，也就是forgive（原谅）和forgather（聚会）。PROTOCHNOY的中间音节，

---

[1] 我在这里说得太过简略了。完整的故事是这样：俄语和其他东斯拉夫语过去曾有过t词尾（这个t的发音，类似tiara/tiˈɑːrə/一词中t的发音）。到了某个阶段，俄语放弃了这个词尾。后来，俄语又获得了正文里提到的t词尾，大概是因为这种动词形式后经常跟着tŭ这个词（它是"this"或"that"的老式写法）。故此，严格地说，我们如今在俄语里见到的t词尾，跟拉丁语和德语里的t并非同源。但俄语里从前确实有着跟其同源的词尾，一些俄语方言现在还有，俄语的近亲乌克兰语里也有。简单地说，我在正文里所说的情况既成立，又不完全是真的。——作者注

意思是"流淌、奔跑",同样有着印欧语同源词,只不过,英语里没有残留下能辨识出来的痕迹。

PLOTINA(PLOTINY的基本形式),也就是"dam"(水坝),由PLOT(在斯拉夫语里指"栅栏")加了一个后缀衍生而来,故此,在俄语里,光从字面上看,水坝的造字法,就类似"fenceling"或者"fencedom"。古斯拉夫语里的栅栏,肯定还有"交叠之物"的意思,因为这个词跟动词PLESTI相关,意思是"编织、交错",而且它必定来自印欧语词汇,其最古老的形式是PLEḰ-。日耳曼语系也保留了这个词(例如德语有FLECHTEN),但古英语的FLEOHTAN不知在什么时候消失了。不过,代替它的外来词plait(编织)来自法语PLEIT,是俄语和德语单词的另一个同源词。

这样,我们就只剩下了整个句子中最小的俄语单词I。这个单词的意思是"和",发音跟/i/类似——它肯定跟西班牙语单词Y是同源词吧?并非如此:西班牙语的Y来自拉丁语ET(就跟"ET CETERA"里一样)。反过来说,俄语中的I则来自一个印欧语单词EI,而EI在拉丁语和英语中的进一步联系,会让我们进入词源学里更深的水域。

元音的交替变化

我们可以有把握地得出这样的结论:从上述10个俄语句子的构成来看,这种语言跟它印欧语系的表亲们存在多么密切的关系。好玩儿的是,一旦你意识到了这些相似之处,它们就会从四面八方冒出来。这一结论,不仅适用于无数的俄语单词(下面方框中的另一个集合),也适用于俄语语法。我曾提过,拉丁语STRUIT、俄语STROIT和德语BAUT的第三人称单数词尾，有着共同的来源。现在，让我们看看所有的词尾：

	拉丁语	俄语	德语	其他
第一人称单数：I	o, m	u, m	e	古德语：o
第二人称单数：you（thou）	s	sh	st	古英语和方言：st
第三人称单数：s/he	t	t	t	古英语：th
第一人称复数：we	mus	m	n	原始日耳曼语：maz
第二人称复数：you（y'all）	tis	te	t	
第三人称复数：they	nt	t	n	德语方言：nt

我想说，尤其是在俄语和拉丁语之间，有着相当多的相似之处，但俄语跟日耳曼语的变种（尤其是较老的那些）相似的地方也不少。不可否认，英语未能得到充分体现，因为它剩下的动词词尾变化不多了。

一些都源于印欧语的英俄同源词			
byt'	be	moy	my
den'	day	noch'	night
dva	two	noga (foot/leg)	nail
dver'	door	novy	new
golos (voice)	call	serdtse	heart
gorod (town)	yard	svet (light)	white
gost'	guest	tysyacha	thousand
imya	name	ty	thou
materi	mothers	yest'	is
mesyats	moon, month	anat'	know
mnit' (think)	mind		

为了弥补这一点，让我们来看看被动分词，也即thrown和bent这样的形式。在英语中，它们的词尾既可以是n，也可以是t（当然也可以是d，例如stayed中，-ed和t的起源相同），德语中也有这两种形式：GEWORFEN和GEBEUGT（"thrown"和"bent"）。这两个词尾都有印欧语系的根源，也都反映在俄语中：这两个单词翻译成俄语，分别是BROSHENNY和GNUTY。

印欧语系语言的另一个特点是，它们会以各种方式改变元音，大多数其他语言不这么做。有些元音的变化是现代的，例如man和woman的不规则复数形式，这一点我们没法责怪原始印欧人，因为men和women是在他们离开舞台几千年后才出现的。可在他们的时代，他们自己也有一些令人困惑的元音变化。短音/e/（这是一个非常常见的发音）在一定条件下可以改变成一个长音/ē/、短音/o/或长音/ō/，也可能彻底消失。这5种变形（专家们称之为"逐级变化"），既可以出现在名词里，也可以出现在动词里。

词根SED-就是个很好的例子，它的意思是"sit"（坐）：

❖ 基本的e-形不光带来了英语的sit（为什么是i而不是e？年代太久带来的浩劫！），也带来了俄语的SEST'（"坐下"）和拉丁语的SEDĒRE（"坐"）。

❖ o-形带来了日耳曼语的过去时SOT，在现代英语里变成了sat。

❖ ē-形SĒD-，带来了名词seat，以及拉丁语同源词SĒDĒS。

❖ Ō-形是英语soot的词源，有可能是俄语SAŽA的词源（不过它更有可能源自o-形），两者的联系是"黑色的东西'sits'（坐）在表面"。

❖ 没有元音的SD-形，带来了我们的nest一词：原始印欧语单词NISDOS，指的是鸟儿可以坐（SD）下（NI）的一个地方。俄语把它变成了GNEZDO，拉丁语变成了NIDUS。

要找到像SED这样5种形式都在英语及其他现代语言里留下了印迹的例子并不容易，但这样的现象（叫作元音交替、元音变化或元音递变），常见得如同灰尘。在英语里，它是导致如"sing-sang-sung-song"这类动词时态不规则变化的罪魁祸首。在拉丁语里，元音交替带来了FACERE-FECI-FACTUM等不规则动词，而这些动词又让西班牙语留下了"HACER-HICE-HECHO"（两者都是do、make的意思）。在俄语里，元音交替也让一些动词出现了混乱的变化，包括BRAT'（"take"的意思），它的许多形式会增加一个e，如BERU（"I take"）。不过，在俄语里，元音交替的主要活动是创造新单词。以DUKH、DOKHNUT和DYSHAT为例，第一个词的意思是"spirit"（灵魂、精气），第二个是俚语的"to die"（呼吸最后一口气），最后一个词是"to breathe"（呼吸）。

真相的另一半

到这里为止，我一直着眼于英语和俄语之间突出的相似之处。或者更确切地说，是那些能够突显出来的相似之处：除非你深入研究ZHIVUT和quick各自的来历，它们其实蛮有效地把自己的共同点遮掩了起来。然而，还有一些事情，除非我们将英语和俄语跟属于其他语系的语言做一番比较，我们根本不会觉得它们是印欧语的特点。

比方说音系学吧。以俄语单词STRELA（意思是"箭头"）为例。没什么离谱的，对吧？你兴许不知道（也可能知道）古英语单词STREAL有着同样的意思。"好吧，又一个同源词。"你打起了呵欠——还有什么新鲜的地方吗？嗯，新鲜的地方就在于：以3个辅音打头的音节。我们想都没想过这一点：当我列出俄语

227

莫斯科巴士总站。和俄语一样，*avtovokzal*（公交车站）这个词与英语的联系比表面上看起来要紧密得多：*avto* 是 auto 的翻版，*vokzal* 是 Vauxhall 的语音再现。俄罗斯最早的火车站之一，就在叫 Vauxhall 的游乐场附近。

的 STROIT 和拉丁语的 STRUIT，并将它们跟英语的 structure 联系起来，你眼皮都没抬一下。但在印欧语系之外，这是一种罕见现象，有这样音节的语言，在非印欧语系里不到 1/10（就算在印欧语系内部，也有些语言不喜欢这样：西班牙语没有 STRUCTURA，只有 ESTRUCTURA，第二个音节以更容易掌握的 tr 打头）。当然，看看 SKHVATKI 和 VZGLYAD 这样的单词你就知道，俄语把这套东西带着走得更远了。不过，按全球标准衡量，光是 STRONG 就很 strange 了。[1]

至于第二项不太明显的家族特征，让我们再看一看动词词形变化。英语和俄语的动词都有词形变化，我们很容易认为这是理所当

1　strong 和 strange 都是日常英语词汇，分别是"强壮"和"奇怪"的意思，都以 str 打头。

然的，但东亚的许多语言都没有这种变化。此外，俄语和英语后缀变化最大，而非洲许多语言是改变前缀。最后，动词词形变化取决于主语，而非宾语或句子的其他部分。在不少语言里（巴斯克语就是一个来自欧洲的例子），动词词形变化也可以取决于直接宾语、间接宾语或相关的其他部分。

还有一个相似之处：英语和俄语都很喜欢使用介词。你几乎可以在每一个句子里看到介词的身影。在不少非印欧语系的语言中，介词要少见得多，甚至几乎不存在。此外，英语和俄语还将介词用作前缀，构成名词、形容词和动词。在英语里，我们有off-spring（后代）、over-joyed（喜出望外）、up-date（更新），以及数以千计的类似个案。打开俄语字典，你会发现以V（相当于英语里的in）、OT（from）、OB或O（about、against）、BEZ（without）等打头的类似数量的词汇。拉丁语和希腊语也有同样的情况，比如我们从其中借用的单词in-vent（发明）、pre-dict（预测）、sus-pend（延缓）、peri-scope（潜望镜）和meta-phor（比喻）。这种将介词变成前缀的造词方式，在其他无关语言里虽然也不算闻所未闻，但绝非普遍现象。

或许最重要的是，印欧语系内外语言之间的差异向我们展示了"我们"有多么相似：英语和德语、英语和俄语，如果你观察得足够仔细，甚至英语和孟加拉语也很相似。毫无疑问，这跟血浓于水的家族关系一模一样。

第七名

葡萄牙语

PORTUGUÊS

2.75亿使用者

　　2.5亿人以葡萄牙语为母语，2500万人将之作为第二语言。使用者主要来自葡萄牙、巴西、安哥拉和莫桑比克，少数在几内亚比绍、佛得角以及圣多美和普林西比。葡萄牙语不仅迁徙到了自己的前殖民地国家，而且还迁徙到了美洲和西欧说西班牙语及英语的国家。在卢森堡，说葡萄牙语的人占总人口的16%。

葡萄牙语

自称 Português。

语系 印欧语系下罗曼语族中的一个成员。

书写方式 拉丁字母，大量使用撇形重音符、腭鼻音符、抑扬符和钩形符号（*á*，*õ*，*ê*，*ç*）。

语法 葡萄牙语的语法与西班牙语及其他罗曼语非常相似。尽管如此，对这一群体来说，葡萄牙语的动词词形变化也相当丰富（在巴西略逊色一些），有些形式在别的地方已遭淘汰，甚至本来就不存在。

发音 作为一种罗曼语，葡萄牙语和法语一样，有大量的元音（大约15个，其中5个为鼻音），这些元音还可以进一步组合成更多种不同的双元音和三元音。辅音大约有20个。

外来语 中世纪摩尔人的统治留下了大量的阿拉伯语词汇（但比西班牙语少很多）。殖民经历使得它采用了美洲印第安、非洲和亚洲语言的词汇。在现代欧洲语言中，法语和英语是其主要的外来语来源。

语言输出 许多亚洲和一些新世界词汇，都经葡萄牙语广为传播，如mango（芒果）、pagoda（宝塔）、tank（坦克）、junk（栅板）、cobra（眼镜蛇）、mandarin和Mandarin（清朝官吏和官话）、piranha（食人鱼）、jaguar（美洲虎）、tapioca（木薯）。葡萄牙也带来了tempura（天妇罗，经日本而来）、caste（种姓，经印度而来）、auto-da-fe（火刑）、marmalade（橘子酱）和baroque（巴洛克，源自BARROCO，指的是形状不规则的珍珠）这些词。英语从巴西引入了samba（桑巴舞）、bossa nova（波萨诺伐舞）、caipirinha（凯匹林纳鸡尾酒）和capoeira（卡波拉，巴西战舞）。

同一种语言里的分歧 巴西的葡萄牙语和欧洲、非洲的葡萄牙语之间的差异，比新旧世界的英语或西班牙语之间的差异更明显。它们的发音非常不同，学习第二语言的人必须从中做出选择。巴西葡萄牙语口语语法与欧洲和非洲葡萄牙语之间的差异，比书面语语法还要大，但99%的词汇是一样的。

7　葡萄牙语

以小博大

　　本书对新大陆的态度是否太过轻描淡写了呢？这么说吧，没有哪一章专门论述一门在美洲大陆孕育发展的语言。玛雅语、纳瓦霍语、盖丘亚语、瓜拉尼语——无一不是一笔带过，甚至压根儿不提。问题在于，哪怕使用范围最广的美洲印第安语言，也跟我们全球使用范围前20名的距离差得远。盖丘亚语曾经是印加帝国的通用语，如今只有1000万人使用，哪怕是使用人数最少的巴别塔入选语言——越南语和韩语，也比它多得多。即便是在巴拉圭、玻利维亚和阿根廷部分地区拥有官方地位的瓜拉尼语，一些信息来源（或许有些太过热切地）声称它有超过1500万使用者，仍然算不上合格。

　　然而，人们也可以轻松地辩解，本书为美洲大陆提供了令人钦佩的服务。北起阿拉斯加，南到火地岛，90%的人口都熟悉西班牙语、英语、法语或葡萄牙语。对大多数人来说，这些语言的其中一种，便是他们的母语。所以，如果我们谈论的是今天，或是相对较近的过去，美洲语言能得到充分的展示；可对更久远的过去，情况恰恰相反。

　　两个时代的分水岭发生在1492年，那一年，克里斯托弗·哥伦布（葡萄牙语写作Cristóbal Colón）来了。用来标识这个时代，哥伦布的名字再合适不过了。从词源学上看，克里斯托弗（Cristóbal）

一名的意思是"carrier of Christ", 耶稣的承载者——哥伦布的确使得天主教侵入了美洲大陆。COLÓN就更恰当了, 它有殖民的意思: 伴随着哥伦布的新大陆发现之旅, 欧洲殖民主义时代开始了。他还开辟了殖民语言的全球扩张, 这一过程就是本章的核心。我已经提到了其中的四种语言, 它们将被西班牙、英吉利（日后的不列颠）、葡萄牙和法兰西帝国带到各大洲。但此外还有一个重要的殖民国家: 荷兰共和国。就连它也把自己的语言铭刻在了美洲之上（主要是小国苏里南和加勒比海的一些岛屿）。

这里提到荷兰人和他们的语言, 不是因为我来自荷兰, 而是因为荷兰殖民地的故事有助于回答如下问题: 为什么有些殖民语言比另一些语言传播得更广? 显然, 英语和西班牙语的使用范围十分广泛, 而法语相对窄些。但葡萄牙语和荷兰语的情况更为极端。在各殖民语言里, 葡萄牙语就像是个小镇男孩, 在幅员辽阔的土地上大捞了一笔。荷兰语就没有这样从赤贫到暴富的故事了, 在外面的大千世界, 它遭遇了惨败。

有几个数字可以说明它们的命运是多么不同。公元1500年前后, 葡萄牙和今天的荷兰（当时叫作北尼德兰）都有大约100万人口。500年过去, 荷兰的居民数量远远超过葡萄牙（1700万比1000万）, 但在世界范围内, 葡萄牙语的使用范围几乎比荷兰语大10倍（2.25亿比2500万）; 如果算上作为第二语言的使用者, 那么这一比率是2.75亿比2800万。换一种比较方法也行: 在所有荷兰语使用者里, 98%生活在欧洲, 而在说葡萄牙语的人里, 95%以上生活在其他地方。

将这些统计数据与另外3种主要殖民语言对比, 可以看出它们各自的得分是多么极端。以英语和西班牙语为母语的欧洲人约占其各自语言群体的10%, 是以葡萄牙语为母语的人数的两倍多。以法语为母语的欧洲人占整个语言群体的50%。这些百分比都包括了第二语言使用者。仅就母语使用者而言，英语、西班牙语和法语的得分还会稍高一些。

为什么葡萄牙语的传播有点像是流行病，而荷兰语却差得多呢？前者是否得益于昔日帝国在世界各地教授葡萄牙语的不懈努力呢？并非如此，因为不管是荷兰还是葡萄牙，在这方面都没做过什么值得称道的努力。如果说有哪个殖民宗主国曾通过语言教育等方式对其海外臣民进行了文化整合，那么这个国家就是法国。此举对法语贡献很大，但一如我们所见，法语在欧洲以外的使用者相对较少。

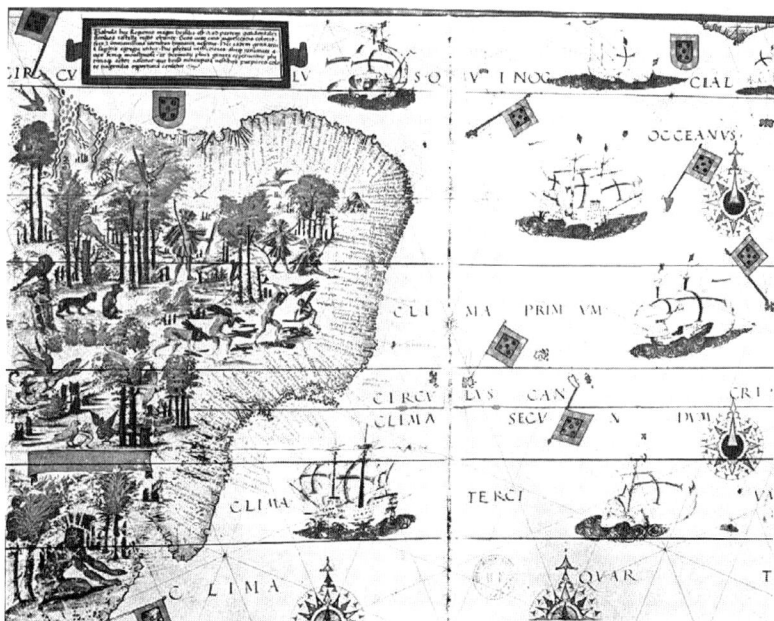

在这幅1519年由罗伯·欧蒙（Lopo Homem）绘制的地图中，葡萄牙船只驶近巴西海岸，当地原住民正在那里砍伐巴西红木。

葡萄牙语的爆发，也不能用它具备某种法语较少具备而荷兰语几乎没有的内在特质来解释，压根儿就不存在这样的内在特质。无论困难还是容易，悦耳还是刺耳，书面还是非书面，任何语言都有成为大帝国通用语言的潜力：拉丁语、阿拉伯语、俄语和盖丘亚语，都在各自的时代对此做了证明。尽管英语的发音很有挑战性，拼写有些混乱，但它最为有效地完成了这一壮举。但如果努力和内在特质都无法解释葡萄牙语和荷兰语截然相反的命运，那么该用什么来解释呢？在欧洲扬起海洋帝国主义风帆的500多年里，它们的殖民帝国在语言上有哪些不同的发展？

伊比利亚殖民简史

如果没有此前无数次的小探险，克里斯多弗·哥伦布不可能完成他伟大的远洋探险。从1420年开始，受葡萄牙"航海家"亨利王子的激励，一连串的船长率众驶入葡萄牙西部和南部海域。在那里，他们（重新）发现了相当多的岛屿，并在大部分岛屿定居：马德拉岛（1420年）、亚速尔群岛（1433年）、佛得角群岛（1462年）和圣多美岛（1470年）。对于他们的贡献，葡萄牙的国歌在第一行便称这些人为HERÓIS DO MAR——"海上英雄"。在上述发现中，马德拉岛和亚速尔群岛至今仍是葡萄牙的一部分；在佛得角和圣多美，葡萄牙语今天仍然是其官方语言。葡萄牙人也曾到访过加那利群岛，但打败当地原住民并在那里扎下根来的是西班牙人。从那以后，他们就一直待在了那里。

这两个伊比利亚国家就是这样培养起了对海路探索和殖民地征服的欲望。他们还迅速拿被俘的非洲人做起了买卖，宗主国和马德拉岛、圣多美岛上的种植园上遍布买家。到15世纪下半叶，葡萄牙和西班牙都把目光锁定在寻找一条通往印度的海上航线上，因为这条航线蕴藏着巨额利润。

1488年，葡萄牙人巴尔托洛梅·迪亚斯（Bartolomeu Dias）成为第一个航行绕过非洲南端的欧洲人，从而结束了大西洋和印度洋是否相通的古老争论。事实证明，欧洲人可以通过海路到达印度。哥伦布知道此事，却仍想通过另一条航线到达印度。1498年，另一位葡萄牙人瓦斯科·达·伽马（Vasco da Gama）利用当时可用的最佳知识，成为第一个通过好望角真正到达印度的欧洲人。两年后，另一位葡萄牙"海上英雄"佩德罗·阿尔瓦雷斯·卡布拉尔（Pedro Álvares Cabral）无意中发现了一条向西通往印度的航线，完成了另一项具有历史意义的大发现（尽管可能是出于无意），他成为第一个登陆巴西的欧洲人。

接下来的一个世纪，西班牙和葡萄牙称霸海洋，其他欧洲列强未能紧随其后。法国的精力都花在了国内的宗教战争上，英格兰在进行宗教改革、对爱尔兰进行殖民统治（以保持其被占状态），荷兰忙着反抗西班牙，并在无意间造就了荷兰共和国。这两个伊比利亚竞争对手的关系基本上不涉及太多暴力，因为它们从一开始就把世界分成了两半：西班牙人拥有除了巴西之外的美洲，而整个亚洲都归葡萄牙人。

人们常常讲述这样一个故事：一小群西班牙人在传染病、精良的武器和偶尔的好运的帮助下，奇迹般地征服了庞大的印第安帝国。但同样值得一提的是，小不点儿的葡萄牙成功垄断了印度洋的贸易。1506年—1589年间，葡萄牙战舰跟奥斯曼帝国及其亚洲盟友打了20多场仗，虽说并非次次都赢，但总的结果让葡萄牙在印度洋沿岸获得了利润极为丰厚的贸易垄断地位。它在印度兴建了一连串的堡垒或贸易前哨（包括果阿、达曼-第乌，直到1961年，都被葡萄牙掌控），在非洲也有堡垒或前哨（如莫桑比克，直到1975年一直都是葡萄牙殖民地）。

虽然印度是其皇冠上的首颗珍珠，但葡萄牙人很早就开始在人口稀少的巴西建立种植园，当地所需的劳动力是由大西洋彼岸输入的。越来越多的非洲人遭虏（大多是他们的非洲同胞所为），在恶劣的条件下被运到美洲（主要由葡萄牙人完成），像牲口一样在种植园里干活（为首的是葡萄牙人，但西班牙人在他们自己的殖民地里也这么干）。为了便利人口贩运，葡萄牙人在包括几内亚比绍和安哥拉（直到20世纪70年代中期仍为葡萄牙殖民地）兴建了贸易前哨。被俘的非洲人除了要遭受难以想象的苦难之外，还必须克服彼此之间的交流问题，因为他们自己和欧洲剥削者之间使用的是多种不同的语言。于是，堡垒、船只和种植园变成了语言锻造的熔炉。由此产生的克里奥尔语，我们稍后再谈。

1580年，葡萄牙受西班牙统治，这种状态持续了60年，让前一个小国在经济和政治上都付出了沉重的代价。在此期间，法国、英格兰和荷兰，设法为自己谋取到了印度洋的大部分贸易。有一阵子，荷兰商人的势头尤其强劲。他们的联合东印度公司（United East India Company，简称VOC）和在印度（1606年—1825年）、印度尼西亚的摩鹿加群岛（1599年—1949年）、爪哇岛（1619年—1949年）、马来西亚（1641年—1795年）和日本（1641年—1854年）征服并兴建贸易站点和堡垒。在斯里兰卡（1640年—1796年）和中国的台湾地区（1624年—1662年），他们控制了可观的地域。在非洲南端周边，联合东印度公司为来往印度群岛的船只创建了新增补给和中途停留的港口。但出乎联合东印度公司计划的是，大量的荷兰人和其他欧洲人在这一地区定居下来，形成了一个大致相当于今天南非一半大小的殖民地。1795年，英国占领了开普殖民地以及荷兰在亚洲的一些属地，但没有占领爪哇岛和摩鹿加群岛。这些岛屿逐渐扩张形成了荷属东印度群岛（现在的印度尼西亚），并成为荷兰殖民帝国最重要的组成部分。

在美洲大陆，法国、英格兰和荷兰也在忙碌中度过了17世纪。在北美，以新阿姆斯特丹（纽约）为中心的新荷兰（1614年—1667年）跟新英格兰、弗吉尼亚、新法兰西、新西班牙甚至新瑞典一样，都是重要的殖民地。不过，这里没有新葡萄牙。与此同时，环绕加勒比海、西班牙、英格兰、荷兰和法国（还有丹麦、瑞典，信不信由你，还有说德语的波罗的海公国库尔兰）上演了长达一个世纪的"对不起"游戏。大多数岛屿几经易手，创下转手纪录的是多巴哥岛，在6个帝国（如果我们把库尔兰公国视为其中之一的话）之间易手33次。南美和加勒比群岛繁荣的种植园经济引发了奴隶贸易，英国、法国和荷兰也参与其中。

在亚洲，欧洲殖民主义逐渐变成了它在美洲一直以来的样子，也即对领土的争夺。在对印度的霸权争夺战中，英国击败了法国；荷兰人控制了爪哇岛更大的部分以及其他岛屿上的桥头堡。随着欧洲对殖民地的统治越来越直接，越来越多的欧洲人不得不在当地度过自己职业生涯的大部分时光。但考虑到南亚和东南亚庞大的人口规模，欧洲商人、水手、军人、牧师和官员连构成微弱少数群体的份儿也够不上。在巴西，淘金热吸引了成千上万的葡萄牙男性，但鲜有女性前往。这些男性和非洲裔巴西女性之间数不清的通婚，使得葡萄牙语人口迅速增长。

19世纪初，南美洲、中美洲以及墨西哥的大部分地区获得独立，西班牙和葡萄牙的大部分海外领土就此丧失。（但这并未阻止葡萄牙人在此后很长时间里移居巴西，1880年后，又有140万人漂洋过海前往巴西。）到19世纪末，西班牙又损失了菲律宾、古巴和其他一些岛屿。但在东边，荷兰人的领地扩张到几乎相当于今天的整个印度尼西亚，英国则将自己的南亚殖民地合并成一块庞大的、差不多完全接壤的领土，从今天的巴基斯坦延伸到新加坡和北婆罗洲。法国从失败中恢复了元气，建立起新的海外帝国，包括今天的越南、老挝和柬埔寨，后来又在北非建立了另一个重要的殖民地，并有数万法国人定居于此。

在1880年—1913年所谓的"瓜分非洲"热潮中，传统的欧洲殖民国家瓜分了几乎整个非洲大陆，除了荷兰，还加上了3个新成员：比利时、德国和意大利。葡萄牙将它的两个传统沿海属地朝着内陆扩张，形成了莫桑比克和安哥拉，到20世纪70年代，多达100万葡萄牙人生活在此。在二战后的数十年间，几乎所有的海外领土都获得了独立。荷兰虽说很难对印度尼西亚放手，可到1949年，后者还是正式独立；今天，只有6个加勒比海岛国与荷兰保持着政治联系。葡萄牙在1926年—1974年间由独裁者统治，对海外领土坚守得甚至更久。其南亚属地在1961年被印度军事占领和吞并，但它的非洲殖民地直到1974年—1975年才相继独立。这导致当时3/4的葡萄牙定居者离开了刚成立的年轻非洲国家，不少人返回了葡萄牙。

殖民地的语言变迁

人们应该料到，长达5个世纪的征服、大规模屠杀、流行病、移民和人口贩卖，会把世界语言的分布和传播搞得混乱不堪。确实如此，这种变迁至少体现在4个方面。

第一，在一些地区，一种欧洲语言得到普遍使用。马德拉群岛、亚速尔群岛、福克兰群岛和其他几个小地方，在欧洲人定居之前是无人居住的。但它们是例外现象。更为常见的情况是，欧洲大规模移民（这种大规模移民是以军事力量作为支撑后盾的）之后，原住民在自己的土地上成了少数民族，或是被边缘化的多数民族。通常，许多原住民死于传染病、无情的剥削或彻底的种族灭绝。这样的场面，在美洲尤为频繁出现，所以，欧洲语言在南、北美洲如今都占主导地位。（澳大利亚后来也发生了类似的事件。）或者，说得更准确些，任何一个被殖民的国家的主导语言，往往都是第一个永久确立起霸权地位的殖民国家的语言，如美国的英语、巴西的葡萄牙语。哪怕日后出现大量来自其他地方（如意大利、德国和东欧）的移民，他们仍会采用彼时该国所通行的语言。

第二，出现了全新的语言，特别是在加勒比地区。这些语言全都是经某一种欧洲语言的使用者跟若干种非洲语言的使用者互相接触而产生的。这些"大西洋克里奥尔语"的词汇主要来自某种欧洲语言（葡萄牙语、法语和英语是最常见的来源），但语法却有着明显的非洲特色。在海地、库拉索岛、阿鲁巴岛及苏里南，几乎所有人都说克里奥尔语（分别称为海地语、帕皮阿门托语和苏里南语），这3种语言中的前两种已获得官方地位，分别跟法语和荷兰语并列。海地语在海地有超过1000万的使用者，此外还有其他地方的大量移民，它很可能是所有起源于这个大陆的美洲语言中传播最广的一种——故此，从技术角度讲，它成了一种原住民语言，尽管很少有人把它划分到这一类别。

克里奥尔语还出现在世界其他地方，一些出现在被奴役的非洲人中，另一些出现在种族混合的群体中。它们中的大多数现在几乎完全灭绝，但在印度洋上的毛里求斯和留尼旺岛上，它们却活得好好的。巴布亚新几内亚和塞舌尔岛上的克里奥尔语分别叫作巴布亚皮钦语（Tok Pisin）和塞舌尔克里奥尔语（Seselwa），它们也获得了跟欧洲语言并行的官方地位。克里奥尔语在包括尼日利亚在内的部分西非国家使用也很普遍。南非荷兰语（Afrikaans）是一个特例，稍后再详细介绍。

佛得角的克里奥尔语：左边的葡萄牙语标识牌禁止未成年人进入和出现，而偏下右侧的啤酒广告则使用当地的克里奥尔语。

　　第三，用"第12名　斯瓦希里语"中提到的说法，在许多国家，欧洲语言是非常重要的语言（"重大语"），在社会中扮演着最为正式的角色，但在日常生活中，其他语言（往往是原住民的语言）占主导地位。这种情况在非洲（除了北非的阿拉伯地区）很典型。这块大陆的大部分地方并未吸引到大量欧洲定居者，因此，欧洲语言基本只在行政管理和教育领域内传播。自20世纪50—70年代以来，大多数新独立的国家都保留了殖民时期划定的国界和语言，借以避免冲突。欧洲语言代表了语言少数群体之间的妥协。同样的情形在欧洲以外的地方也并不少见：在印度和菲律宾，英语扮演了中介角色；在苏里南，担此重任的是荷兰语；在东帝汶，是葡萄牙语。多亏教育的发展，通晓欧洲语言的人在增长，尤其是种族混杂多于乡村的城市地区。这种趋势最明显的地方包括说葡萄牙语的安哥拉和莫桑比克，以及说荷兰语的苏里南。

第四，还有一些国家，昔日的殖民语言如今退居次要地位，或是因为缺失殖民语言而显得很扎眼。这种情况常见于亚洲，除了俄罗斯和一些苏联时期的加盟共和国之外，在亚洲永久定居的欧洲人相对较少。可即便是在这里，殖民主义也常常通过中央集权的政府改变语言版图，让一种原住民语言获得官方地位和广泛使用。在越南，法语的地位微不足道，普遍使用的是越南语；菲律宾跟西班牙语分道扬镳，但他加禄语（Tagalog）已经扩散到所有的岛屿；在印度尼西亚，马来语蓬勃发展，如今只有历史学家和律师为理解昔日文献学习荷兰语。英语在前英属殖民地的地位更为稳固，但这主要是由于它如今是世界经济的语言。缅甸受英国统治的时间长达一个多世纪，但此后数十年基本没有融入世界经济，如今，英语只是学校里的一门课程，说英语并非普遍技能。

马格里布（Maghreb）是一个特例，它由阿尔及利亚、摩洛哥和突尼斯组成，法语和阿拉伯语为争夺统治地位陷入缠斗。相较于中南半岛，这里近一个世纪以来有数十万的欧洲定居者，法语地位相对较强。到该地区独立时（也即1956年—1962年），他们（更确切地说，是欧洲定居者的后裔们）返回欧洲，但当地精英阶层已经彻底法国化了。

公元1500年的两种小语言

500年前，葡萄牙语和荷兰语都只有小国家里有限的人口使用。葡萄牙和荷兰共和国相继建立了殖民帝国。在此过程中，葡萄牙语得到了极大的传播，并在今天继续传播，而荷兰语几乎从未传播。何以如此呢？

简要地说，答案是：在正确的时间、正确的地点说葡萄牙语的人远远多于说荷兰语的人。事后看来，语言长期传播的最佳机会是对美洲（不包括加勒比地区）的早期殖民，以及后来对非洲的争夺。而葡萄牙恰恰把大部分的殖民心血集中在了这些地方，派遣水手去探险，派遣士兵去占领，派遣商人去剥削，派遣大量的定居者去占领和转移人口。

16世纪初，葡萄牙建立了巴西殖民地，并成功地抵挡了入侵者，之后通过大规模人口转移增加了人口：到18世纪末，近1/3的葡萄牙人移居巴西，以及19世纪80年代到20世纪60年代间，因为宗主国的贫穷，又出现了另一波庞大的移民潮。在非洲，葡萄牙人顽固地保留了自己在海岸线上的奴隶堡垒，哪怕已经赚不到钱。这使得他们在19世纪末参与了对非洲的争夺，并在新领土上扎了根。

荷兰不是这样。它急急忙忙地在美洲开拓殖民地并定居，但没过多久，就把自己的北美领土割让给了英国，南美领土割让给了葡萄牙。由于17—18世纪荷兰经济繁荣，它未能向自己的殖民地输送大群移民。和葡萄牙一样，它在非洲也有奴隶堡垒，可等到没钱可赚的时候，荷兰把它们卖给了英国。等到欧洲开始瓜分非洲，荷兰已经失去了逐鹿的资格。比利时（比利时曾被并入荷兰，后独立）的确攫取了大量战利品，但它使用的是法语。19—20世纪，大量讲荷兰语的人移居海外，其主要目的地是（前）英国殖民地，并成为第一批不光学习英语，还放弃了自己传统语言的人。

荷兰在亚洲和加勒比海地区（包括苏里南）的确有着强大的殖民势力。但在这些地区，欧洲语言却并没有多大的发展空间：亚洲人口太庞大了，欧洲新移民不过是沧海一粟，而在加勒比海的大部分地区，克里奥尔语是最主要的语言。南非是个特例。荷兰的海外殖民地里，再没有哪里能像开普殖民地一般吸引了大量的定居者，很长时间里，当地人都使用荷兰语。然而，在无数种欧洲和非洲第二语言使用者的影响下，事情很快出现了剧烈的变化。遭英国占领之后，"开普荷兰语"不再受欧洲荷兰语的标准影响，在语法、发音和词汇方面逐渐跑偏。到1925年，它获得了新的正式名字"南非荷兰语"，有理有据地发展出了自己的标准。在南非，以这种语言为母语的人有700万，以之为第二语言的人有1000万，跟远在欧洲的荷兰语使用人口规模相当。

巨人和小国家

就这样，在全世界使用最广泛的语言里，葡萄牙语排到了第七名，而荷兰语在欧洲内部仍然只能位居中流。而葡萄牙，这一强大语言的宗主国，基本上跟葡萄牙语的发展没了关系。大多数学习葡萄牙语的外国学生更偏爱巴西葡萄牙语：在葡语世界，说巴西葡萄牙语的人占80%，更何况，巴西比葡萄牙具有更强的经济和文化活力。葡萄牙仅仅是5%的葡萄语人士的祖国，跟它自己创造的巨人比起来，它早就不是对手了。

葡萄牙人有种普遍的情绪，认为作为这种语言的发明者，他们比大西洋彼岸的表亲们更有资格判断什么是恰当和正确的用法。巴西葡萄牙语的语法贫瘠，至少许多葡萄牙人是这么觉得的。他们不喜欢巴西人不区分TU和VOCÊ（第二人称的正式和非正式说法，相当于"你"和"您"，或者法语里的TU和VOUS）。他们不喜欢巴西人把代词移到代词绝对不

2018年世界杯：全世界最优秀的三名足球选手在俄罗斯展开了命运对决。其中两人说葡萄牙语，一人说西班牙语。然而，他们无一人打进四分之一决赛。

该移到的位置上去，甚至干脆省略部分代词。还有些葡萄牙人甚至不喜欢巴西人抛弃了自己心爱的拟古语态。拟古语态是一种条件语气，把代词硬放在单词中间：在COMÊ-LO-IA（意思是"WOULD EAT IT"）中，COMERIA的意思是"WOULD EAT"，对象代词LO插在中间（去掉了R）。

如果说葡萄牙人对自己在语言上的退位心存不快，那么巴西人对这种尖酸感却没有丝毫的意识。他们对葡萄牙的看法似乎很类似许多人对年迈父母的看法：经历了青春期的动荡和刚成年时的经济窘迫，他们跟家长重新形成了一种疏远的爱。巴西人对自己语言的欧洲宗主国有个昵称很好地概括了他们的态度，对他们来说，葡萄牙是TERRINHA，意思是"小国家"。

第六名

孟加拉语

বাংলা
BANGLA

2.75亿使用者

2.5亿母语使用者，几乎全在孟加拉国（1.55亿）和印度（9500万）。以之为第二语言的使用者超过2000万，大部分在孟加拉国。此外，在巴基斯坦、沙特阿拉伯和阿联酋，有100多万移民讲孟加拉语；其他海湾国家、英国和美国，也有大量讲该语言的移民群体。

孟加拉语

自称 বাংলা（孟加拉语）、বাংলা ভাষা（bangla bhasha），也叫 Bangla、Bengal、Bengalese（已过时）。

语系 印欧语系下的印度-雅利安语支，南亚大部分地区都说印度-雅利安语。

书写方式 孟加拉语有自己的文字，该地区一些较小的语言也使用它。见正文。

语法 名词和代词不分性别。代词分有生命的和无生命的，以及若干地位层次。形容词没有词尾变化。动词在体态和时态方面有着广泛的变化，但不分单数和复数（代词要分）。

发音 29个辅音；7个元音，各自还有对应的鼻音。单词往往以元音结尾。

外来语 梵语、波斯语、英语。

语言输出 jute（黄麻）、ganja（大麻）。

桂冠诗人 1913年，诺贝尔文学奖得主泰戈尔成为第一个获得诺贝尔文学奖的非欧洲人，他用孟加拉语和英语写作，比第一个获诺贝尔文学奖的美国人辛克莱·刘易斯（Sinclair Lewis）早了17年。

6　孟加拉语

元音附标文字里的世界领袖

在世界上几乎所有地区，总有一种文字占主导地位。在非洲、美洲、大洋洲和欧洲大部分地区，绝大多数语言使用罗马字母书写。在东欧和中亚的大部分地区，西里尔字母几乎是市面通行的唯一字母。从北非西部延伸到巴基斯坦东部，无论你走到哪里，大概都能看到阿拉伯字母。起源于中国的方块字只在少数几个国家通行，但全世界大约有1/6的人使用它们。

然而，有一个地区的情形与此截然不同：南亚和东南亚。要是有个细心、擅于观察的背包客，从印度西部的旁遮普邦一路缓慢而曲折地旅行到印度尼西亚的巴厘岛，他会碰到不止一两种，而是数十种书写系统，就连最缺乏眼力的旅行者也会注意到好几种。在这一地区，没有哪个国家比印度更加多样化，而在印度境内，又没有哪个邦能比西孟加拉邦更多样化。（1947年之后，前孟加拉重新划分为属于印度的西孟加拉邦和最初加入巴基斯坦的东孟加拉，1971年，后者又成为独立的孟加拉国。在这两个地方，孟加拉语都是主体语言，同时英语在商业和行政领域也被广泛使用。）

在西孟加拉邦发现的丰富的文字书写系统，当然不会立刻蹦到游客眼前。实际上，如果你认为西孟加拉人只使用两种文字，也完全可以理解。毫无疑问，哪怕这是件在其他地方（除了有大量移民社区的城市）并不常见的事情，也不会叫人为其多样性而感到太兴奋。

在这两种文字中，一种是罗马字母，因为英语是西孟加拉邦的官方语言之一。具备一定文化程度的人广泛地使用英语来讲演和写作，所以，官方和商业机构各种各样的标识、海报、碑文和出版物，都至少会出现部分英语文本。

然而，最重要的文字系统属于另一种字母，在我动手撰写这本书之前，我兴许会漫不经心地把它叫作"印度字母"。它跟我们所用的罗马字母有些略微相似的地方，比如它也是从左到右书写（跟阿拉伯语不同），文字之间有空格（跟汉语不同）。然而，两者之间的区别更加明显，对初学者来说，根本不知道从何处着手（跟希腊字母和西里尔字母不一样），而且所有字母都像是从最顶端的笔画垂下来的。然而，把它叫作"印度字母"就大错特错了，因为根本就不存在这样的东西。在孟加拉（不管是孟加拉国还是西孟加拉邦），人们看见的是孟加拉文字，用来书写孟加拉语。而在西孟加拉邦，非英语的公共文本如果不是用孟加拉文字书写，那么一般使用的就是印度最普遍的书写系统天城文。而天城文（Devanagari，重音在na上）是书写印地语（印度的两种官方语言之一）

在西孟加拉邦的穆尔希达巴德，孟加拉语（最上方）、印地语和英语都在欢迎游客到来。

所用的。在西孟加拉邦，市政厅、火车站和机场等官方和"国家"场所可以看到它的身影，通常会被放在表达相同内容的孟加拉语下方。在西孟加拉邦的少数地区，尼泊尔语也有同等的官方地位，碰巧它也是用天城文书写的。

除非你至少能读懂上述语言中的一种，否则，你很容易把孟加拉语和天城文搞混，就像局外人很容易把拉丁字母和西里尔字母搞混一样，它们的整体外观很相似。但仔细一看，你就会发现它们在细节上有很大的不同。就印度的这两种文字而言，只有少数几个字母基本相同，如ন和न，或থ和थ（我把孟加拉文放在前面）。其余充其量能算作大致类似，但大多数是截然不同的。举例来说，请看这个词，用了两种不同的文字来书写：ভারত和भारत。它们都可音译为bhaarat，意思是"印度"，但从视觉上看，除了顶部的横线和词语长度之外，它们几乎没有共同之处。由于天城文和孟加拉文是印度所有文字中使用最为广泛的，外来人士很自然地以为最上边的笔画在所有印度系文字里都很典型，甚至会误以为这就是"印度文字"。实际上，这个国家的其他文字并没有这一共同特征。[1]

如果说罗马字母、孟加拉语字母和天城文字母在西孟加拉邦随处可见，那么，为什么我对这一地区文字的多样性产生了这么大的热情呢？首先，这里大约有2%的人口，使用阿拉伯文字书写乌尔都语。但大部分答案来自我们可以称为"文字飞地"的东西上，也即拥有特殊书写系统的语言少数群体。其次，多亏了他们，西孟加

1　从历史上看，这一笔画是自然发展的产物。古代北印度的抄写员喜欢用芦苇笔在香蕉叶或棕榈叶上书写，偶尔给笔画上加个小钩，这跟很多罗马字体如Gentium中的字母衬线装饰部分没有太大不同。随着这些小钩被视为字母的组成部分，它们也逐渐扩大，合并成了今天连续的横线。在南印度，尖笔的使用带来了一种不同的风格。因为笔太尖，书写有棱角的小钩会把叶子撕裂，结果就产生了形状更为弯曲的字母。当然，自那以后，文字发生了变化，但这种对比至今仍留下了清晰的痕迹。——作者注

拉邦"是迄今为止全印度有着最丰富文字的地方。这里存在多达9
种文字，还有人努力想开发其他若干种"。2013年，印度人民语言
调查会（People's Linguistic Survey of India）的负责人格纳什·德威
（Ganesh N.Devy）在接受《印度时报》采访时这么说。加上罗马字
母，以及最近才设计并公开的齐萨亚（Chisaya）文字，我们可以列
出以下表格：

文　字	语　言	语　系	全球使用人数
孟加拉文	孟加拉语	印度-雅利安 （印欧语系*）	1亿以上
天城文	印地语	印度-雅利安 （印欧语系） 尼泊尔语 （印欧语系）	1亿以上 1000万以上
罗马字母	英语	日耳曼 （印欧语系）	1000万人以上
波斯阿拉伯文	乌尔都语	印度-雅利安 （印欧语系）	1亿以上
萨德里帕贴文	萨德里语	印度-雅利安 （印欧语系）	100万以上
桑塔利文 （Ol Chiki）	桑塔利语 （Santali）	蒙达 （南亚语系）	100万以上
瓦兰齐地文 （Barang Kshiti）	霍语（Ho）	蒙达 （南亚语系）	100万以上
托隆斯齐文 （Tolong Siki）	库尔克语 （Kurukh）	德拉威	100万以上

文　字	语　言	语　系	全球使用人数
林布文（Limbu）	林布语	汉藏	10万以上
齐萨亚文	库玛里语（Kurmali）	印度-雅利安（印欧语系）	10万以上
雷布查文（Lepcha）	雷布查语	汉藏	1万以上
* 一些语言也会使用某种更大概念的文字书写，如印欧语系、南亚语系			

免于沦落到kakhagagha和aaaiii的境地

以上所有的书写系统都可以称为字母，但算不上严谨。几十年前，除了汉语和日语之外，几乎所有现代书写系统都使用“字母”（alphabet）一词，但它现在已有更准确的现代定义，而上面罗列的大多数文字都不符合其要求。

在真正的字母表里，每一个元音和每一个辅音都有独立字符，或字符组合。至少原则上如此。实际上，它往往并不完全如此，历史总是有法子把书写系统搞得乱七八糟。然而，“每个音对应一个字母”是基本概念。希腊人头一个提出了这一概念，由于他们的字母列表是“alpha”打头，这类书写系统逐渐被称为“alphabet”（字母表）。罗马字母和西里尔字母是真正的字母表，韩语字母亦然（虽然外观截然不同）。

世界上有几种文字非常接近字母，只是元音有区别：它们要么遭到省略，要么被编码成了辅音。这叫作辅音音素文字（abjads），在今天的世界里，最著名的例子是阿拉伯语和希伯来语。一如

alphabet一词源自希腊语字母表里最靠前的字母，abjad同样源自阿拉伯语辅音音素文字里最靠前的字母：'ALIF、BĀ'、JĪM和DĀL。

和辅音音素文字一样，孟加拉语文字也强调辅音，不喜欢用独立的字符来表示元音。但跟辅音音素文字不同的地方在于，孟加拉语对所有的元音都做了标识，只是方式跟字母表不一样，它为辅音字符配备了更小的元音符号。实际上，希伯来语和阿拉伯语同样会采用这样的手段（点、线和波浪），只是用得很少。在孟加拉语里，这些元音符号不可省略。这类文字叫作元音附标文字（abugidas），它来自埃塞俄比亚语里的一个词Ge'ez，指的是埃塞俄比亚语文字。这个词借用自埃塞俄比亚语是件好事，因为要是元音附标文字以某种印地语最靠前的字母来表示，那我们就会得到kakhagagha或者aaaiii。为什么会这样？我们稍后解释。

趁着我们还在说这个主题，我再稍微提一下第三种也是最后一种书写系统，它几乎完全不按字母顺序排列，它叫作音节文字（syllabary），我们在本书最后将会遇到两种。顾名思义，音节文字就是每一个符号代表一个音节。这使得它们与元音附标文字相似，但不同的地方在于，它们由不能分割成辅音部分和元音部分的字符组成。可以把它想成是±和$之间的区别：加减号在"±"里表现得非常明显，而"$"符号却并不是"美"和"元"元素构成的。前者类似元音附标文字，后者类似音节文字。

美人孟加拉语

至于孟加拉语的元音附标文字，它的基本运作方式简洁得近乎乏味——至少乍一看是这样。一旦你掌握了它的35个辅音字母和11

个元音符号，就可以开始给辅音加元音。以发音为na的字符为例，它最干净的形式是ন。如果它出现在一个单词里，通常会发音为/n/。接下来，把ा、ু和ে符号（分别代表/a/、/u/和/e/，跟bar、book和bay中的发音一样）加到ন里，得到না代表/na/，নু代表/nu/、নে代表/ne/。请注意，在না中，元音符号的位置在辅音的右边，对一种从左到右读的文字而言，这符合我们的期待。可在নু里，元音放在下方，在নে里又放在左边——实际上，还有些元音符号会放在元音周围。这证明，不应该把元音符号视为独立的字符。每一个辅音元音组，必须作为整体来读，就像是一个复合字符。否则的话，很容易把নে发音为/en/，而不是正确的/ne/。

但经仔细审视，这种明显的一致性便开始瓦解，因为孟加拉语有一些错综复杂的微妙细节，有些有用，有些却没那么有用。这里面最好的一点是，辅音字母有你可以称为"内建元音"的东西。我刚才说ন的发音是/n/的时候，特意指出是"通常"，这是因为，如果ন以干净形式出现而没有附加元音，它其实可以发成/no/（如"not"里的"no"音），如问候语NOMOSKĀR，写作নমস্কার，它的第一个符号就是干净的ন。这是个巧妙的花招。在孟加拉语里，带有/o/的音节太过常见，故此以它为默认选项节省了大量的时间和笔墨。

但是当你想写的音实际上是/n/，而不是/n/加上一个元音时该怎么做呢？解决办法是这样：你在辅音的右下角加上一个重音符（如learnèd）ন্。这个记号有好几种名字，其一是极富感染力的"元音杀手"。消除元音是解决刚刚提到问题的一种绝妙方法，但这里，我们碰到了孟加拉语系统里的第一个缺陷：在实践中，这个符号经常遭到省略，故此引发歧义。

此外还有其他缺陷。内建元音的发音，不像我刚才说的那么一致。它一般都是规律的/o/音，但在不少例子里它发/ō/，虽说这个音有单独的元音符号。如我们所见，它甚至可能不发音，也就是省略了元音杀手的时候。所以，当你看到纯净形式的辅音，比如ন，你无法判断它到底是读成/no/、/nō/还是/n/。对了，顺便说一下，孟加拉语内建元音的罗马音译不是与实际发音相符且合乎情理的o，而是a，因为这是几个世纪以前的发音。

伟大的诗人泰戈尔（他用孟加拉语和英语写作）与同是诺贝尔奖得主的阿尔伯特·爱因斯坦一起，摄于1930年。

接下来，孟加拉语又出现了另一个令人惊讶的举动：它偶尔也用完整的字符来书写元音，而不是把元音符号附加到辅音字符上。这出现在元音前面没有辅音（换言之也就是单词打头的位置）的时候。文字的设计者本可以创造一个不发音的字符来承载所有的元音符号，一些元音附标文字采用的方式就是这样，但孟加拉语不是。

相反，它在常见的元音符号之外，又创造了11个完整的元音字符。虽然我们指望（也是这么以为的）这些元音字符跟元音符号形状类似，但大多数情况并非如此。例如，/u/的完整字符是উ，但作为元音符号时是ু。

怪兽孟加拉语

孟加拉语元音附标文字的设计者们本可就此打住——他们兴许应该这么做。到目前为止，我们讨论的内容，全都是所有元音附标文字所必需的东西：一套完整甚至有点啰唆的工具包，用来书写搭配起来的元音和辅音，或是单独书写其一。但我之前说过，这里还要再说一次：历史总是会把书写系统搞得一团糟。虽然任何一种语言都在不断变化，但书写者们往往讨厌这样，并试图让它在书面上保持稳定。他们不介意杂乱无章的拼写，因为这些拼写反映了古老的发音、潜在的语法模式和外国单词的起源。超出凡夫俗子理解范围的例外、复杂和微妙之处，这会让他们倍感兴奋。还记得那位法兰西学术院的院士是怎么说的吗？如果一种拼写"有助于区分'文盲'和'无知的女人'"，那它就是件好事。

和法语一样，孟加拉语也是个切题的例子。这种文字里到底有着什么样的浮华虚饰和隐藏缺陷呢？它用两个不同的符号表示相同的/i/音（如"beat"），还有两个不同的符号表示相同的/u/音（如"book"），但没用来表示/e/（如"rest"，而非"bay"中的长音）的符号——呃，这完全是……历史的原因。出于同样理由，/sh/音可以用三个不同的字符表示，其中两个字符还可读作/s/。（当然，在这方面，它并不比英语更糟糕。在英语里，/i/音，或者更准确地说，/ī/音，可以拼写成ee、ea、ei、ie、y、ey、e，甚至i。）

比不一致的拼写更麻烦的是所谓的"合体字"（也叫ligature，可译为合字、连字、连接字）问题，它们的作用是把若干辅音字符融合成一个。真正的孟加拉语单词很少在一个音节的开头使用两个辅音，但从梵语、波斯语或英语中借用来的单词却会这么做。语言监管机构本可以使用元音杀手来书写此类单词。以指代"screw"（螺丝钉）的"SKRU"一词为例，他们可以规定用3个字符来拼写它：一个带元音杀手的s、一个带元音杀手的k，再加上一个附带了u符号的r。相反，他们认为正确的拼写只应包含一个字符：一个怪兽合体字，融合了s、k和r，并叠加u符号。我甚至无法在微软的Word软件里重现这东西，因为软件把它撕开变成3个独立字符，加上两个元音杀手和一个u符号，就跟我之前提议的一样。

现在，如果这些合体字只是极少出现的现象，比如法语里的œ和荷兰语中的IJ，或是丹麦、挪威语里出现得略频繁的Æ，正常人还能忍受，我小心地忽略它们就好。孟加拉语里有不少于285个合体字，不少遵循简单的规则，但还有许多根本不按照规则来。这样一来，孟加拉语字符总共达到了331个，还不包括元音符号、一些历史字符和若干基本的变音符。这意味着合体字对孟加拉语系统造成了严重的破坏，它复杂得几近混乱。想象一下学生们必然要经历的过程。想象一下打印机和打字机制造商过去面临的问题。孟加拉语本来应该像微软Word软件和我提议的那样做：使用元音杀手来处理辅音连缀。不可能吗？太丑吗？泰米尔语就是这么做的，没人会去对泰米尔人说他们的语言有问题。

与腓尼基语的连接

虽然泰米尔语相当巧妙地处理了辅音连缀问题，而我前面提到的林布语在书写以元音打头的单词时更高效，但关键信息是，印度的文字大多非常类似，不是在视觉形象上，而是在结构上。在当地的大语种里，只有阿拉伯文字和罗马字母不符合这一模式，更何况它们是从外部引进的，而非本土产生的。除了这两个例外，印度所有的主要文字都是元音附标文字，虽然每一种都有着不同的字符形状，不少文字还有这样那样的瑕疵，但它们有着许多共同的特征。这出于两个历史原因：它们全都有着共同的来源，它们的使用者有着书写南亚古典语言——梵语——的悠久传统。

可以这么说，所有印度元音附标文字的共同起源——它们的曾祖父母——叫作婆罗米文（Brahmi），这就是为什么所有的后代——数十种——统称为"Brahmic"（婆罗米系文字）。这份族谱规模极为庞大，充满了神秘的名词，所以，我将它精简到最基本的部分，只留下本书介绍的四条分支。如果我们研究婆罗米文字整个谱系的每一条分支，我们会发现，现代文字保留了大部分的原始字符，但在几百年里，它们的形状发生了变化。只有极偶然的时候，老的字符遭到抛弃，或是从零开始创作出了新字符。也就是说，每一种婆罗米后代文字的大多数现代字符都跟其他婆罗米系文字的对应字符有着历史关联。只不过数百年来的逐渐分歧掩盖了古老的链接——这就是ভারত看起来跟भारत（如果你还记得，这是"印度"的音译bhaarat）一点也不像的原因。

```
           婆罗米文（公元前3世纪之前）
        ┌──────────────┴──────────────┐
     南传版                          北传版
  （公元前3世纪）                  （公元前3世纪）
        │                              │
    古兰塔文                        笈多文
  （公元6世纪）                  （公元5世纪）
        │              ┌─────────────┼─────────────┐
    泰米尔文        古木基文       天城文        孟加拉文
  （公元8世纪）   （公元16世纪）  （公元10世纪）  （公元11世纪）
```

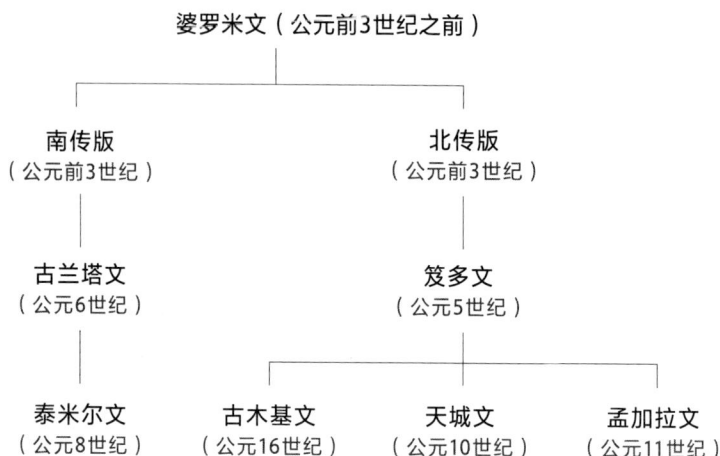

此处的日期表示已知该文字第一次出现的时间，较古老的文字可能会跟新文字长期并存。

　　在上面精简得厉害的族谱里，我们可以看到婆罗米文位于最高处，但这并不意味着它没有祖先。大多数专家，尤其是南亚地区以外的专家，都认为婆罗米文起源于中东，尽管他们在细节上存在分歧。最有可能的场景似乎是，婆罗米文是年代稍早一些的元音附标文字佉卢文经过改进的继承者，佉卢文的使用区域更偏西一些，在如今的巴基斯坦及其周边地区流传。佉卢文又受亚拉姆文字的启发，但绝非后者的复制品。这种情形在地理和时间意义上都是合理的，因为当时南亚西边的强邻波斯人使用的是亚拉姆文字。如果印度系文字的确是亚拉姆语的分支，这意味着它们跟我们的拉丁文字有一个共同的起源：

```
                          腓尼基语
         ┌──────────────────┼──────────────────┐
      希腊语            亚拉姆语              佉卢文
         │                  │                  │
    伊特鲁里亚语                              婆罗米文
         │                  │                  │
      罗曼语            阿拉伯语        所有婆罗米系文字
```

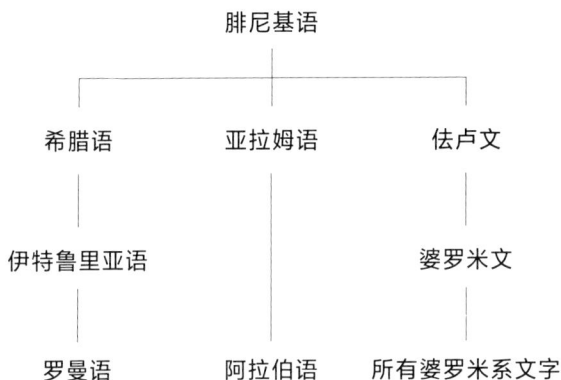

在这幅族谱中，中间一列是辅音音素文字，右边一列是元音附标文字，左边一列是字母文字。

这一共同起源，怎么会演变出如此不同的印度、欧洲和阿拉伯文字系统（分别对应元音附标文字、辅音音素文字和字母文字）呢？关键在这一点上，腓尼基语和亚拉姆语都是闪米特语言，跟阿拉伯语和希伯来语一样，它们都使用辅音音素文字，因为它们本来就偏爱辅音音素文字。它很容易与其结构融合在一起，而元音在这里并不太重要。简而言之，闪米特语和辅音音素文字的结合，是一段幸福的婚姻。

但当这些文字向西传播到希腊、向东传播到南亚时，这些地区的人们很快发现，辅音音素文字没法适应自己的语言，因为它们属于印欧语系，而不是闪米特语。[1]为了使写作顺利进行，元音的发音必须得以表现。希腊人选择了一个简单的解决办法，他们选取一对自己并不使用的古腓尼基辅音字符，将之变成元音，创造出第一套字母系统。尽管这个设想很不成熟，但在近3000年的时间里，它运转得惊人良好。

南亚人采用了不同的方法来处理这个问题，或许更为巧妙。丰富的语言分析学术传统使他们对音系学有了敏锐的洞察力。跟希腊人一样，他们意识到，如果不使用元音来书写自己的语言，会使得文本不知所云。因为他们的音节是典型的"一辅音一元音"类型，所以他们想出了一个新颖的点子，用元音符号来改装辅音字符。他们发现/a/（发音如Iraq中的a）比其他元音更常见，便选择将其作为默认元音）（后来在孟加拉语中发/o/）。此外，对音韵的敏锐观察力，让他们采用一种更合乎逻辑的字符顺序来代替中东和欧洲文字一直以来的随意顺序，他们把有着相同"发音点"（也就是嘴里发音的地方）的辅音聚集在一起，还把元音放到单独的组别。字符这样重新排列过后，孟加拉语的辅音字母为什么会以 *ka*、*kha*、*ga*、*gha* 打头，元音为什么会以短音a、长音a（*ā* 或 *aa*）、短音*i*、长音i打头，也就可以解释了。我在前面几页提到过，这种新顺序不会创造出响亮的alphabet、abjad或abugida（也即这几种文字系统中打头的音），然而，其背后的组织原理有着令人钦佩的语言学意义。

1　人们很容易把这说得更宏大，说"书写的观念"传播开来，但那是不正确的。在希腊和南亚，其他书写形式在此之前就存在，只是当相关文化崩溃后遭到了淹没。相当多的南亚专家相信，婆罗米文字的祖先不是腓尼基文字，而是印度河谷文字（Indus Valley script）。然而，他们必须要解释文献中1400年的空白以及缺乏相似之处的问题。——作者注

对于希腊语来说，像这样的元音附标文字系统不能很好地运转，因为就像印欧语系的大多数成员（还记得俄语里的VZGLYAD吗）一样，它认为一个音节用多个辅音开头根本没什么：想想Plato（柏拉图）、Strabo（斯特拉博）和Ptolemy（托勒密，跟在英语里不一样，在希腊语里，打头的"P"是要发音的）这些希腊名字！到了公元前2000年左右，印欧语系民族第一次到达南亚，他们所用的语言（梵语的一种早期形式）就与此类似。但在跟次大陆的德拉威原住民的混居过程中，他们的语言逐渐发生了变化。德拉威语里没有辅音连缀，故此，说梵语的人也逐渐开始回避它们。大约在公元前500年前后，书写重新进入次大陆，当时存在的语言已经很少甚至已完全没有辅音连缀。元音附标文字的概念，变得像手套一般合适了。

老挝语是老挝的国家语言，也是东南亚诸多源自古印度文字的语言之一。老挝目前仍在使用殖民时期的法语，但还能坚持多久呢？

书写者及其陈腐追求

如果说，要把亚拉姆语的abjad（辅音音素文字）变成abugida（元音附标文字），需要想象力上的非凡一跃，那么，早期印度文字的另一方面更不寻常。一般而言，不管书写在哪里扎根，抄写员及其抄本都有着很高的威望。这种捕捉转瞬即逝的口语词汇，将其固定在某种表面上的技能，似乎蕴含着某种超自然的力量，可以让这些词汇重新变成声音，并发出一次次的回响。在识字率低的社会（倘若回到不太久远的从前，所有社会都是如此），称职的书写者一般不仅仅是匠人，更能在宗教和国家领域爬升到崇高的位置。在中国，汉字是文明的标志。在欧洲，罗马字母成为西方基督教的标志（这也是异教徒的如尼文字遭到废弃的原因）。在伊斯兰世界，阿拉伯文字也获得了近乎神圣的地位。

南亚却不是这样。精英们顽固地恪守口头传统，它不仅将古老的印度吠陀经，而且还将更晚近的佛教、哲学、诗歌、戏剧甚至科学和技术作品保存了几个世纪。他们抵抗书写的根本原因可能是为了保护自己的地位，记住所有这些古老文献是他们享有特权的理由之一。也有可能是因为他们不相信这种新流行的媒介足够耐久——这种担心最终得到了证实，因为那个时代的大多数文本，除非刻在石头上，都在南亚湿热的季风气候下灰飞烟灭。

如此一来，书写就付诸了商业和其他日常用途。公元前3世纪中叶，信奉佛教的阿育王在他辽阔的帝国中把社会和道德戒律发布在柱子上、巨石上和洞穴的墙壁上，文字曾短暂地扮演了更崇高的角色。但整体而言，南亚的精英们又足足拖沓了500多年，到了公元2世纪中叶才开始书写。

这就对文字本身产生了两个重大后果。首先，当口头文学最终付诸书面（更确切地说，是干树叶）时，一个严重的拼写问题冒了出来。元音附标文字是为本地语言量身定制的，但整个文化传统却来自梵语，而梵语里仍残留着印欧语系的共同特点：辅音连缀。梵语的直系后代语言用KISĀN指代"farmer"、TĀRĀ指代"star"、TIN指代"three"，（古老的）梵文本身却分别是KRSHĀNA、STR和TRI。如果南亚人早上几百年，刚把笔放到树叶上的那一刻就开始用梵文书写，他们的学者说不定会放弃元音附标文字，发展出一种类似字母表的东西来，就跟远方的希腊人一样。可到了这时候，元音附标文字已经在印度文人的思想里深深扎下了根。这套系统并未遭到取代，而是创造出了合体字来适应梵文，到了今天，对学童，以及打印机、打字机制造商和软件开发人员来说，这些合体字就成了一种折磨。其次，他们必须学习梵文，不是因为他们要使用梵文来阅读和书写——他们并不这么做，就跟普通的欧洲人并不使用拉丁语阅读和书写一样。相反，现代印度系语言采用了大量的梵文词汇，就跟英语和其他欧洲语言从古希腊语和拉丁语借用单词的方式差不多：在现代孟加拉语里，在从词汇库里缺席了数个世纪之后，KRSHĀNA再次用来指代"farmer"。一如我们的语言里保留了本可放弃的古典字符c、q和x，所有的婆罗米系文字也都保留了同样多余的合体字。

　　精英们太迟接受书写的另一个后果是，印度如今流传的文字太多了。如果书写这项新发明一进入市场，他们就欣然接受，并用它来书写古代的神圣文本，那么婆罗米文（甚至它的前身）就会成为整个地区公认的标准文字。可他们没这么做，于是，等到书写最终用于宗教、学术和文学目的的时候，自由设计新文字的传统，早已站稳了脚跟。说到底，在很长一段时间里，书写只是商人和卑微办公人员做的事情，一如人类语言不断分化成方言，若没有向心力的阻止，文字也会同样变得多元化。这种合众为一的角色，可以由一些神圣的书籍来实现——《古兰经》《圣经》、犹太教的《塔纳赫》都对此做了证明——可从声望而言，印度教的经文始终不曾超越口头传统。反过来说，长期存在的大帝国也可发挥保护文字原本样子的作用，但南亚从未出现过长久的大帝国，在它的大部分历史里，该地区要么四分五裂，要么由使用外国文字的精英统治。

没有一本圣书，也没有一个稳固的帝国，文字注定要陷入困境，出现无数的变种散落各地。在欧洲的前帝国和前《圣经》时代，好几个地方都出现过这种情况，不光出现了若干种希腊和罗马字母，还有伊特鲁里亚文、奥斯肯文、伊比利亚文、鞑靼文、欧甘树文、如尼文和其他文字。南亚也发生了相同的情况，结果是带来了整个元音附标文字家族。而等到印度和佛教经文通过高度推崇口头传统的文化传播到东南亚，当地的书写者很快就调整了文字，适应自己口语的需求。直到今天，缅甸、泰国、老挝和柬埔寨的国家语言都是用各种元音附标文字书写的；在采用拉丁字母之前，马来西亚、菲律宾、越南（但不包括越南语）和印度尼西亚（包括爪哇语）等国的许多语言，都有着独立变种的元音附标文字。在南亚北部，藏文是婆罗米系文字的另一分支，就连日文也从印度汲取了一些灵感。最终，婆罗米大树结出的这些婆罗米苹果，都滚到了远离树干很远的地方，到了一定的时间，古代文献就变得无法解读。直到19世纪，它们才由外人破译。

My fancies were fireflies
speaks of living light—
twinkling in the dark.

The same voice murmurs
in these desultory lines
which is born in wayside pansies
letting hasty glances pass by.

The butterfly does not count years
but moments
and therefore has enough time.

泰戈尔用孟加拉语和英语手写的部分诗稿。

一种语言，一种文字

文字的增殖持续到了今天吗？不完全是。在很长一段时间里，文字的数量确实在不断增多。这带来了一个广为接受的观点：真正的语言应该拥有自己的文字；没有文字，就有可能被降级到方言的地位。一个地区，若是接受一种已有的书写系统，也就表明了自己的语言（有时也是宗教）居于附属地位；而要是发展出自己的文字，它便可主张自己拥有独立的成熟语言，以及独特的地区身份。在驳斥这是一种愚蠢的观点之前，我们应该先意识到：语言意识形态或许只是文化差异性的另一层面，就跟亲属制度、食物禁忌和成人仪式一样。"一种语言，一种文字"的理念，并不比18世纪末民族主义兴起后一直在欧洲占据主导地位的"一种语言，一个国家"的理念更愚蠢（说不定，前者导致的后果还更小一些）。

在南亚，到了19世纪和20世纪初，主要是为了配合印刷媒体的传播，文字的数量最终开始减少。例如，在1900年到20世纪50年代初，尼泊尔文最终被天城文取代。尽管如此，在20世纪的进程中，出现了一波创造文字的新浪潮，而且没有任何减弱的迹象。争取社会和文化解放的民族群体通常要求官方承认自己的语言，而拥有独立的书写系统，感觉像是强化了这一主张。这就是为什么格纳什·德威在接受《印度时报》采访时会说"还有人努力想开发其他若干种（文字）"的原因。博多语（Bodo，属于汉藏语系，有100万以上使用者）和朗布尔语（Rangpuri，印度-雅利安语支，也有100多万使用者）便属此列。

一方面，说博多语和朗布尔语的人仍靠着他们认为不属于自己的文字勉强度日；另一方面，如本章早前列出的图表所示，数百万其他小语种的使用者已经在用独特的字母书写自己的语言。有些文字的发展势头的确比另一些文字更好，但事实上，不管是出版物，还是人们手写的笔记及信件，各种文字都有它对应的用户群体。尽管说这些语言的人数量不多，社会经济地位也较低，所以，它们的文字远远不如孟加拉语、罗马字母、天城文字和阿拉伯语那样随处可见，但这些财富仍然存在，它们生机勃勃，欣欣向荣。它们受到自己所属的社群珍视，它们象征了这些社群的语言身份，它们以谋求这些社群的解放为己任。

这就是为什么说，如果你正考虑到多元文化大城市之外的地方去来一场文字探险，那西孟加拉邦就再适合不过了。

第五名

阿拉伯语

العربية
AL-ʿARABIYYAH

3.75亿使用者

　　大约有3亿人以阿拉伯语为第一语言，他们主要分布在北非和中东地区（包括以色列、伊朗和土耳其的少数族裔）。将其作为第二语言的人大约有7500万，但世界各地的穆斯林都会懂一点《古兰经》阿拉伯语。

阿拉伯语

自称 العربية（al-ʿarabiyyah）、عربي（arabī）。

语系 阿拉伯语是闪米特语言里使用最广泛的一种语言，闪米特语是亚非语系下的一个分支。在阿拉伯世界之外，以色列、埃塞俄比亚和厄立特里亚也使用闪米特语，而亚非语系更是覆盖了整个北非、撒哈拉、非洲之角和乍得湖周边地区。

移民 在西欧、美洲、澳大利亚和印度尼西亚生活着数量可观的讲阿拉伯语的少数族裔。

书写方式 阿拉伯语有自己的文字，后来还被许多其他语言采用。

语法 见正文。

发音 标准的阿拉伯语有3个元音（/a/、/i/和/u/），并各有长短之分。大多数的口头方言还另有两个长元音/ē/和/ō/，也用于标准语言的一些现代词汇。还有28个辅音，相当大的一部分是从口腔很靠后的地方或喉咙处发出。

外来词 亚拉姆语（一种关系紧密的闪米特语）、波斯语、法语、英语。

语言输出 见后文"《简明阿拉伯语词典》"部分。

《古兰经》的语言 现代标准阿拉伯语更类似公元7世纪的《古兰经》阿拉伯语，而不是任何一种现代方言。现代标准阿拉伯语只在非常正式的场合使用，很多阿拉伯人尽管能理解，但都不会说。

5　阿拉伯语

《简明阿拉伯语词典》

公元七八世纪，欧洲的基督教世界迎来了一位意想不到的新邻居：伊斯兰教。它在阿拉伯人的领导下迅速扩张，随后逐渐溃败：先是在西班牙和葡萄牙，接着碰到了一连串的十字军东征，被奥斯曼人征服又失去了巴尔干半岛，之后还有英国和法国在中东进行殖民，阿拉伯民族主义兴起，以及今天明显与西方不稳定的关系。

欧洲从未对这位邻居产生好感的原因之一就是它的语言。欧洲的上流社会始终说的是某些罗曼语或日耳曼语，只有俄国稍显例外（但仍有关联，见"第8名　俄语"章节）。而阿拉伯语完全是另外一种东西。它的发音不一样，欧洲人甚至爱用"喉音"来形容它。它的样子不一样，使用一种大多数欧洲人无法破译的文字。它骨子里的结构也很不一样，同时，深入研究过它内部运作机制的欧洲人寥寥无几。

宗教对立、地理邻近、政治敌意和语言差异的结合，让许多欧洲人认为阿拉伯世界是典型的"他者"（Other），说着典型的"番邦话"（Otherish）。这一局外人的看法，与来自内部的观点形成了鲜明的对比。阿拉伯人认为他们的语言就是世界。对身为穆斯林的阿拉伯人（也就是绝大多数阿拉伯人）来说，阿拉伯语是上帝向穆罕默德揭示《古兰经》的神圣语言。用阿拉伯语学者和语言学家克莱夫·豪尔斯（Clive Holes）的话来说，阿拉伯语"是富人、穷人、受过教育的人和文盲都公认的伊斯兰文化传承中的瑰宝……它的美无与伦比，是雄辩、完美对称和简洁的理想化身"。这还不包括有着绚丽书法传统的文字。一句话，阿拉伯人对自己语言的崇拜之情，连对自己语言无比热爱的法国人都略逊一筹。[1]

但基督教世界和伊斯兰世界当了1300多年的邻居，中间又只隔着小小的地中海和陆地边界，不可能没有人员、物品和思想的交流。我所说的"人员"，指的是战士、商人、外交官和朝圣者；"物品"则指的是发明、食物和书籍；"思想"指的是希腊哲学、印度数学、阿拉伯医学和其他很多东西。这里面有许多内容，对接收的那一方而言都是全新的，由此就引入了用来描述它们的词汇。于是，欧洲语言吸收了大量来自阿拉伯语的词汇，其中一些词汇最初又来自波斯语、梵语、亚拉姆语和其他亚洲语言。反过来说，阿拉伯语也从欧洲借用了相当数量的外来词。（这种语言虽以保持纯粹、讨厌借用而著称，但我们很快就会看到，这并非全部真相。）

下面，我将试着反驳阿拉伯语太过怪异、难于入手的观点。我用以折磨读者的主要工具是一本《简明阿拉伯语词典》，这里面的词语，半是靠着直觉，半是靠着少许词源学知识（有时需要的可能稍微多些），懂英语的人们便能看出它们的关联。从我个人的语言

1　Qur'an《古兰经》这种拼写，是相当不错的阿拉伯语音译，但若是翻译成Qur'ān会更好。因为后者使用的是喉塞音符号而非上撇号，更重要的是，a的上方还有长音符号。然而，在我看来，它并非伊斯兰教圣书的英文名字。Koran是这本书的英语外来名，而Qur'an或者Qur'ān是阿拉伯语里本身的名词；同样道理，Austria是德语人士口中Österreich的外来名，而Landan（لندن）在阿拉伯语里是London的外来名。英语有一种适应本地名的倾向，因为人们误以为使用外来名不够尊重。其实，外来名通常只是将外国名字调整得适合一种语言音韵学和拼写。写成Qur'an并不会让《古兰经》显得更神圣，这种陌生的拼写反而让它显得很怪异。至于说发音，不管它怎么拼写，使用英语和其他欧洲语言的人都很难接近原文。——作者注

学习经验来看，这种关联，不管多么薄弱，都能让记忆单词变得不再那么困难，反而往往能创造奇迹。哪怕你并不想深入学习一门语言，看到它与你母语的一些历史联系也能让你在心理上更靠近它。

我的《简明阿拉伯语词典》里的词条，在性质上各不相同。有许多是我们借用自阿拉伯语单词的起源，有些来自很早以前，比如garble（歪曲、篡改），另一些则更为晚近，如ayatollah（阿亚图拉，对伊朗等国伊斯兰教什叶派领袖的尊称）。

现代标准语

在邀请你一头扎进《简明阿拉伯语词典》之前，我要解释一下阿拉伯语有别于其他大多数语言的一些地方。

首先，"Arabic"（阿拉伯语）这个词，多多少少跟"Chinese"（汉语）有点像，涵盖的变体比"English"（英语）要多得多。其次，和英语一样，阿拉伯语也有很多变体，通常指的是"方言"：每个国家说其中的一种或几种。但这些国家（尤其是处在边缘地理位置的阿拉伯国家，如毛里塔尼亚、也门和伊拉克等）之间的相互理解，比英语国家之间要困难得多。阿拉伯"方言"跟罗曼语言一样多种多样。但这些差异，在书面上几乎完全消失，因为方言很少付诸书面。出于这一目的，现代标准阿拉伯语广为使用，也就是《古兰经》经典阿拉伯语的现代版。它不是任何人的母语，只有在非常正式的场合才能听到。与标准英语不同的是，除了新词汇的创造，现代标准阿拉伯语几乎没有任何变化，因为它更多地是以《古兰经》而非口语作为指导。除非提及地区起源，我们《简明词典》里的所有单词要么是经典语言，要么是现代标准语，通常两者兼而有之。

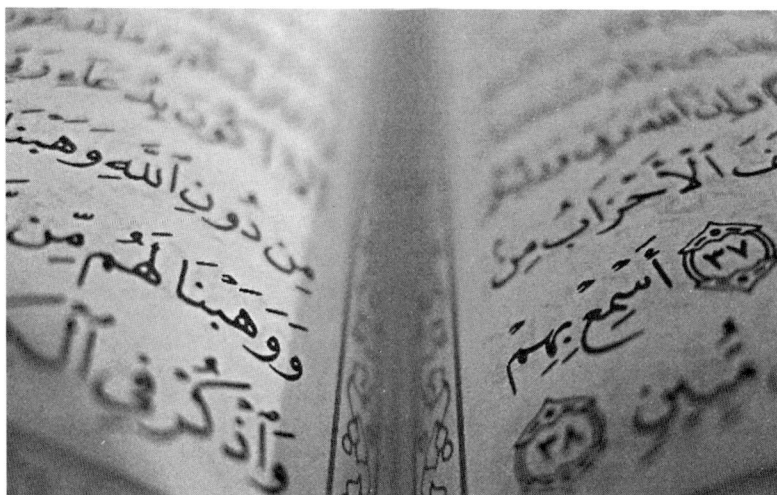

阿拉伯文字的崇高声望来自《古兰经》，整个伊斯兰世界通常都用阿拉伯语来诵读《古兰经》。

除了单词，这份列表里还包含了一些所谓的"词根"。它们是辅音序列，通常是三个（本书在中间使用了连字符），不能在一个句子中使用，但都有着类似的含义。在这些三辅音的基础上，阿拉伯语在辅音之间插入元音，加上前缀和后缀，创造出了真正的单词——名词、形容词，尤其是动词。这套复杂的系统可以根据每个词根生成大量有意义的形式，虽然其确切含义不见得总能预测，但之间的联系通常一目了然。动词的词形变化和名词及形容词的变形也遵循同样的原则：辅音构成每个单词的骨架，元音和附加的辅音为之提供血肉。这一词根系统，是典型（多多少少也是唯一）的闪米特语言。

阿拉伯语的另一个特点是音位系统里没有/p/音。如果从其他语言借用的单词里出现/p/，会变成/b/或/f/。我们的词典里有好几个这样的例子。

阿拉伯语的元音很容易，因为只有三个（/a/，/i/，/u/），并可分为短音（写作a、i、u）和长音（ā、ī、ū）——但偶尔在标准语里可听到来自方言的ē和ō。有些辅音跟我们习惯的辅音存在极大的不同，在书面文字中也有所反映。如果你想知道这些辅音是怎么发音的，可以很容易地从网上找到相关信息。至于用拉丁字母所书写的音译，请注意使用了变音符号的字母，它代表这些字母的发音有别于那些不带变音符的字母（ḍ对d，ḳ对k，š对s，还有ḡ，但它没有对应的g）。但在列表中按字母顺序排列时，我把它们视为相同的字母。另有两个阿拉伯辅音在音译中很容易遭到忽略，因为它们仅用半个圆圈来表示。我遵循了抄录喉塞音符号的传统，将它写作"'"（代表所谓的喉塞音，如uh-oh），而将深喉音ayin写作"'"。我把它们放在列表的最前面，排在A之前；它们还影响了以其他字母打头的词条的顺序：例如BA'L会放在BĀBĀ之前。

好了，我不再啰唆了，请看下文。

我们的《简明阿拉伯语词典》

'（喉塞音符号，hamza）

'AB

父亲。'ABŪ这一形式，通常是阿拉伯男性全名的一部分。Abbot（修道院院长）一词来自'ABBĀ，是亚拉姆语里"我的父亲"之意。

'AMĪR

指挥官，王子。英语里的emir（埃米尔，穆斯林酋长等的称号）便由此而来。阿拉伯复合词'AMĪR AL-BAḤR是海军指挥官的意思，带来了英语里的 admiral（海军上将）。

'IKSĪR

Elixir（灵丹妙药）。英语单词包含了冠词"AL"的一种形式。阿拉伯语借用自希腊语：XĒRÍON是用来擦伤口的干燥剂，是XĒRÓS（干燥的）衍生来的。

'-M-M（词根）

走，带路。这一词根产生了一些很值得一提的衍生词汇：'IMĀM（中文译作"伊玛目"）是伊斯兰教的领导者。'UMM是母亲（如埃及著名歌手'Umm

Kulthum，乌姆·库勒苏姆，直译是"大妈库勒苏姆"）。"The 'UMMA"指的是全世界穆斯林社群，而"a 'UMMA"是一个民族、一个国家。阿拉伯语表达方式'UMM AL-（按字面意思是"……之母"）借用自欧洲语言的"mother of all……"，意思是同类里最大的。

'（深喉音ayin）

'araq

烧酒。这种酒的名字与阿拉伯语"汗水"的词根相关。巴尔干的rakija白兰地酒和土耳其的raki垃基酒，都是从'ARAQ衍生来的。

'-L-Y（词根）

上升；高。它带来了'ALIYY（Ali，阿里）和'ĀLIYA（Alia、Aleeyah，阿丽亚）等名字，意思是"高的、高贵的"，还有'ALĀ' AD-DĪN（Alladin，阿拉丁）；请见dīn条目。

'ŪD

木头，乌德琴（oud），鲁特琴（lute）。英语里的lute（这个词和这种乐器）都衍生自阿拉伯语的al-'ūd。

'ULAMĀ'

乌勒玛，博学之人，神职人员。基于词根'-L-M，意思是"博学的"。

A

AL

定冠词the。这是阿拉伯外来词最常出现的第一个音节，因为定冠词是跟名词一起借用的。它要么以完整形式出现（*alchemy*、*alcoho*、*alfalfa*、*algorithm*、*algebra*、*alkaline*、*Allah*、*Algeria*、*elixir*等等），要么仅仅写成*a-*，因为定冠词后常跟着一些元音，在阿拉伯语里经常会合并（如*adobe*、*apricot*、*arroba*、*arsenal*、*artichoke*、*azimuth*、*hazard*，等等）。

ALLĀH

神。这是冠词al和"神、神性"的古词ILAH的缩写式。这个词出现在许多复合名字和其他名词当中，如*Abdullah*（阿卜杜拉，"神的仆人"）、IN SHĀ'A LLĀH（inshallah，但凭天意）、BISMI LLĀH（bismillah，以真主的名义）、'ĀYATU LLĀH（ayatollah，伊斯兰什叶派宗教领袖，直译是sign of god，神的迹象）、ḤIZBU LLĀH（*Hezbollah*，黎巴嫩的真主党）。

B

BA'L

（贵族）主人，所有者。英语里的baal，是若干中东神祇的名字，包括Beelzebub，别西卜，（《圣经》里的）恶魔、魔王。

BĀBĀ

爸爸，教宗。"阿里巴巴与四十大盗"故事里的"阿里巴巴"，意思就是"阿里爸爸"。

BABAǦĀ'

鹦鹉。大多数欧洲语言，包括英语（popinjay，鹦鹉），都借用了这个阿拉伯语词汇。

BADAWIYY

贝都因人。欧洲语言采用了它的口语复数形式BADAWĪN。这个阿拉伯语词汇源自BADW，意思是"沙漠"或者"露营"。

BARIYY

野蛮人。在安达卢西亚阿拉伯语里，barri指的是城市外围不那么文明的部分。因此，西班牙语的BARRIO指的是"邻居"，美式英语用这个词指"大城市郊外"。

BURQAʿ OR BURQUʿ

布卡，罩住全身的蒙面长袍。源自动词BARQAʿA，意思是"遮挡、隐藏"。

BURTUQĀL

橙子。这个水果名字来自Portugal（葡萄牙），还可见NĀRANJ词条。

D

DĀR

房子。*Dar-es-Salaam*，达累斯萨拉姆（也译作"三兰港"），这是坦桑尼亚首都的名字，意思是"和平之屋"。

ḌIMMIYY

dhimmi，契约人，指的是穆斯林国家里的非穆斯林，字面意思是"受保护的人"。

DĪN

信仰。参见Aladdin（ʿALĀ ʾ AD-DĪN，阿拉丁；也可见ʿ-L-Y）等名字，它的意思是"信仰的高度（或崇高）"。

F

FALĀFIL

中东炸肉丸子。FALĀFIL是FILFIL（辣椒）的复数，它可能借用自一种南亚语言，后者也是英语"pepper"这个词的起源。所有这些用来指代炸肉丸子和胡椒的单词，说不定最终意味着"圆的东西"。

FALLĀḤ

法拉欣，农夫。

FAQĪR

穷人。它有一个专门的意思，指"宗教行乞者"或"苦行者"。

FATWĀ

fatwa，法特瓦（伊斯兰法律的裁决），正式的法律意见。发表这种意见的人是MUFTIN，穆夫提（伊斯兰教教法权威）。它们都来源于动词ʾAFTĀ，意思是"下断言"。

FIRDAWS

天堂。阿拉伯语和英语单词都来自伊朗语（都经历了漫长的演变过程），而在伊朗语里，它又重构为PARIDAIĴAH，意思是"圆形界墙"或"圆形界墙所封闭起来的空间"。

G

ĠARBALA

筛选。通过中世纪拉丁语（GARBELLARE）和盎格鲁–诺曼语（GARBELER），这个阿拉伯语单词带来了garble，现在的意思是"损毁，作假"，但从前的意思是"筛选，尤其是筛选香料"。

ĞAZĀL

gazelle，瞪羚。

Ğ-R-B（词根）

向下，走开。太阳落下的西方，叫作 AL-ĞARB。是葡萄牙Algarve（阿尔加维）这一地名的起源。也是Maghreb（MAĞRIB，马格里布）的起源，这曾经是伊斯兰世界的最西边。英国伦敦的特拉法加广场（Trafalgar Square）因袭了一个西班牙地名，该地名在阿拉伯语里是ṬARAF AL-ĞARB，也即"西面的海角"之意。

ĞŪL

GHOUL（食尸鬼），恶魔。

H

ḤAJJ

hajj（哈吉），朝圣。ḤAJJIYY，在英语里是hajji，指的是完成了朝圣之旅的伊斯兰教徒（还请参考-IYY词条）。

ḤALĀL

halal（清真的），允许的，尤指符合穆斯林风俗。

ḤALĀWA

halva，一种芝麻糊制成的甜点。它来自形容词ḤULW或ḤALW，意思是"甜的"。

ḤAMMĀM

浴室、澡堂。英语采用的是土耳其语形式hamam，只有一个m，意思是土耳其浴。阿拉伯语形式是最初的形式；它源自根音Ḥ-M-M，意思是"加热"（heating）。

HARĪSA

Harissa，哈里萨，一种混合辣椒酱。这是一个突尼斯阿拉伯语的烹饪术语，来自一个意思是"粉碎"的动词。

ḤAŠĪŠ

草，干草药，也指大麻。传统上，刺客一词"assassin"跟ḤAŠŠĀŠĪN相关，后者指的是"服用大麻的人"；另外，它也可能来自'ASĀSIYYŪN，意思是"原教旨主义者"。

Ḥ-B-B（词根）

跟爱与种子有关。ḤABĪB（Habib，哈比卜）这个名字的意思是"心爱的，受宠爱的"（beloved），ABŪ ḤIBĀB（猴面包树）的意思是"种子之父"。

ḤIJĀB

hijab，头巾、盖头。来自一个意思为"隐藏"的词根。

Ḥ-K-M（词根）

智慧，裁断、判决。南亚践行传统医学的行医者HAKIM（医师，哈基姆），就来自这个阿拉伯语单词。*Hakim*（"智慧，裁决者"）和*Abdul Hakim*〔"全智者（神、上帝、真主）之仆"〕均为人名。

Ḥ-M-D（词根）

赞美，感谢。例如，MUḤAMMAD（Muhammad，穆罕默德）和MAḤMŪD（Mahmud，马哈茂德）的意思都是"受赞许的"。ḤAMĪD（"值得赞许"）和ḤĀMID（"赞扬"）在英语里都缩短为Hamid（哈米德），也包含了同样的词根。

Ḥ-R-M（词根）

禁止的。这一词根衍生出三个广为人知的词语：harem（经土耳其语借用），（伊斯兰）闺房，房子里除了近亲禁止所有男性进入的部分；haram，清真的反义词；Boko Haram，西非恐怖组织博科圣地，它反对boko，boko是个豪萨语单词，意思是"假的"，用来指代"西化"或"西方教育"。

Ḥ-S-N（词根）

善良，美德。ḤASAN这个名字（Hassan，意思是"好看的，强壮的，男子气概的"）和它的昵称ḤUSAYN（在英语里拼写形式很多）都源自这一词根。

ḤUMMUṢ

HUMMUS，鹰嘴豆泥或鹰嘴豆。Hummus和希伯来语KHÚMUS都是阿拉伯语外来词。完整的阿拉伯语名字是ḤUMMUṢ BI-ṬAḤĪNA，"鹰嘴豆和芝麻酱"（见ṬAḤĪNA）。

ḤŪRIYYA

houri，天堂女神，迷人美女。这是个棘手的词语，《古兰经》里多次提到，houris是个有着大眼睛的美丽女人，但有关72处女的故事，是后来才出现的，而且是谣传。英语里的"whore"（妓女）与之没有关联。

I

IḴTĀRA

选择。羊毛里的"上选之品"是MUḴAYYAR，它通过意大利语和法语传入英语，带来了英语单词mocayre，后来

又变成了mohair（马海毛）。村子里选出来的领导者是MUḴTĀR。

INTIFĀḌA

摆脱，起义。来自词根N-F-Ḍ，意思是"摇动"。

-IYY

构成形容词和名词的后缀，表示与中心词中所提及事物的关系。在国籍里使用频繁，如YAMANIYY（也门人）和ʿIRĀQIYY（伊拉克人）。

J

JAMAL

camel，骆驼。这是个通过希腊语、拉丁语和法语进入英语的阿拉伯语或某种其他闪米特语单词。据说来自指代"美丽"的词根J-M-L，Jamila（JAMĪLA，贾米拉）和Jamal（JAMĀL，贾马尔）这两个词就是这么来的，但这种关联似乎太过牵强。

JARRA

土罐，瓦壶。我们日常使用的单词jar（罐子）有着令人吃惊但确凿无疑的阿拉伯血统，并以法语作为联结。

J-B-R（词根）

（恢复）力量。AL-JABR的意思是"接骨"，它通过一本很有影响力的书的书名，为我们带来了algebra（代数）一词。（这本书的作者是一位波斯学者，名叫花拉子米，AL-KHWĀRIZMĪ，它的拉丁语写法是ALGORITMI，由此带给了我们algorithm这个单词，意思是"算法"。）Gabriel（加布里埃尔）这个名

字〔阿拉伯语，JIBR (Ā') ĪL〕的意思是"上帝是我的力量"。

J-H-D（词根）

奋斗，劳动。它的衍生词之一是JIHĀD，意思是"努力、奋斗"，包括但不限于"圣战"。参加奋斗的人是MUJĀHIDĪN。

JUBBA

外袍，jubbah（穆斯林长布袍），jibba（穆斯林男性穿的长布袍）。它为法语带去了指代"裙子"的标准词汇JUPE，而JUPE在英语里指一种专门的裙子或夹克。它还有可能（通过一些迂回的海洋关联）是jumper（针织套衫）的词根。

J-Z-R（词根）

切断。Al Jazeera（半岛电视台）和Algeria（阿尔及利亚）这两个名字，来自AL-JAZĪRA，意思是"岛屿"。

K

KA'BA

Kaaba，立方体。麦加的Kaaba是伊斯兰教最神圣的地方，也是朝圣的目的地之一。

KABĀB

kcbab，烤肉。跟一个意思是"烤炙"的词根相关。英语形式受土耳其语*kebap*的影响。

KĀFIR

卡菲尔，不信教者，异教徒。最初的意思是"遮盖（真相）的人"。但犹太人和基督徒、其他'AHL AL-KITĀB（也即"圣书的子民"）是否包含在内，是一个存在争议的问题。

K-B-R（词根）

变大或伟大。它的恶名来自ALLAHU AKBAR"真主至大"或"阿拉胡阿克巴"，传统中只是简单的一句表达感激之情的话，与"感谢上帝"没有什么不同。[1]

KĪMIYĀ'

chemistry，化学。它是英语alchemy（炼金术，加上了冠词AL）一词的词根。阿拉伯人从希腊语KHUMEÍA借用而来。

K-L-F（词根）

改变、转变。哈里发caliph（KALĪFA）是"继位者"，代替穆罕默德的忠实领袖。

K-T-B（词根）

写。它是最著名的阿拉伯语和闪米特语词根之一，尽管它的衍生单词在英语里并不常见。'AHL AL-KITĀB指的是"圣书的子民"（见KĀFIR）。英语里的maktab指的是传统伊斯兰学校，孩子们在学校里基本上就是修读《古兰经》。在阿拉伯语里，它的意思已经变成了"办公室"。MAKTŪB表示"写就的，命定的"，这时是形容词，若表示"命运"，则是名词。英语里经常引用为maktub，表示"接受命运"。

KUḤL

锑；kohl，眼粉。这是一种深色粉末，用于眼妆。这个单词说不定还是alcohol（酒精）的词根，但存在争议。

1　一些宗教恐怖分子在制造恐怖事件的时候会呼喊这个口号，故有此说。

KURŠŪF

洋蓟。西班牙语保留了冠词"al"，并将整个单词改成了ALCA (R) CHOFA，中世纪意大利语又把它变成了ARCICIOFFO，意大利北部的伦巴第人更喜欢说ARTICIÒC，再后来，这个面目全非的名字进入了英语，变成了artichoke。

L

LAYMŪN

lemon，柠檬。它来自波斯语的*limu*，而limu这个词，又是从一种与马来语相关的语言里借用来的。

LĪLAK

lilac，淡紫色。最初来自梵语的NĪLĀ，意思是"深蓝"。从这一起源出发，该单词经波斯语、阿拉伯语和法语传入了英语。

M

m

"某地"的前缀。MASJID指的是"拜跪之地"。欧洲语言将这个词演变成了mosque（*Moschee*、*mezquita*等等，都是清真寺的意思）。

MADĪNA

城镇、城市。在英语里，medina（麦地那）指的是一座北非城镇的老城区。由于阿拉伯人传统上没有城镇，所以，这个词是从亚拉姆语里借用来的。

MADRASA

学校。这个阿拉伯语单词，跟英语外来

词madrasah不同，前者指的是任何一种学校，而不仅仅是宗教学校。它的词根是D-R-S，指"学习"。

MAKZAN

仓库，存放东西的地方。它的复数形式MAKĀZIN，通过意大利语和法语，带来了英语单词magazine，最初指的是军事仓库，后来变成了信息"仓库"，故此也就是"杂志、期刊"。

MASĪH

（通常指宗教仪式）在……上涂油。阿拉伯语的希伯来语同源词是MĀŠÎAH，它给英语带来了messiah（弥赛亚，救星，救世主）。在阿拉伯语里，基督教是MASĪHIYYAH，意思是Messianism，也即"对救世主的信念"。

MASSA

感觉、触觉。法国东方旅行家在阿拉伯单词的词尾加上了法语后缀，为英语带来了massage（按摩）。

MIQRAM；MIQRAMA

床单；cloth。以土耳其语为中介，带来了一个广为传播的法语单词*macramé*（流苏花边），这是一种用于生产装饰纺织品的打结技术，据说起源于阿拉伯。

M-L-K

统治，占有。故此带来了MALIK (A)：国王，女王。用来指代"（欧洲）奴隶"的mameluke一词，来自阿拉伯语的MAMLŪK。几位奴隶出身的穆斯林统治者将自己的帝国或王朝称为*Mamluk*。

MU-

分词前缀，可表主动（如"doing"）

或被动（如"done"）。表主动时，mujahideen指的是战士，Muslim是伊斯兰教徒，*mufti*是正式意见或教令。表被动时，*Mustafa*（穆斯塔法）和*Mukhtar*（穆赫塔尔）这两个姓氏均指的是"被选中的人"，MUḤAMMAD（穆罕默德）则是"被赞许的人"。

N

NĀ'IB

副职。复数形式NUWWĀB借用了波斯语，接着进入印度斯坦语变成了NAVĀB，指莫卧儿帝国内的印度统治者，后进入英语变成了nawab或nabob（纳瓦卜，印度行政长官）。

NĀRANJ

苦橙。这个四处游荡的单词兴许起源于德拉威语，经过了梵语、波斯语、阿拉伯语和西班牙语，接着在法语中失去了打头的n，UNE NORANGE（"一颗橙子"）变成了UNE ORANGE。

NAẒĪR

它是几何术语NAẒĪR AS-SAMT（意思是"the counterpart to the zenith"，也即天顶的对应物，参见SAMT词条）的前半部分，带来了中世纪拉丁语NADIR，英语沿用至今，指"最低点"。

Q

QĀ'IDA

基础，（军事）基地。这一恐怖组织的名字翻译过来就是"基地"。它的复数形式是QAWĀ'ID，意思是"语法"。

QĀḌIN

法官。英语里的qadi指的是伊斯兰背景下的民事法官。西班牙语里的ALCALDE（市长，总督）也出自同一源头。

QAHWA

咖啡。这一阿拉伯语单词通过土耳其语、意大利语和荷兰语进入英语。

QALIY

灰烬。来自动词QALĀ，它的意思是"烤、炒"。如果加上冠词al，就带来了英语里的alkali（碱）。这些"碱"，来自一种富含碱性物质的植物的灰烬。

QAṢR

城堡。alcazar（/al-KA-sar/）是西班牙的摩尔人城堡，它直接来自AL-QAṢR。QAṢR借用自拉丁语，拉丁语的CASTRUM意思就是"城堡"。经由法语，这个词为英语带来了CASTLE和CHÂTEAU（均为"城堡"之意）。

QĪRĀṬ

carat，克拉。carat这个英语单词是经法语和意大利语从阿拉伯语借用来的，而阿拉伯语又是从希腊语里借用来的，指的是"角豆种子"。

QĪṬĀRA

guitar，吉他。这个词是怎么从阿拉伯语传到英语里的，目前已无从得知。所有的形式都可追溯至希腊语（KITHÁRĒ），而希腊语形式似乎又借鉴自某一未知的地方语言。ZITHER（齐特琴，古筝）和CITTERN（西特琴）这两种弦乐有着相同的起源。

QIṬṬ

cat，猫，或者公猫。欧洲、中东和北非的许多语言都有类似表示"猫"的单词。由于猫科动物最早是在埃及驯化的，所以，它有可能起源于该地区当时所使用的一种语言。

QUBBA

圆顶。加上冠词al，它带来了英语里的alcove（凹室，壁龛），意思是"一个于较大房间里隔开的内凹的小区域"。耶路撒冷圣殿山上的圆顶岩叫作"QUBBAT AL-SAKHRAH"。QUBBA一词，是阿拉伯人从波斯语里借用的。

QURʾĀN

背诵；《古兰经》。

QUṬN

cotton，棉花。这个阿拉伯语单词经意大利语和法语，进入了英语。

R

R-ʾ-S（词根）

居于首位。单词RAʾĪS的意思是"头目、首领"，为英语带来了在中东语境下指代"领导者"或"船长"的reis或rais。探险家皮里船长（Piri Reis）或许是其中最著名的。

RĀḤA

休闲，充裕的空间，手掌。（网球、羽毛球）的球拍/网拍（racket/racquet）是一种放大手掌的装置。

RAMAḌĀN

Ramadan，斋月。

RIBĀṬ

绳结，纽带，边境哨所，稍后又变成小修道院的意思。英语里的ribat一词有时用来指阿拉伯世界的军事前哨。MURĀBIṬ指的是住在RIBĀṬ的人，士兵或者隐士，这给我们带来了marabout一词，指的是"穆斯林圣人或隐士"。

RIZMA

束、捆、包裹。通过西班牙语的RESMA和古法语的RAIME，这个单词带来了英语里的ream，意思是一捆或一包纸。

S

SĀFARA

旅行。英语单词safari起源于斯瓦希里语的SAFARI，后者又起源于阿拉伯语。

ṢĀḤIB

伙伴、同伴。通过波斯语传入了印度斯坦语，并在当地成为对欧洲男性的尊称。它的阴性形式*memsahib*的第一个音节，源自英语的ma'am。

SĀḤIL

海岸。单数形式给我们带来了Sahel（萨赫勒）这个名字，即撒哈拉沙漠的"海岸"或边缘地带。复数SAWĀḤIL是Swahili Coast（斯瓦希里海岸）这一名字的起源，它是肯尼亚、坦桑尼亚和莫桑比克北部的沿海地区，也是斯瓦希里语的发源地。

ṢAḤRĀʾ

Sahara，沙漠，撒哈拉沙漠。英文名字源于阿拉伯语的复数ṢAḤĀRĀ。

SALAF

前辈、祖先。

SAMT

道路、路径。中世纪拉丁语把它变形成了CENIT，后者带来了英语里的ZENITH（顶点、最高点）。

ŠARĪʿA

道路、路径；sharia，伊斯兰教法。后一个意思是前者一个具体的例子。

ŠARĪF

贵族。sharif或shareef是有贵族血统的人。

ŠĀŠ

薄纱、白布。这就是sash（纱布）一词的由来。

ŠAYḴ

sheik，酋长。这个名字与一个表示"年老、变老"的单词相关，类似英语单词alderman（跟old和elder相关，并从长者之意引申为总督）和senator（跟senior和senile相关，并从资深、高龄者之意引申为参议员）。

ṢIFR

zero，零。ṢIFR的原意是"空"。阿拉伯人用它来翻译梵文ŚŪNYA，最初也是"空"的意思，后来又（通过拉丁语里的ZEPHIRUM）引申为"零"的概念。ṢIFR在古法语中也有了对应的CYBRE，后者在英语中变成了CIPHER（或CYPHER，暗号、密码）。

SIKKA

硬币。意大利人把它借用为"ZECCA"，并把它变成了"ZECCHINO"的缩略词，后来被法语采用，接着进入英语，变成

seguin（金币）。

S-L-M（词根）

安全、安详；顺从。这是一个能产性很强的词根，带来了许多西方世界熟悉的单词和名称。以此为基础的单词包括SALĀM（意思是"和平"，如DAR-ES-SALAAM，"和平之家"；问候语AS-SALĀMU ʿALAYKUM，"愿你平安"）、ʾISLĀM〔意思是"伊斯兰，服从（归顺于真主）"〕，以及MUSLIM（穆斯林，意思是"归顺真主的人"）。

Š-R-B

饮料。ŠARĀB（饮料）这个词在英语中留下了几处痕迹：syrup（糖浆）、sorbet（冰沙）、sherbet（果子露）。

Š-R-Q（词根）

（太阳）升起；东方。ŠARQIYY是"东风"的意思，通过方言形式ŠORUK，变成了意大利语的SCIROCCO，即西科罗沙漠风。ŠARQIYY还可能是希腊语SARAKENOS的起源，后来变成了Saracens（萨拉森人）。

ṢŪF

羊毛。形容词ṢŪFIYY既是"羊毛"的意思，也是"Sufi"（苏菲派）的意思；苏菲派信徒穿羊毛而不是丝绸。

ṢUFFA

石凳，sofa，沙发。这个词从亚拉姆语传到阿拉伯语，再传到法语和英语。

SUKKAR

sugar，糖。这又是一个顺着一条好走的路来到我们身边的词汇：从梵语（梵语

中的ŚARKARĀ表示用在甜品上的"颗粒"或"砂粒"），经波斯语到阿拉伯语，再通过意大利语、中世纪拉丁语、法语进入英语。西班牙语和葡萄牙语保留了阿拉伯语的冠词，分别是AZÚCAR和AÇÚCAR。

SŪQ

市场。在英语里变形成为souq或souk（伊斯兰国家的露天市场）。

T

ṬAḤĪNA

tahini，芝麻酱。源自词根"Ṭ-Ḥ-N"，意思是"碾、磨"。

TĀJ

王冠。最著名的词语是TĀJ MAHAL（泰姬玛哈陵），是印度斯坦语里的一个名字，意思是"宫殿之中的王冠"。MAHAL同样源自阿拉伯语的MAḤALL，意思是"居所"或"地方"。

ṬĀLIB

追寻者，学生。

TAMR HINDIYY

罗望子，酸角。按照字面意思，这个阿拉伯语名字是"Indian date"（也是罗望子的意思）。

ṬARAḤA

扔。"扔东西的地方"在阿拉伯语中是MAṬRAḤ，经过古法语，变成英语里的mattress（床垫）。"被扔掉的东西"是ṬARḤA，经过意大利语（TARA）和法语变成了英语里的tare，即容器的空重，如公式"gross weight = net weight + tare

weight"（毛重=净重+容器重量）。

ṬŪB

土砖。加上冠词AL，并与名词形式的首辅音融合在一起之后，带来了西班牙语单词ADOBE，意思是"晒干的土砖"。如今ADOBE已经成为英语词汇的一部分。在加利福尼亚州，有一处Adobe Creek（奥多比溪谷），著名的软件公司就因袭了它的名字。阿拉伯语里的这个词，是从埃及从前使用的科普特语里借用的。

ṬŪFĀN

暴风。这个地区性单词同样存在于波斯语和印度斯坦语中，英语借用为typhoon。它的最终来源可能是汉语。

W

WĀDIN

河谷、河床。西班牙的许多河流名称里可以识别出WĀDĪ的形式，如*Guadalquivir*（西班牙南部的一条河，瓜达尔基维尔）。在英语中，wadi是指偶尔会被山洪淹没的干燥河床。

WAZĪR

帮手，大臣。通过土耳其语的VEZIR，可能还通过了某一种罗曼语，它演变成了英语里的vizier（维齐尔），指奥斯曼帝国的高级官员。

Y

YĀSAMĪN

jasmine，茉莉花。英语形式是从法语*jasmin*演变而来，而法语则是从阿拉伯语借用的，阿拉伯语又是从波斯语里借用的。

Z

ZAʿFARĀN

saffron，藏红花。这个阿拉伯语单词，可能起源于波斯语，通过中世纪拉丁语和法语传入英语。

ZAHR

花，骰子。英语中的hazard（危险）一词，最初的意思是"概率游戏"，经法语从西班牙语的AZAR（现在是"机会，不幸"的意思，但最初同样是"概率游戏"）传入，而这个词又从阿拉伯语名词加冠词al得来，也即AZ-ZAHR。语义上的联系是，骰了的好运一面有一朵花。

ZARĀFA

giraffe，长颈鹿。英语借用了法语单词，而法语单词来自阿拉伯语。

各种字母，各种凌乱

词汇暂时就说到这里。这种语言的其他重要方面呢：发音、语法和文字？

我们在前一章中已经看到，阿拉伯字母表abjad和拉丁字母表有着共同的起源。但这对学习阿拉伯语的读写并没有太多用处。充其量只能说，阿拉伯字母里有为数不多的若干字符，在拉丁字母和西里尔字母里多多少少算是有对应之物。这让阿拉伯语比婆罗米系文字容易，比汉语和日语更容易。跟汉语和越南语不一样的地方是，阿拉伯语单词有着清晰的开始和结束之处。

从音系学上讲，阿拉伯语系的所有种类与欧洲语言都大不相同。但话又说回来，它没有声调，没有复杂的辅音连缀，几乎没有元音。准确地讲阿拉伯语发音并不容易，无论是标准语还是任何一种"方言"都不是那么容易，但也不是特别难。

同样，阿拉伯语的语法在许多方面与英语及其同类语不同。尽管跟其他欧洲语言（马耳他语除外）没有关联，阿拉伯语仍然跟后者至少有两个共同特征，而这两个特征，在不同的语言里并不普遍存在。首先，它有定冠词AL。其次，它有词性（归根结底建立在生物性别之上）系统。换句话说，所有的名词要么是阴性，要么是阳性，而不是泛泛地放在人、动物、植物、矿物这样的范畴下。这样以生物性别为基础的词性系统，在印欧语系和亚非语系里都很常见，包括闪米特语。不过，在其他地方，词性系统建立在其他基础上，或是根本不存在。

同样，我们不要忘记，日耳曼语系和闪米特语系有着一种最显著的共同语法特征。阿拉伯语以词根为基础，通过插入不同的元音（以及辅音的叠加）构成了许多单词，英语也是如此：我们可以把K-N-W视为一个英语词根，接着通过它产生了know、knew、known（"知道"的几种分词形式），knowledge（知识）和unbeknownst（未知的）等单词；或是S-NG词根，产生了sing、sang、sung（"唱"的几种分词形式），unsung（未唱的，埋没的），song（歌曲），singer（歌手）等。当然，这一点有些牵强，因为英语（和日耳曼语）远不如阿拉伯语的词根那么系统化、普遍化。另一方面，由于这类构词法在世界范围内并不常见，两者有着惊人的相似之处。事实上，少数语言学家提出了大胆的假设，闪米特民族（航海的腓尼基人会是很合适的候选者）在史前时代一定对日耳曼语有着很强的影响。

不管怎样，尽管存在这些相互借用和轻微的相似之处，事实仍无法回避：阿拉伯语（闪米特语族，亚非语系）与英语（日耳曼语族，印欧语系）差异显著。故此，语言学家在尝试把主要的语系划分成更大的超级语系（这一尝试困难重重，大多数人都望而却步）时，一般不会把印欧语系和非亚语系放到一起。

公元七八世纪，伊斯兰教与欧洲基督教国家比邻而居，这两户新邻居的文化，在某些方面并不像他们想象的那么不同。他们的宗教都起源于中东，有着许多共同的古老传说；他们的先知基本上是一样的；他们信奉的都是一神教（这是一种少见的信仰）。他们的语言呢？一如我们的《简明阿拉伯语词典》所示，两者的语言也能找到相似之处，文化接触对双方都产生了影响。阿拉伯语远非外星来客。

第四名

印地-乌尔都语

हिन्दी

HINDI

اردو

URDU

5.5亿使用者

据估计，有3.25亿人以印地-乌尔都语为母语，2.25亿人以之为第二语言，但如果把其他一些与之相关的语言视为它的方言，这些数字还会高很多。印度北部和中部的大部分地区说印地语（也即北印地语），巴基斯坦、印度北部和中部的穆斯林说乌尔都语，不过大多将之作为第二语言。数百万印度人和巴基斯坦人生活在英国、美国、阿拉伯半岛，但印地-乌尔都语并不总是他们的主要语言。

印地-乌尔都语

自称 हिन्दी（印地语）或اردو（乌尔都语）。

别名 印度斯坦语（Hindustani），历史上也叫作北印地语（Hindavi）或德里语（Delhavi）。

语系 印地-乌尔都语属于印欧语系的印度-雅利安语（印度）分支。

书写方式 书写系统的选择已经成为印地语和乌尔都语之间的一个主要区别，前者通常使用天城文字，后者使用一种波斯-阿拉伯语字母表。

语法 名词分为两性，有单数和复数，通常有两种语格（极少数情况下分为三种）。形容词在性别和数量上与名词保持一致，但方式非常有限。代词不指定性别，但可以区分距离远近程度（类似"这个"和"那个"），以及两种（有时是三种）层次的亲疏礼貌。和英语一样，动词系统也有大量的时态和语体，但形式较少。

发音 印地-乌尔都语有3个短元音和7个长元音，以及不少于35个辅音，其中8个辅音是从德拉威语族（包括泰米尔语）借用而来。在阿拉伯语或波斯语的外来词中，可能会出现一些额外的辅音。重音通常放在倒数第二个音节上。

外来语 主要有波斯语和阿拉伯语（尤其是乌尔都语）、梵语（印地语）、英语（两者）。

语言输出 avatar（化身、头像）、bandana（头巾、大手帕）、bangle（手镯）、cheetah（猎豹）、chintz（印花棉布）、chutney（酸辣酱）、coolie（苦力）、cot（简易床）、cushy（轻松的）、dinghy（小舢板）、dungaree（粗棉布裤）、guru（古鲁、领袖）、juggernaut（世界主宰）、jungle（丛林）、loot（战利品）、pajamas（睡衣）、pundit（博学家）、purdah（帷幕）、Raj（拉杰、统治）、shampoo（洗发水）、shawl（披巾）、tank（水槽）、thug（暴徒）、tom-tom（手鼓）、veranda（走廊）、yoga（瑜伽）和yogi（瑜伽修行者）。

罗马字母上网　印地语和乌尔都语都频繁地使用罗马字母：电影的名字、一些广告、《圣经》的译本，以及上网。尤其是使用互联网，使得更多印度人和巴基斯坦人意识到，彼此语言之间的差异，比官方说的要少得多。

4 印地-乌尔都语

总有些东西把我们一分为二

我把印地语和乌尔都语合起来说成是世界上20种最大语言里的一种而不是两种,算不算是在耍花招动手脚呢?毫无疑问,它们是双胞胎,这一点没有争议,但双胞胎仍然是两个独立个体,应该单独计算。它们俩的名字也不能互换(从前可以,现在不行了),这也是事实。你不能对一个巴基斯坦人说他们讲的是印地语——先生,不,我们说的是乌尔都语!你也不能跟一个印度人说他们讲的是乌尔都语——天哪,这太可怕了!除非你碰到的是说乌尔都语的印度裔穆斯林(他们有数千万人,哪怕按印度的标准也是相当可观的少数族裔),如果是这样,他们会觉得挺开心。但不管是震惊也好,开心也好,大多数印度人和巴基斯坦人会坚持认为,印地语和乌尔都语存在许多明显的差异。

但这种主张是存在争议的,而且也曾经进行过大量的争论。当然,这些争论并不是在一般民众当中进行的,他们对任何激昂演说家的话都信以为真;也不是在演说家当中进行的,他们对任何三流语言学家的话都信以为真。可争论真的存在,而且有着充分的理由。

人们怀疑印地语和乌尔都语并非两种语言的原因之一是,除了不同的名字之外,它们还有一个共同的名字:印度斯坦语。这个词,你现在在南亚次大陆上已经很难听到了,但20世纪中期之前很常见，而且在其他地方（如斐济和苏里南）的传承语言使用者[1]当中，它至今仍是一个主流词语。虽说它基本上已经过时，但它仍然极为有用，因为它对一种鲜活现实的描述比"印地-乌尔都语"这个合成词更便于人们理解。宝莱坞电影在巴基斯坦和印度同样大受欢迎，因为对话用的是两国许多人都能轻易理解的语言。反之，自称说印地语的人能毫不费力地理解用乌尔都语演唱的歌曲。尽管两国在这件事上各有强硬观点，但一般而言，判断印度普通人闲聊用的是印地语还是乌尔都语是不可能做到的。

因此，总的来说，把它们看成是一种语言来展开讨论有其合理性。在我的书里，能够彼此自由交流的人说的是同一种语言。印度斯坦的分裂是近代才出现的，是人为的，而且不少人都对此感到遗憾。这是一条裂痕，绝非彻底断裂，如果让它自由生长，它最终会逐渐愈合。不过，让它自由生长的状态几乎是无法达到的——至少，当民族主义和认同政治的花言巧语轻易地赢得了国境两侧的选举时，它不可能自由生长。

无数本书都曾写过有关1947年印巴分治的主题，也有不少书论及印度斯坦语、印地语和乌尔都语之间错综复杂的关系。它们大多数都可以公平地概括成："为什么该被指责的是对方"。这里的对方，要么是穆斯林，要么是莫卧儿；要么是印度，要么是巴基斯坦；要么是婆罗门，要么是印度人。他们双方还有一只共同的替罪羊，那就是英国人。不过，尽管印度和巴基斯坦互相甩锅让英国人得到了可喜的解脱，但英国人也因此成了蹩脚的反派角色，因为他们不再反驳。

---

1 heritage speakers，也即印度裔移民来到这些地区生下的后代，这些移民后代说的是祖辈的语言，但使用能力和说母语者存在差异。

好在还有一些作家和思想家并未以如此轻率的态度对待这些议题,本章对其中两本书多有借鉴。巴基斯坦著名学者塔里克·拉赫曼(Tariq Rahman)在《从印地语到乌尔都语》(*From Hindi To Urdu*)中批判性地考察了乌尔都语:从它在1780年左右第一次被提及,到大约一个世纪后来了个大转弯,从"印地语"的别名变成了"印地语的对立面,且绝不是印地语"——换句话说,从同义词变成了反义词。拉赫曼没有过分苛责,而是保持了学术的正确性和超然态度。我借鉴的另一本书叫《印地语民族主义》(*Hindi Nationalism*),性质有所不同。它的作者是印度公知兼大学教师阿洛克·拉伊(Alok Rai),他说话更直率、更善辩,老实说,也更有意思。他振振有词地批评了"印地语守卫者",这些人鼓吹印地语的"纯粹性",并在自己划定的人为语言边界上严防死守。拉伊

印度和巴基斯坦之间的国界有着荒诞之处,语言界限上也同样如此。

把印度和巴基斯坦的官方语言称为"印地语"和"乌尔都语"，从未省略引号，因为他强烈地感到，这是对人民真正语言的拙劣模仿。至于这种真正的语言，在他看来，可以称为印地语、乌尔都语、印地–乌尔都语甚至乌尔都–印地语，无需引号（不过他似乎不喜欢"印度斯坦语"这个说法）。

拉赫曼在书里热情地引用了拉伊的观点，如果这两个人会面，我相信他们会毫无敌意地展开讨论——尽管拉伊可能会很激进（如果他书里的激进语气可供参考的话）。可以肯定地说，如果两国高层多些拉赫曼和拉伊这样的人，印度和巴基斯坦都将受益。

印尔都语的故事

那么，南亚最大的语言——"印尔都语"（Hirdu，一位恼怒的语言学家给它起了这个名字）——的真实故事到底是怎么样的呢？坦白说，进入现代之前没什么特别的地方。它早期的祖先是一种印欧语，名叫原始印度–雅利安语（Proto-Indo-Aryan），它的使用者似乎在公元前2000年的某个时候到达了巴基斯坦北部和印度北部，并在此后的数千年往南部和东部扩张。人们在介绍这种关于遥远过去的说法时，往往会事先提醒你，还有其他的阐释存在。有一种理论认为，整个印欧语系的诞生地，不是乌克兰大草原或亚洲土耳其，而是印度河流域。不过，这又会扯出该死的民族主义来。我们先别管它吧。

在欧洲，有若干支印欧语系族群，受更古老的地方语言的影响，先是传播，然后分化。南亚的情况同样如此，印度–雅利安语占主导地位的区域逐渐扩张，与此同时，因为跟土著语言接触，它也开始分化。在一些地方，这些较古老的语言流传至今。还记得南部的达罗毗荼语族（泰米尔语是其主要成员）吗？

为了对付一大堆原本难以梳理清楚的古老语言，语言学家们将公元前1500年—前300年使用的若干种语言均称为"古印度－雅利安语"。听起来很晦涩，但其中最重要的一员我们在本书里已经见过不止一次：梵语——这个名字的意思是"完美"或"优雅"，很适合超级明星。梵语的前世今生，尤其是各种贴着"古典梵语"标签的品种，跟古典拉丁语极为相似：这两种语言都经过了对方言的有意识标准化，主要用于书面写作，其文化影响力远超其起源地区，并一直持续到当今时代。

接着是下一个阶段，通行于公元前300年—1500年的"中古印度－雅利安"语言群体。它们叫作"帕拉克里语"（Prakrits），意思是"自然的"，因为它们是当时人们的口头语言。与此同时，人们仍然选择以梵语作为书面语言，跟西方的拉丁语一样。在其他方面，公元1000年前后，印度的语言状况也跟欧洲类似，而且可以用一个语言学家们极渴望其家喻户晓的术语（只可惜并没有）来概括：方言连续体（dialect continuum）。请容我稍做解释。所谓的连续体，不管是波长、个性特征还是其他任何现象，指的是以渐进变化为特点的一种范围。故此，方言连续体就是在一块相当大的地理区域内使用的若干种方言或语言，地理上靠得越近语言越类似，相距较远的语言，类似的地方也随之减少。从实践的角度来说，这意味着旅行者从家乡出发，能轻松地跟距离出发点几个小时甚至几天脚程内的人交谈，但是随着他越走越远，交流难度也越来越大，尽管相互理解的程度从未急剧下降。大不列颠过去曾是一个方言连续体，在某种程度上，它至今仍然是：从南安普顿徒步走到阿伯丁，我们会听出方言慢慢变化，就连在苏格兰边界，英语（English）和苏格兰语（Scots）之间也没有明显的语言界限。不过，威尔士语和苏格兰的盖尔语不属于这一连续体。

1000年前，南亚的情况也差不多一样，只是它没有像如今标准英语那样的"伞形"语言。但考虑到当时大多数人并不会长途出行，这种状况几乎不会造成任何沟通问题。在那个时代，世界上的大部分地区都这么运作，包括欧洲的日耳曼语、罗曼语、斯拉夫语地区，以及南亚的印度-雅利安语地区。在如今的印度北部，也就是该广阔地带的中央腹地，存在5种紧密相关的帕拉克里语，可以视为印度斯坦语的前身。这些以及其他大多数帕拉克里语，由当地群众和统治者共同使用。不过，在这个连续体的最西面（也就是印度河以西），情况就不一样了，民众说帕拉克里语，统治者说波斯语。这种局面，就是未来的前兆。

1206年及其后

从11世纪开始，越来越多的侵略者、商人、乞丐和圣人从波斯来到印度，而从1206年开始，穆斯林统治了政治舞台。首先，德里苏丹国（Delhi Sultanate）成为南亚最强大的国家，莫卧儿帝国紧随其后。这些国家的统治者是中亚血统，但在此前的数百年里，在文化和语言上他们都波斯化了。德里苏丹国主要由突厥王朝统治。他们带来了波斯人将南亚语言称为"印地语"（Hindi）的习惯，这个词的意思是，"在印度河流域土地上所说的语言"，也就是印地语。莫卧儿王朝的皇帝们是突厥与蒙古人的混血儿（莫卧儿起源于蒙古），但同样说波斯语。两个帝国在势力最大时都曾覆盖到了遥远的南方，只是都不曾囊括整个次大陆。

这一地区的语言发生了怎样的变化呢？在语言学本科生的考试里，这会是个很不错的问题："假设有一块幅员辽阔的地区，其上通行的多种语言为方言连续体，在数百年的时间里，它受控于一个人数相对较少的外国血统的统治阶层，这些人所说的语言，与当地通行的语言没有紧密的关系。你认为，该地的方言和统治者的语言会发生什么样的变化？"答案可能是这样的："当地方言（底层）将受精英语言（上层）影响，但就长期而言，统治阶级会转变：先使用双语，接着彻底放弃自己原来的语言。"学生们不必非得想到印度的情况才能推测出答案。这个问题同样很好地描述了公元5世纪末日耳曼法兰克人统治高卢之后，高卢北部发生的情况；10世纪初，维京人占领诺曼底之后，诺曼底发生的情况；1066年，这些维京人变成的诺曼人征服了英格兰之后，英格兰发生的情况——类似的案例还有很多。

这一现象在南亚是如何演变的呢？首先，在整个德里苏丹和莫卧儿时期，地方语言都借用了大量波斯语词汇，其中许多有着阿拉伯语的起源，少数还掺杂了突厥语元素。经常有人说，这主要发生在军事营地（也就是urdu）里，但这并不准确。不管统治精英多么努力地保持自己的独立性，都不得不与下层阶级互动。语言互动不仅发生在军营，也发生在商店和市场、宫殿和清真寺、酒馆和妓院里（发生在后一种场合的语言互动程度恐怕还更大）。通过这些接触，人们会学习并开始运用新单词。这就是印地-乌尔都语（或印度斯坦语）当中为什么会有大量波斯词汇，比如JAVĀN（年轻的）、PARDA（窗帘）、DARIĀ（河流或海洋），以及不少阿拉伯语词汇，如KITĀB（书）、JAHĀZ（船）和DUNIYĀ（世界）。今天，使用印地-乌尔都语的人并不认为这些词是"外来的"或

"借用的",——如我们不认为river（河流）、curtain（窗帘）、simple（简单）和very（非常）是法语（这几个英语单词分别来自RIVIÈRE、COURTINE、SIMPLE和VERAI，最后一个在现代法语里是VRAI）。

那么，前述问题的第二部分回答，也就是关于精英的情况呢？他们使用双语吗？在德里苏丹统治期间似乎不是这样。但莫卧儿王朝很快就在16世纪这样做了，因为在当时，男性娶了不少印度新娘。接下来的两个世纪里，波斯语逐渐为印度斯坦语（也即当时的印地语）所取代。

事后回望早期的乌尔都语和印地语

到了17世纪，南亚的语言状况仍然相当平常。当时没人能预见到印地语和乌尔都语会分裂。中古印度–雅利安语分化成几种新印度–雅利安语：孟加拉语、旁遮普语和其他语言，以及一个由多种地方语言组成的中心集群，通常统称为印地语。无一例外，这些语言里充斥着波斯语和阿拉伯语单词。古典梵语仍然用于礼拜仪式，当地方言也经常以多种文字的形式付诸书面。伊斯兰教作者使用波斯–阿拉伯文（Perso-Arabic script，阿拉伯字母的一种变体），他们通过《古兰经》和公文来熟悉这种文字。印地语采用不同的土著文字（因种姓而不同）书写：婆罗门祭司和教师喜欢天城文字（Nagari），卡雅斯塔[1]抄写员和官员使用凯提文（Kaithi）。在这

1　卡雅斯塔（Kayastha），印度教种姓。反映种姓的传统角色是世俗文书记录、文件管理员。在中世纪早期的印度王国开始，卡雅斯塔占据了政府的最高机构部长和顾问。在英国统治期间，他们已取得在政治、艺术和各个专业领域的成功。

两种文字里，后者较为普遍。

只有从后来者的视角看过去，我们才能追溯出乌尔都语渐渐兴起的过程。随着伊斯兰教精英对波斯语的掌握变得越来越贫乏，他们的诗人开始在印地语中夹杂使用夸张的波斯语词汇，同时又不回避普通的方言词汇。这跟公元1600年前后英国文人对拉丁词汇的狂热（illecebrous、obtestate、adminiculation）[1]没有太大不同。然而，到了18世纪，莫卧儿王朝的诗人把事情做得更进一步，许多普通的印地语词汇成了禁忌，进而带来了高度波斯语化的文学风格。1780年前后，这种语言首次被称为"乌尔都语"，它是ZABAN-E-URDU-E-MUALLA这一短语的缩写形式，意思是"尊贵之城的语言"（不再是"军事营地"了），这里的"尊贵之城"，指的是首都德里。这种乌尔都语的作用，类似本书"第17名　土耳其语"章节中介绍过的奥斯曼–土耳其语，它是一种优雅的精英语言，是社会地位而非宗教身份的象征。用一位印度学者的话来说，充当了"紧张贵族的阶级方言"，随着英国东印度公司的崛起，这一贵族阶层的权力和特权地位逐渐分崩离析。事实上，围绕这一新语言的价值观是令人费解的精英主义，根据一位编纂者的说法，德里几户贵族家庭的用法，便定义了这种语言的正确性。

即便波斯化的乌尔都语在伊斯兰教精英中萌芽期间，一些博学的婆罗门仍在努力"净

18世纪的诗人米尔·塔齐·米尔（Mir Taqi Mir），被视为塑造乌尔都语的先驱之一。

1　意思分别是"无礼的""恳求"和"提供辅助证据"。

化"自己的印地语，清除波斯语和阿拉伯语的外来词，引入早已被遗忘的梵语词汇，不过，这些不过是一小撮不通世情的人在象牙塔里做的努力。他们的所作所为，现在看来比当时意义重大得多。

传教士和学者

英国商人从17世纪初就来到印度，起初毕恭毕敬，后来却发号施令起来。但在19世纪初，英国人开始对印度斯坦语（Hindustani，当时，它的拼写形式很多，比如Hindoostanee、Hindoostaneeh、Hindoost'hanee、Hindostani、Hindoustany、Hindostany或Hindustany，过了一阵子才固定下来）产生语言学影响。

它涉及两个不同的群体。第一群人是传教士，他们开始出版教育用书籍，把年轻的文盲印度教徒和穆斯林变成识字的基督徒。一如英国殖民政府后来采取的举措，他们决定整个印度北部和中部地区都应使用印度斯坦语，至于旁遮普语、孟加拉语和其他语言都应该去见鬼。他们着手把印度斯坦语方言连续体敲打成一种适用于教科书的书面标准语。不，确切地说，是两种书面标准语，因为印度学生和穆斯林学生将得到不同的版本。这不是为了对两者搞分裂活动——请记住，传教士的远大设想是要用一种新的信仰来团结他们。故此，这只是他们在务实地回应事实情况：在精神领域，印度教徒和穆斯林使用非常不同的术语，前者使用梵语，后者使用阿拉伯语和波斯语。文字也是另一个原因，穆斯林无法想象用除阿拉伯字母之外的任何文字阅读关于宗教事务的文件，而对印度教徒来说，宗教领域属于天城文字（Nagari，后来叫作"Devanagari"，"deva"的意思是"神圣的，天国的"）。今天，对于这种早期的双语政策，无论是狂热支持天城文字印地语的印度教徒，还是热心捍卫波斯文字乌尔都语的穆斯林都大为赞赏——哪怕基督教传教士的明确目标是把学生们从印度教和伊斯兰教手里"拯救"出来。

另一群产生了语言影响的英国群体是加尔各答威廉堡学院（Fort William College）的学者。该学院由东印度公司创建，旨在向本公司高管教授印度斯坦语。由于那时候的印度精英仍以穆斯林为主，所以学院里教的往往是乌尔都语（拼写为Oordoo，它更准确地反映了当时的发音）。然而，威廉堡的一些语言学家却跟他们手下的印度幕僚们一起着手"净化"起这种语言来。在努力的过程中，一些人选择了当时"最优秀者"所用的鲜活语言作为指导，另一些人却试图倒转历史，用"纯正词汇"（大多是基于梵语创造出来的）取代了大量的外来词。为取代起源于阿拉伯语的JAHĀZ（船），他们创造了基于梵语PŌTA的PŌT。许多语言都使用的阿拉伯语外来词DUNIYĀ（世界），让位于基于梵语SAMSĀRA的SANSĀR。显然，这些纯粹分子没有意识到，对19世纪的印度人来说，梵语的"异域"感，绝不弱于波斯语和阿拉伯语——而且，"纯正词汇"比它们打算清除的旧词更不正宗。还有一些"外来"词汇扎根扎得太深了，哪怕是最坚定的梵语学者也束手无策，比如指代"年轻"的JAVĀN和指代"窗帘"的PARDA，都有着波斯语起源。

说威廉堡的人正在阴谋搞语言隔离，不免有些荒唐。可以这么说，他们和传教士的工作，只不过是楔子最锋利的那一端，而整个楔子则是后来由其他势力愉快地揳进整个印度斯坦语里的。威廉堡的很多语言学家明确地表示支持一种共同的印度斯坦语。但客观上，用拉伊的话来说，他们的工作有力地促成了"语言双重性的概念"，即穆斯林使用波斯化的乌尔都语，印度教徒使用梵语化的印地语。但这仅仅是针对这一理念而言，在实践中，几乎所有人，不管他们属于什么信仰，都不会说这样极端版本的语言。数百万人仍然使用着跟从前一样的印度斯坦语方言混杂体（或连续体）：它们起源于印度-雅利安语，后来随着历史的发展，无意中受到了波斯语影响。

"邪恶"与"野蛮"之间的斗争

19世纪30年代，英国人逐渐用印度斯坦语代替波斯语作为行政语言，这种两重性变得更有意义了。转变的原因很简单：对大多数人来说，有能力理解法官和其他官员的语言似乎是明智的。然而，波斯-阿拉伯文字保留了下来：印度斯坦语有着使用阿拉伯文字书写的悠久传统，为什么要替换它呢？

从19世纪50年代末开始，正规教育的扩张带来了对新版教科书的需求。两个阵营的宗教人士都承担了编写教科书的重任。在文体指导方面，他们没有过多地参考现存的口语，而是借鉴了各自的文学遗产。和几十年前的传教士版教科书一样，新教材在更大范围内深化了穆斯林和印度教学生之间的隔阂。尽管如此，这也只影响了极小一部分人，因为哪怕几十年过去了，文盲率仍然高达97%。不过，到了这时候，语言议题已成为争论的焦点。

19世纪后期，穆斯林和印度教爆发了全面冲突。南亚地区经历了现代化进程，引入了铁路、邮政系统、人口普查和日益专业化的公务员队伍。这就出现了有待分配的经济利益。传统的伊斯兰教精英自然觉得自己有资格拥有它们，但与此同时，他们也看出眼下的地位受到了来自有抱负的印度教精英的威胁。两边都开始获得本阵

这张一战时期的英国征兵海报上写着："谁将拿走这些军服、金钱和枪？"海报里所用的语言是乌尔都语，在当时是较常用于书面印刷的印度斯坦语。100多万印度士兵在第一次世界大战中参军服役，而到了第二次世界大战，这一数字达到了250万。

营民众的支持，从而产生了一种以前从未存在过的团结：不是基于地域或阶级，而是基于宗教。在全国各地，比邻而居的人们可能会突然发现他们彼此置身对立阵营。

语言立刻卷入了这场冲突。乌尔都语，在数百年来穆斯林统治和波斯–阿拉伯文字官方地位的支持下，抢得先机。有好几十年，印度教精英一直在谋求天城文（也即印度斯坦语的印地版）的认可。辩论的基调就跟如今的一些互联网论坛差不多。一位著名的印度官员写道：波斯–阿拉伯文字"将闪米特元素插入了印度人的胸膛，让他们与雅利安语渐行渐远……我诅咒伊斯兰教徒穿过印度河的那一天，我们在自己当中发现的一切罪恶，都要感谢'我们亲爱的弟兄'伊斯兰教徒"。一位愤怒的穆斯林报纸编辑不甘落后，当英国人在一个两教信徒苦斗不休的邦承认天城文地位时，他评论道："乌尔都语和天城文的问题……是一场高雅文化与偏见野蛮之间的较量……历史将写下一个蓄意破坏的故事：一名英国行政长官用笔一画，就给了高雅文化致命一击。"这样的辱骂将始终持续下去，印度教徒成了"出身低微的乡巴佬"，穆斯林是"把印度文化带入黑暗时代的暴君"。由于没法纳入双方的议程当中，印度文学文化在莫卧儿王朝时代开出的繁盛花朵被漫不经心地忽视掉了。

在这种苛刻的氛围下，不出意外，尽管一些人尽了最大的努力，独立运动仍然未能将两个宗教社群团结起来。在政治上和语言上，局势不断升级，最终导致1947年的政治分治以及此后不久的官方语言分治。1948年2月2日，巴基斯坦将乌尔都语定为官方语言。印度选择的是梵语化的印地语，但这并非定局。1948年1月30日，圣雄甘地遭到暗杀，他支持用天城文或波斯字母书写的印度斯坦语——实际上，这正是激怒凶手的部分原因。即便如此，在1949年9月的制宪会议上，梵语派仍然设法击败了印度斯坦语的支持者。"纯粹的梵语词汇在任何地方都以同样的形式使用。"他们的领导者说，"因此，只有这种语言，在印度全国各地都能得到接受，因为全国各地都有着丰富的纯梵文词汇。"换句话说，这就是梵语化的印地语。

卫兵和枪支可以让人们尊重新的国境，但无法改变民众的说话方式。两国的下层阶级仍然说印度斯坦语，而不是标准化的印地语或乌尔都语。在印度中北部的"印地语带"之外，印、巴两国的中产阶级主要通过宝莱坞电影来学习语言，而电影里的人物，使用的是印度斯坦语。至于精英阶层呢？在印度和巴基斯坦，他们更喜欢英语的国际魅力和实用性。中产阶级跟随前者的脚步，也越来越多地瞄准了英语。在印度，官方的梵语化印地语，实际意义正在下降，用拉伊的话来说，这一类型的"印地语"（引号是他本人所用）正"蜷缩在个别邦的角落里生闷气，乞讨残羹"。在巴基斯坦（1971年，孟加拉国分裂出去之后，它的人口减少了一半），大多数人能以某种形式的乌尔都语为第二语言，但很少有人在乎它，更不在乎什么"纯粹性"。

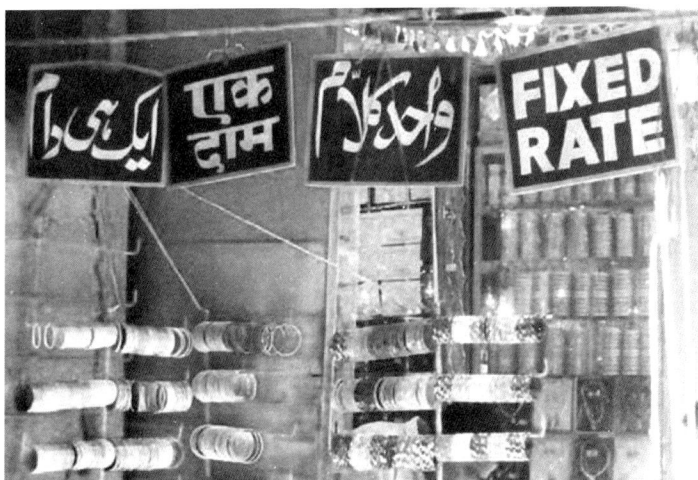

此处不讲价——不管是用乌尔都语、印地语、阿拉伯语还是英语！

回首望分离

今天，印度和巴基斯坦的官方语言意识形态完全相同，一如镜像。印地语言学家将印地语描述为梵语的"长女"（如果非要把原本的说法翻译出意义来，只能姑且用这个词了）——这个说法，没有任何严肃的历史语言学家能给予支持。如前所述，一些人甚至主张原始印欧语起源于南亚。在巴基斯坦，学生们从小被灌输的理念是：乌尔都语是莫卧儿军营里诞生的混合语言。一些巴基斯坦语言学家提出，印地语和乌尔都语的共同祖先不是来自印度北部，而是来自巴基斯坦，这既明显矛盾，也同样荒谬。

一如国家和语言，他们的历史文献也分割开来。任何用波斯–阿拉伯文写的东西，哪怕来自17世纪之前，如今都被视为乌尔都语文学的一部分；而用天城文撰写的书籍，则自动被看成是印地语文学。别介意作者们本来用的是同一种语言写作，别介意他们生活在同一地区，别介意他彼此能阅读对方的作品：乌尔都语和印地语必须是分开的，所以回过头去看，它们也必然是分开的。这是对历史最公然的篡改。

这么说来，我把印地语和乌尔都语当成全世界最大的一种语言来写，而不是把它们分开视为两种语言，是我在动手脚吗？或许有那么一点点吧。但真正动手脚的人并不是我。

第三名

西班牙语

ESPAÑOL

5.75亿使用者

西班牙语有4.25亿母语使用者，还有1.5亿人将其作为第二语言来使用。它是20个国家的（主要）官方语言：一个欧洲国家、两个加勒比岛国、7个北美和中美国家、9个南美国家、一个非洲国家。西班牙语已经成为美国的第二大语言，近4000万美国人在家里将其作为主要语言使用，它还在波多黎各自由邦享有共同官方语言的地位。在欧洲，法国和瑞士都有众多讲西班牙语的少数族裔。

西班牙语

自称 西班牙语（Español）或卡斯蒂亚语〔castellano，不可跟西班牙东北部使用的加泰罗尼亚语（Catalan）混淆〕。

语系 西班牙语是印欧语系下罗曼语分支的一员。

书写方式 拉丁字母，外加3种变音符号：重音符（á）、腭鼻音符（ñ）和分音符（ü）。ñ被当成一个单独的字母。西班牙语的拼写相当规则；非正式写作中虽然经常会省略重音，但总会通过拼写来暗示。

语法 跟其他罗曼语（罗马尼亚语除外）非常相似：复杂的动词词形变化、名词和形容词分为两性、没有语格系统。

发音 西班牙语只有5个元音，根据方言不同，有多达20个辅音。

外来语 在中世纪，穆斯林统治伊比利亚半岛的大部分地区，西班牙语从阿拉伯语中借用了数千个单词。其他的主要外来语来源包括法语、意大利语和英语。少数单词可以追溯回公元5世纪—8世纪的日耳曼人占领时期。

语言输出 cork（软木塞）是很早以前（可追溯回1300年）从西班牙语里借来的。此后英语里又涌入了数百个西班牙语单词，如armada（西班牙无敌舰队）、maize（玉米）、mosquito（蚊子）、guitar（吉他）、aficionado（发烧友）、potato（土豆）、chocolate（巧克力）和barbecue（烧烤）。美国有无数个西班牙语起源的地名，从加利福尼亚州的洛杉矶（Los Angeles），到佛罗里达州的费尔南迪纳海滩（Fernandina Beach）。

西语合众国 在如今美利坚合众国的版图上，定居者们所说的第一批欧洲语言中，就包括西班牙语。16世纪20年代，西班牙人首次在此地尝试永久定居，但以失败告终；16世纪60年代，他们在佛罗里达州建立了第一个永久性定居点。在北美洲使用的第一种欧洲语言是公元1000年左右纽芬兰维京人的古诺尔斯语（Old Norse）。

3 西班牙语

生存还是毁灭（¿Ser or estar?），
这是个问题

从英语使用者的角度来看，西班牙语大概是本书介绍的语言里他们最容易掌握的一种。我得提醒一句，其实也没那么容易。他们仍然有很多单词要学习，很多语法需要掌握，还需要建立一种全新的口音。

我自己就是用了很多年的努力和练习才征服西班牙语，尽管这场战役打得相对成功，但它至今仍有尚未平息的最后抵抗。其中之一藏在虚拟语气的密林深处，这个红色区域名义上由我控制，但各种各样的句子陷阱和地雷常常当着我的面炸开花。西班牙语的虚拟语气密林面积很大，又位于中央地带，没法把它当成禁行区，只能小心翼翼地沿着做好标记的道路前进。英语的虚拟语气树林只保留了极小部分（"if I *were* you"，如果我是你；"we demanded that he *be* silent"，要是他出声，我们就完了），跟如今西班牙语里的茂盛丛林比起来，实在只是小菜一碟。

六个is，一个was

让我们从一个简短的故事开始：There is a supermarket（有一家超市）。A supermarket is a shop（超市就是商店）。John is at the supermarket（约翰在这家超市）。He is buying egg（他在买鸡蛋）。This supermarket is big（这家超市很大）。The supermarket is open（这家超市开门了）。The supermarket was built last year（这家超市是去年修好的）。

这算不上一个扣人心弦的故事，但它相当巧妙地说明了英语动词to be的多功能性，在这个故事里，它体现为六个is和一个was。如果我们抠字眼的话（这里恰恰就是要这么做），这7个短句代表了to be不少于7种的变化（即便如此，也没有穷尽这个动词的潜力）。让我们依次来看一看。

There is a supermarket：这里is的意思是"存在""有"。

A supermarket is a shop：它"可以定义为"商店；它"属于"商店的"范畴"。

John is at the supermarket：他"发现自己在"或"位置在"那里。

He is buying chocolate：这里，动词to be帮忙构成主要动词"to buy"的进行时。因此，这里的to be叫作助动词（auxiliary verb，它因袭了拉丁语里的"帮助"，AUXILIUM）。

The supermarket is big：它"有着"大的"恒久特质"。

The supermarket is open：它"有着"开门的"暂时特质"。

The supermarket was built last year：它"被"修建好了，修建好它的是无名人士。这里，to be同样是助动词，但这一次是为了构成被动语态。

在你看来，这些句子没什么值得注意的地方（none of these

sentences will seem remarkable to you，也可以说成"they will not seem to be remarkable"，它们看起来并不值得注意——这个例子说明，英语有时可以省略"to be"，而又不丧失时态）。毕竟，我们考察的是一个极为常见的动词：如果我们把它所有的形式都包含在内，从were到being，从'm到're，它是英语里使用频率第二高的单词，仅次于the。

放眼世界各地的语言，这种情况并不普遍，很多语言都采取了不同的应对方式。西班牙语就是其中之一。在西班牙语里，我们刚才识别出的to be所扮演的7种不同角色，将分散到4种"解决方案"（借用一个市场营销术语）当中。其中两种解决方案甚至不涉及任何类似to be的动词。

第一句话"There is a supermarket"，翻译成西班牙语是"HAY UN SUPERMERCADO"。若按照字面意思一一对应，最接近的英语句子是"It has a supermarket"。如果你熟悉法语或德语，你会记得这些语言是怎么表达"there is"的：IL Y A UN SUPERMARCHÉ（直译为"It there has a supermarket"）或ES GIBT EINEN SUPERMARKET（"It gives a supermarket"）。在这些例子里，supermarket都是动词的宾语，而在英语里，它是……什么呢？答案取决于你的语法教材是怎么说的，但反正它不是宾语。然而，如今许多西班牙语使用者并不认为HAY之后的名词是它的宾语，而是把它当成主语处理。故此，在说到不止一样东西时（尤其是在过去时），他们通常会使用动词的复数形式HABÍAN MUCHOS SUPERMERCADOS（"There were many supermarkets"），而不是规定的单数形式HABÍA。很多人都会对这种用法大皱眉头，但使用它的人更多。这很像在英语里，人们说less people而不是fewer people，但fewer people才是正规用法。

西班牙语也有自己的学术院，46名院士每人占有一个指定了大小写字母的席位。ñ是所有字母里最有西班牙语特色的。

　　针对上面7个例句中的最后一句，也即带有被动语态的那一句，西班牙语有两种选择。有一种完全反映了英语的结构（EL SUPERMERCADO FUE CONSTRUIDO，FUE的意思是"was"），但它并不太常见。更常见的做法是用建筑自己来指代。没错，虽然在英语里听起来奇怪，但在西班牙语就是这么说的：使用反身代词——EL SUPERMERCADO SE CONSTRUYÓ。说西班牙语的人和使用其他任何语言的人同样清楚地知道，修建墙壁、封闭屋顶、安装管道等都需要真正的人，但这并不妨碍他们说那东西"修了自己"。

　　有一点或许值得一提，在西班牙语中，这些反身代词要比英语中对应的语法结构更低调。英语的反身代词大多是双音节，比如myself、themselves，给人的印象有点傲慢。但在西班牙语里不是这样，反身代词只有一个音节（跟较古老的英语里一样，当时还没有叠加self）。它们是被动语态的一种常见替代用法，听上去并不像按字面意思翻译成英语那么刺耳。

短暂地结婚，永远的冠军

这样，我们还剩下5种其他类型的句子，西班牙语在其中用自己的两个词来代替to be：SER和ESTAR。恼人的地方是，尽管母语人士毫无疑问地知道该选择哪一个，但由于规则太过复杂，第二语言使用者完全掌握这门手艺的可能性其实不大。

谜题里最简单的部分是翻译进行时态，比如"he's buying eggs"（他在买鸡蛋）。西班牙语和其他一些罗曼语有着相同的结构，经常使用。这里，我们想要用的西班牙语动词是ESTAR：JUAN ESTÁ COMPRANDO HUEVOS。在这一语境下，跟它孪生的SER没有意义。

于是我们还剩下另外4种意思："存在的暂时特质""位置在""可以定义为"和"存在的恒久特质"。而这些也是西班牙语能让你泪流满面的地方。

老师会告诉你，它们的分工如下：ESTAR负责前两种意思，SER负责后两种。这为我们带来如下正确的句子：

a. The supermarket is open：

EL SUPERMERCADO ESTÁ ABIERTO（超市开门了）。它今天晚些时候会关门，故此"开门"是暂时特质，用的动词是ESTAR，并变形为ESTÁ。

b. John is at the supermarket：

JUAN ESTÁ EN EL SUPERMERCADO（约翰在超市）。他发现

自己在那儿，这是他的位置，故此用ESTAR。

c. A supermarket is a shop：

UN SUPERMERCADO ES UNA TIENDA（超市就是商店）。这里用的是SER的变形ES。用SER是因为超市的固有性质是商店。

d. The supermarket is big：

EL SUPERMERCADO ES GRANDE（这家超市很大）。超市很大，不受它自己的控制——它就是这样子，这是它的性质，是它永恒的特质（除非，在建筑商的少许帮助下，它"让自己"变小），所以使用SER。

到目前为止，这种分工还是行得通的。没错，大多数句子都遵循这些规则："Mary is happy"（玛丽很快乐）（a型）和"She is at the office"（b型）都用的是ESTER的变形，而"Mary is my sister"（c型）和"She is intelligent"（d型）用的是SER。挺合理的，因为众所周知，快乐是转瞬即逝的，办公室的时间是有限度的，而智力和家人则是永久性的。

但怪事也就这样开始了。由于厨房在（ESTAR）房子里面，照理说，聚会也在（ESTAR）房子里才对。可惜，事件"在"哪儿"发生"还有一条规则，它要求用SER。

同样令人困惑的是婚姻领域里动词的选择。西班牙语中有John is（SER）Mary's husband（约翰是玛丽的丈夫），这里选用的动词暗示持久性，而John is（ESTAR）married to Mary（约翰与玛丽结婚）听起来却显得像是离婚律师总在你身边蹲着似的。原因在于，SER跟名词的连用是强制性的，不仅仅在"是某人的兄弟"或"成为某人丈夫"当中，还包括"成为首相"或"当上冠军"这些短暂的荣耀。更叫人吃惊的是，如果John is said to be ABURRIDO，用"SER"表示他"无聊"，用ESTAR表示他"烦了"。

双语美国。美国说西班牙语的人口已经超过5000万，按塞万提斯学院估计，到2050年，美国说西班牙语的总人口将超过世界上任何其他国家。

不仅如此。如果SER指的是永久，ESRAR指暂时，你会认为今天是（ESRAR）星期一，现在是（ESRAR）10点20分。非也：这两种情况的动词都应该选择SER。

但我最喜欢的还是这一条，一个隐藏在西班牙语核心的事关生死的令人瞠目的意外：在你死后，You are（ESTÁS）dead。听起来就像是，死也不是不可挽回的，只不过——怎么了？也许是等着最后的审判？说西班牙语和天主教徒之间有着很强的统计相关性，所以好像说得过去。然而，选择ESTER而非SER的真正原因在语法上。

"dead"的西班牙语MUERTO，从技术上说是动词MORIR（"to die"）的过去分词，它表示动词的结果，可以把它想成是"having died"（已经死了）。虽然死亡不可逆转，但按当地法律的规定

（更确切地说，按西班牙语的规定），在这种情况下要用ESTAR。语法胜过了性质。

这种伏特加——好

SER与ESTAR的这一整套规则，不光叫学习西班牙语的学生困惑不已，对像我这样整个青年时代没去从事健康户外体育活动而是在房间里修读拉丁语的人来说，也是个意外。从很多方面看，拉丁语是一栋比它的后代远为复杂的语言大厦，但在这个具体的问题上，它反倒更简单，它只有一个动词ESSE指代"to be"，涵盖了我们前文讨论的所有4种意思。ESSE传到当代西班牙语的直系单词是SER，也就是说，原本用SER也就足够了。但它邪恶的孪生兄弟ESTAR同样是拉丁语的合法后裔，它的词源可追溯到动词STARE，意思是"to stand"（站）。[1]

一个表示"站立"的单词后来怎么演变出了"存在"之意呢？容易极了。想想英语的一些习惯说法，比如I stand corrected（我错了；纠正一下）、we stand in awe（我们肃然起敬）和as it now stands（就目前的情况看），这里stand更多地代表一种存在状态，而不是直立的体态。如果这样的表达使用得越来越频繁（she stands accused，he stands convicted……），那么，"to stand"就不光可以在相近的结构中，甚至可以在不那么类似的结构里取"to be"而代之了。I stand perplexed或者I stand invited真的有那么奇怪吗？最终，

1　准确地说，SER是两个拉丁语动词的混血后代，即ESSE，后来的ESSERE（也即"to be"），还有SEDERE，意思是"to sit"（sit也是sedere的同源词）。不定式SER和其他一些形式来自SEDERE，而ES、FUI和其他许多形式来自ESSE（RE）。——作者注

to be和to stand之间的区别，可能会缩小到纯技术层面，并成为语法的一部分。这种过程叫作"语法化"（grammaticalisation），它没有出现在英语里的to stand上，但在若干种罗曼语里都发生过。葡萄牙语和加泰罗尼亚语使用SER和ESTAR的方式，跟西班牙语基本相同（尽管不完全相同）；在意大利语中，ESSERE和STARE的规则不同，但同样出现了语法化。[1]

　　掌握SER和ESTAR的诀窍对我们来说可能很难，但进行这样的区分并非罕见做法。从全球语言的角度看，区分being的两种或多种形式，是常态而非例外。回到我们"to be"的4种意思上来（a，短暂的性质；b，位置；c，定义；d，恒久的性质），我们看到语言会用不同的方式将它们划到一起。比如，斯瓦希里语用过一种形式指代b，另一种形式指代a、c和d。泰米尔语有一种形式指代b和c，另一种形式指代a，还有一种形式指代d。越南语把a和d划到一起，b和c各有单独的形式。一句话，各有各的方式。

　　有些语言还引入了其他一些细微之处。例如，日语使用两个不同的动词来指代b：一个用于没有生命的东西，一个用于有生命的东西。仔细想想，这跟使用不同的代词来指代东西（it）和生物（he和she）似乎也没太大不同。此外，我们在"第13名　日语"一章中看到，日语鼓励女性在某些结构中省略动词"to be"，而男性则应该保留。

　　俄语和英语一样，以同样的方式表达"to be"的4种意思。然而，它的使用方式跟英语相当不同。俄语里的确有这个单词BYT'（是be的亲戚，现在时YEST' IS跟is相关），但在现在时里大多是

1　法语将这两个动词合二为一，ÊTRE和类似于ÉTAIT的结构形式来自ESTAR，而SUIS、EST、FUT、SERA和其他所有结构形式则来自ESSE。——作者注

省略的。在口头语言里，它毫无痕迹；在书面写作中，它可以用破折号代替。

很多语言都会在我们要使用"to be"的某些句子类型里省略动词，但不使用"to be"通常没问题。越南语的很多地方都叫我发狂，但NHÀ CAO（按字面意思是"house tall"，如果是英语，应该说成是"the house is tall"）这样的用法不在此列。说到底，哪怕在英语里，"to be"的地位也有些不稳定了。对"to seem"一类的动词，我们可以加上"to be"，也可以不加：it seems（to be）optional（它似乎是可选的）。"the sooner you do it, the better"和"the sooner you do it, the better it will be"（两句话的意思都是"越早动手越好"）又真的有什么区别吗？问题就在于，"to be"的使用频率极高，含义又十分浅薄，如果一种语言真的想要去掉任意一个动词，"to be"大概会是普通民众的选择。

宿醉待售

英语中第二最常用的动词是to have，仅次于to be。虽然我们立刻想到的意思是"拥有"，但它的含义范围其实同样宽泛：you have a hangover（可译作"你还宿醉未醒"，但按字面意思直译是"你'有了'宿醉——嗯，这里的"有"被解释为"拥有"是说得过去的），because you *have drunk* too much（可译为"因为你喝得太多了"，此处的have表示完成时，你做过并且仍然能感觉到），so too bad you *have to work* now（直译为"这真是糟糕，因为你现在不得不工作了"，have to的意思是"必须"）。

这里，西班牙语有两个不同的动词，TENER和HABER，加上一个特殊形式，HAY。看起来似乎很复杂，但跟SER和ESTAR的迷宫比起来，简直是小巫见大巫，原因如下：

首先，这两个动词和特殊形式的角色分配非常清楚。TENER有两个角色：拥有和义务（此时跟que连用）。"have a hangover"（宿醉）是TENER（UNA）RESACA，而TENER QUE TRABAJAR的意思是"to have to work"（必须工作）。HABER也有两个角色，一个要求苛刻，一个比较轻松容易。和英语里的"to have"[1]一样，它构成所有动词的完成时态：HABER TOMADO（DEMASIADO）的意思是"to have drunk（too much）"（喝得太多）。使用介词de，它可以表示义务：HABER DE TRABAJAR的意思是"to have to work"。但在现代西班牙语里，它比TENER QUE少见得多。最后，还有特殊形式HAY，从词源学角度来说，它是HA（HABER的一种形式）和AHÍ（"那儿"的意思）的复合形式。与QUE结合使用，它表达客观上的必要性：HAY QUE PENSARLO BIEN的意思类似"我们应该"或"人必须仔细思考此事"（很像是法语里的"IL FAUT"）。我们前面见过HAY，因为没有QUE的话，它的意思是"there is"或"there are"（有）。我应该补充一点，TENER和HABER的词形变化非常不规律，同是虚拟语气丛林里的危险区域。不过，选对动词轻而易举。

至于语法，英语和西班牙语在have和HABER（或TENER）作助动词的用法上惊人地相似，既可表示"义务"，又负责构成完成时态。使用意思是"to have"（拥有）的动词来表达义务的做法，

---

[1]　表面上看，have和HABER会是同源词，但它们不是。英语的have跟西班牙语动词CABER（"to fit, to enter"适合，进入）是同源词。西班牙语的HABER跟法语的AVOIR、意大利语的AVERE一样，起源于一个古老的印欧语系词根，但除了从拉丁语里借用来的habit（习惯）和prohibit（禁止），它在英语里没有留下一丝痕迹。——作者注

在各种语言里并不常见；在日耳曼语族和罗曼语族里，把它作为构成完成时态的唯一辅助手段并不十分普遍，在其他地方也很罕见。

但即便是在它们表示"拥有"这一基本角色上，其相似之处也比我们想的更加惊人。在英语和西班牙语里，使用have或HABER的所有格句式表现出相同的结构：a possessor possesses a possession（物主拥有物品）。你兴许会问，从逻辑上说，还有什么能比这更自然的呢？呃，从统计数字来看，世界上只有少数语言有着同样的结构（其中包括葡萄牙语、法语和德语，还有波斯语）。我把英语的这种做法称为1型，在所有语言里大约占25%。

2型（占25%）建立在同时性的基础上，很难用英语表达。最接近的描述大概是"The possessor is with the possession"（物主跟物品在一起）。这一类型在非洲语言里很常见，包括斯瓦希里语。

3型（占20%）可以翻译成"(regarding) the possessor, there exists the possession"〔（就）物主而言，存在物品〕。这一类型常见于东南亚和中国各地的语言中。表面上看，它跟英语的1型有着很强的相似性：先是物主，接着是动词，最后是物品。实际上，我在学习越南语的时候，最初背下了单词CÓ的意思是"to have"（拥有）。然而，这对同一个单词的其他许多用法不管用。把它想成"to be（the case），to exist"〔是（这样），存在〕有助于把所有的含义联系在一起。对属于这一型里的所有语言，这一点都是成立的：执行动词的意思不是"有"，而是类似"存在"的东西。故此，我们认为的客体（物品）其实是主体，我们能视为主体（物主）的部分，有着可称为"主题"的功能，通常在英语里表达为"regarding"或"as for"（就……，至于说……）。故此，越南语的TÔI CÓ MỘT CHIẾC ĐIỆN THOẠI MỚI翻译成"I have a new telephone"无疑是正确的，但它的字面意思是"as for me, there exists a new telephone"（按字面意思可直译为："对我来说，存在了一部新电话"）。

4型（占20%）将拥有表示为"the possession is at/on/with the possessor"（物品属于物主）。我们在本书中可发现许多种彼此不相关的语言属于这种类型，如泰米尔语、印地–乌尔都语、日语、阿拉伯语、韩语和俄语，以及芬兰语、匈牙利语和凯尔特语。

5型是最小的一类（占10%），用法是"the possessor's possession exists"（物主的物品存在）。在本书中的代表语言是土耳其语和孟加拉语。

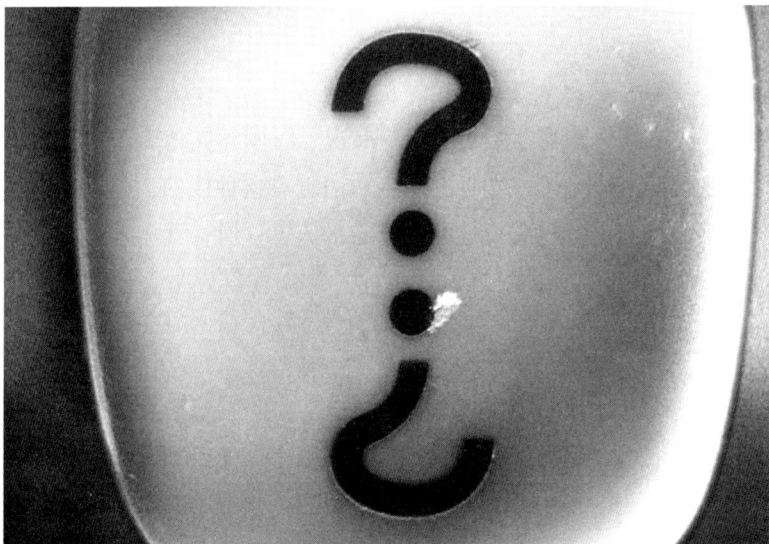

西班牙语的问号，出现在句子的开头和结尾。¿的确，为什么不呢?

这就是世界上所有语言表达"拥有"的5种方式——只不过通常并不译成"拥有"。在英语和西班牙语里，我们都养成了"有辆车""有妈妈""有宿醉""有聚会"和"有些时间"的习惯——

这些例子，其实都是同一种语言现象的不同例子。如果你试着买卖这些"物品"，你会发现它们存在实践、道德和商业上的区别。其他语言的占有欲就没那么强烈。他们更喜欢说"the head splits me"（我头疼欲裂）、"we're partying"（我们在聚会）、"there is time I can spend"（直译为"我有时间可用"），而不是用"have"来表示。

许多语言会区分所谓的"可让渡的"和"不可让渡的"物品，并要求使用两种不同的动词或其他机制来表达。两者之间的界限，不同的语言也有所不同。例如，在日语里，人可以使用动词"MOTSU"（持つ）来表示你真正拥有的东西，如一张渔网或者金钱。这是1型用法，按字面意思是"持有""携带"。另一选项是4型结构："物品属于物主。"虽然这可以指一个人所拥有的具体物品，但在说到亲属、投诉、医疗状况、时间和其他无法带到市场上的东西时，它是唯一选择。泰米尔语也有这种区别，但跟日语不同。某个拥有金钱的人可能是个富有的人，这时，泰米尔语会说，money "to the person"。但如果他只是现在恰好带着钱，那就是cash "on the person"。两种不同的语格后缀，区分了"永久拥有"和"暂时拥有"。当然，金钱绝非不可让渡，但如果你永久性地拥有大量金钱，总比你口袋里恰好有些现成的钞票要来得长久些。

这样的区别很陌生吗？当然陌生。但不合逻辑吗？不见得。难学吗？你可以试试看。从英语使用者的角度看，西班牙语更容易掌握，这就是原因之一。

¡Que tenga un buen día!

祝你今天过得愉快！

第二名

汉语（普通话）

PǓTŌNGHUÀ

13亿使用者

以汉语（普通话）为母语的人大约有9亿，比其他语言更多，此外还有4亿人以之为第二语言。中国大陆、中国台湾、新加坡和马来西亚是使用汉语（普通话）的主要国家及地区。过去，大多数华裔血统的移民使用普通话之外的其他汉语方言。今天，华人移民大多使用汉语（普通话）。

汉语（普通话）

自称 在中国大陆，常称作"普通话"（字面意思是"共同的语言"）；在中国台湾，称为国语（意思是"国家的语言"）；在亚洲其他地方，也叫"华语"（"中华的语言"）。此外也称为标准中文、（现代）标准普通话，亦可宽泛地直接称为汉语。

语系 汉语（普通话）是中国的官方语言，它属于汉藏语系，并且是该语系下规模最大的一种语言。

书写方式 汉语（普通话）使用独特的方块字。见正文。

语法 汉语（普通话）几乎没有任何词形变化，也就是说，词汇只有一种形式：不管是单数还是复数，不管是现在、过去还是未来，不管是表示主语还是宾语，它都没有变化。名词没有阴性/阳性之分，但分为不同的类别，每种类别在某些语法背景下需要特定的量词，比如在数字之后。我们通常会用英语单词"cattle"来做比较，在中文里，"cattle"也就是"牛"，不能直接跟在数量之后（"一牛两牛"），而是要加入量词"头"：两头牛。

发音 汉语（普通话）恐怕是最著名的声调语言（见"第14名 旁遮普语"）。它的音节结构非常简单：通常以辅音打头，接着跟一个或两个元音。末尾如果还有辅音的话，是/n/或/ng/。在书面文字里，末尾有时还会有个r音，但它从来不发成辅音。

外来语 梵语（宗教术语）、日语（科学和经济术语），以及英语。

语言输出 chow（粥）、feng shui（风水）、gung-ho（据说是"干活"，但在英语里为"热火朝天"的意思）、kowtow（叩头）、pinyin（拼音）、tai chi（太极）、tao（或dao，道）、yin-yang（阴阳）。按字面直译来的出口词汇包括：brain-washing（洗脑）、paper tiger（纸老虎）、long march（长征）、scorched earth（焦土）。烹饪词汇，如chop suey（炒杂烩）、kumquat（金橘）、lapsang souchong（正山小种红茶）和bok choy（白菜），往往起源于汉语下的广东话；ginseng（人参）来自中国的另一种南部方言。

孔子 自2004年以来，中国通过孔子学院积极推动汉语学习。截至2017年底，孔子学院在142个国家开办了516家分支机构。按该机构的说法，此前13年里，超过700万名学生修读了汉语言课程。从21世纪初以来，在这些机构之外，学汉语的受欢迎度也大有提升。

2 汉语（普通话）

神奇的汉字

如果说，西班牙语是本书介绍的语言里最容易学的，汉语和日语恐怕要算最难学的。掌握汉语的声调，需要坚持不懈的努力，而错综复杂的日语敬语，也不太可能一下子就变成你的第二天性。然而，要不是因为它们书写系统复杂至极，它们大概不会跻身全世界最难学的语言之列。[1]在现代世界，再没有其他语言系统需要小学生和第二语言学习者去记忆更多的书写符号了。毫不夸张地说，汉字就像是围绕汉语的长城——诚然不是坚不可摧，但绝对叫人望而生畏。日语使用的字符尽管较少，但也找到了增加复杂性的巧妙方法，我们将在本章附录部分欣赏这一壮举。

如今，在西方的餐馆、报摊、互联网、包装材料，以及脖子、胳膊、脚踝、后背和人体其他部位（而且这种趋势越来越多）上，西方人很容易看到汉字的身影。用汉字文身却文出了意外的段子，这样的笑料早已众所周知：人们在他们的皮肤骄傲地宣称"疯狂腹泻"或者"棺材老兄"，还有一些人认为文字符毫无意义，或根本是上下颠倒。好在全世界绝大多数人看不出其中的差别。

---

1 也可能仍然会。如果汉学家莫大伟（David Moser）的看法信得过，那么汉语（普通话）绝对难学。请务必去读一读他那篇极为有趣的文章——《为什么汉语这么难学》：*http:// bit.ly/MoserMandarin*。——作者注

我们当然没办法认识数百甚至上千个汉字（这需要几年的时间学习），但对其略知一二还是可行的。可不知什么原因，哪怕经过了数百年的接触，西方对中国文字的观念仍然为误解所缠绕。日语教授马歇尔·安戈（J.Marshall Unger）曾写过一本关于汉字的书，他说："世界上恐怕没有哪门学科像汉字那样有这么多错误信息在传播，产生了那么多的误解。"让误解难以消除的关键在于，它们大多的的确确触及了真相的核心。我会首先提到这些核心，接着剥去不准确的外壳。

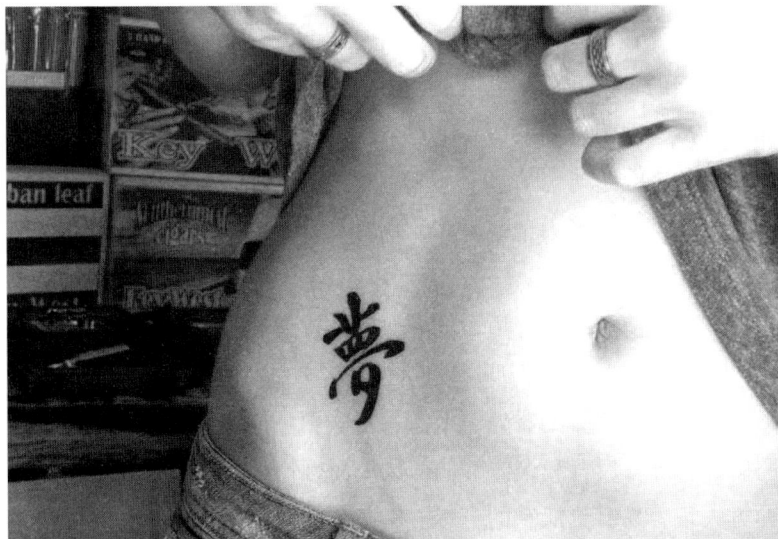

汉字（或日语）文身太容易搞错了。但上图是没问题的：这个字符的意思是"梦"或者"雄心"。

1. 汉字书写是从上至下的

真实的部分：传统上，中文的确是按从上到下、从右到左的顺序书写的。如果没有纵向空间（比方说某些牌匾上），单行的文字也会从右往左书写。在今天的中国台湾、中国香港和海外华人社区，在报纸和书籍上从右向左纵向书写的方式仍不少见。采用这样排版的书籍，装订线也会在右侧，就跟阿拉伯语和希伯来语书籍一样。

在图书的书脊上，标题从上往下书写，每个字符的方向都是垂直的。这跟英语和其他欧洲语言的做法不同，后者的标题大多会旋转90度：英语、荷兰语和斯堪的纳维亚语的标题大多按顺时针旋转，但法语和西班牙语的标题则通常逆时针旋转，而德语似乎从来没拿准过主意。

但不只如此：如今，大多数中文都是从左往右横向书写和打印的。在中国大陆，别的顺序几乎找不到了；在其他地区，这种做法也越来越普遍。

2. 汉字基本上就是图画

真实的部分：有些汉字是格式化的图画或物体，又或是相当直观地形象化表现概念。用不着太多的想象力，就能琢磨出"人"字表现的是一个人的两条腿，"二"字和它含义（两个）之间的关系。虽说不太明显，但我们很容易相信"木"字最开始是为了画出一棵树（这的确就是这个字的含义）的说法。另一些字符比较难以看出根源，比如"水"字。但有充分的历史证据表明，它最初的起源符号，是一条蜿蜒的河流，并以四点水滴或漩涡为装饰。

其他字符不是单一的象形文字或表意文字，而是两个或两个以上的偏旁合成。范例包括用两棵树（两个"木"）表示小树丛——"林"，三棵树表示"大树林"——森[1]。这一类字眼里经常拿来做例子的还有"休"，意思是"树荫"或"休息"：在树的左边，我们看见了"亻"（它是上面的"人"字符斜向一侧）。那么它想要表达的概念就是"人在树荫下休息"——这真是一个简洁而动人的解释，以至于许多专家认为它根本就是个故事。

现存为数不多的象形文字中蕴含着许多有趣的东西。据专家介绍，"蛋"的汉字"卵"所表现的东西，在阿拉伯语、俄语、西班牙语、德语和其他语言里都称作"子"（eggs），而在英语里称为"坚果"（nuts），但又不是从树上长出来的物体。

出于同样不太牢靠的研究，"母"字将"母亲"或"女性"的概念简化为一对立体派风格的胸部，并保留了完整的两颗乳头。又或者，从童稚领域来到数学，让我们猜猜"八"这个字为什么是这个样子。词源学家都同意，这个符号最初的意思是"分开"。有人声称，"八"也由此有了数字"8"的意思，因为这个数字太好分割了——它甚至能均分三次，因为$8=2^3$。这难道不是个十分可爱的解释吗？然而，主流学派认为，在历史上的某个时期，"分"和"八"的中文是同音字——也就是说，它们发音一样。

还有一个由两个象形符号组成的文字：兄（哥哥）。上面

1　有许多汉字，据说是有意义的，但至少在现代汉语里，它不是一个独立的词。"森"字就是其中之一。英语里也能找到同一现象的一些例子："were"在"werewolf"一词中的意思是"人"；"quickly"里的"ly"，源自一个意思是"身体"的单词；"receive"和其他一些动词里的"ceive"，据说曾经意味着"攫取、抓住"。有些语言学家喜欢在语言学里使用行话，他们把这些单词元素叫作"黏着语素"（bound morphemes）。——作者注

的方形是一个常见的元素，意思是"口"，而顶着它的两条腿，是"儿"字的变体。故此，"兄"就表示一个"有大嘴巴"的孩子。显然，在这个定义里，年长的兄弟就是对年幼弟妹发号施令的孩子。

但不只如此：绝大多数（大约98%）的汉字不是象形文字或类似的表意文字。不管你怎么使劲花时间观察它们，也无法根据任何跟现实生活中的相似之处琢磨出它们的意义。如果你能，那你只能感谢自己的创造力，因为它们并不是这么来的。

3．汉字已经存在了3500年

真实的部分：现存最古老的汉字铭文可追溯到公元前1500年，而自此以后，汉语的书面文字一直在发展，从未有过中断。故此，这么说是正确的：在中国，书写已经存在了3500年甚至更久。因为从最古老的出土文物可看出，它不是发明家试探性的不规则涂鸦，而是出自一位自信满满、使用成熟系统的书写者。

但不只如此：现代汉语读者无法理解这些古老的文字，因为最早的字符与今天完全不同（除了极个别的例外，比如"二"）。双方的差异大到在发现了最早的铭文之后，学者们用了好长一段时间才弄清它们代表了汉语书面文字。

但，且慢！如果汉语书面文字有着悠久且从未中断的传统，那么这本身不就证明了汉字已经存在了3500年的说法是正确的吗？没错，这是一种阐释方式。但要是按这种算法，拉丁文字存在的时间更长了——至少3800年，长可至5300年。这是因为拉丁字母从公元前1800年左右的近东地区（埃及或迦南）设计出第一套之后，同样未经中断地一直传承下来。第一套字母表主要由埃及象形文字（准确地说，由埃及象形文字里代表单个发音的一个小子集）构成。如果说象形文字可追溯到大约公元前3300年，照这样算，拉丁文字就有5300年的传承了。

诚然，这里有一点不同：在中国，书面文字和语言都经历了同一个逐渐发展的过程，而"我们"呢，这种说法只适用于书写系统。从埃及到近东、希腊、罗马，再到这本书，西方的书写传统从一种语言跳跃到另一种语言，甚至从一种语系跳跃到另一种语系，而且还跳跃了好几次。

4. 汉字有50 000个

真实的部分：50 000这个数字，大概是根据1076年、1716年和1915年出版的3部著名字典计算出来的，它们每一部所包含的汉字都在47 000~54 000个。迄今为止，包含了最多数量汉字的出版物是2004年在中国台湾出版的《中华异体字字典》（*Dictionary of Chinese Variant Form*），内中收录了多达106 230个汉字。

但不只如此：这些字典里的许多字符仅在当地使用，或是特指高度专门化的含义，例如，只跟帆船匠人或者竹笛演奏者相关的字。还有一些字符是其他较常见字符的罕见或非常古老的写法。把它们都计算在内，就相当于说plough和plow（都是"犁"的意思）是两个不同的英文单词；thilke也是一个独立的单词，因为它在乔叟时代就存在了（它跟ilk相关，意思是现代英语里的"that"或"those"）。在2004年的那部厚厚的大字典里，最多只有1/8的汉字今天还在使用。即便如此，这也并不意味着一个受过教育的中国人能认识13 000个汉字——哪怕他只认识这个数字的1/4，也没什么可害臊的。不过，字体设计师必须确保所有的字都能打出来。

5. 方块字无从表明任何发音线索

　　真实的部分：方块字不是可靠的、系统的发音指南。老师说，刚开始学习汉语普通话的学生，只能一个字一个字地死记硬背正确读音。

　　但不只如此：大多数方块字都包含了读音线索。当然，不是所有线索都是正确的，而且这些语音线索也并不像人们想的那么牢靠，但至少它有点用。让我们用教科书最喜欢用的例子——"妈"字，来说明这是怎么回事。这里你必须知道的一点是，跟其他大多数方块字一样，它由两个元素构成。其中一部分在本例中，最左边的1/3是一个窄版的"女"字，意思是"女性"。这其实是"妈"字的来源，但还有一点必须要理解的是，如果某样东西来自一个方块字，它就不再是方块字了。一个方块字，包含两个部首（characteristics），它写在纸上，多多少少会变成方形，而且要发音。后者似乎是陈词滥调，但其实反而是问题的核心："女"字本身要发音，但变成窄版的"女"字旁之后，就不发音了。至于右侧2/3的部分，是一个瘦版的"马"字。

　　现在，如果你不熟悉中文书写，你可能会怀疑"妈"的意思是"女的马"，也就是"雌马"。但这套系统不是这么运转的。处理这类复合汉字（中国人叫它"形声字"）的正确方法是，找到一个词，发音与它的一个组成部分相似，又有着与另一组成部分相关的含义。在本例中，"女性"元素给出了语义线索，"mǎ"元素提供

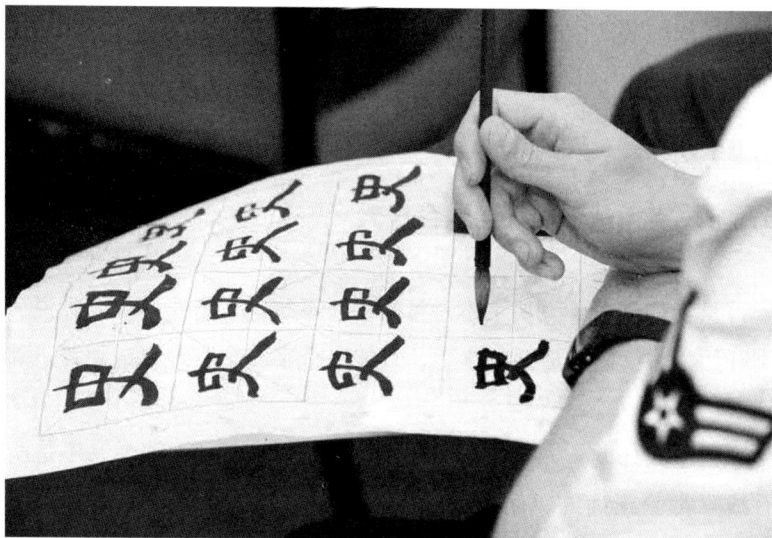

练习阅读和书写汉字靠的是重复、重复，不断的重复。不过，如今人们越来越多地使用键盘来"写"字了。

了有帮助的语音信息：故此，待议方块字的意思是"母亲"，它的发音是/mā/，与"马"相同，只是声调不同。

当然，中国读者碰到"妈"字，不会每次都这样解决这道谜题，他们打小就把它记住了，所以现在他们就是知道。但至少，这仍是一道待解的谜题，而且它有助于中国孩子和外国学生记住该方块字。（顺便说一句，这种复合字符还澄清了另一个常见误解，也即"大多数方块字并未透露其含义"。）

当然，对不是复合字的方块字（比如"马"字），这种方法就不够用了，用语言学家莫大伟的话来说，它们"悄无声息地在纸面上坐着，威风凛凛"，"只有通过无数个小时的重复练习，才能记住"它们的发音。它们的词义也是一样，除了那些给出视觉线索的方块字。"马"字其实给出了视觉线索，因为它是从一匹马的形状演变而来的。四条腿（馬）依然清晰可见，右下角的笔画曾是一条尾巴。

　　这听上去似乎很容易（虽然按我的猜想，恐怕没几个人会觉得如此），这套双重线索系统还存在一些问题。其一是，哪一部分给出哪条线索并不清楚。在复合字里，语义成分既可以在左边（如"妈"的"女"字旁），也可以在右边（如"汝"），还可以在下边（如"娄"）、在上边（没找到合适的例子，女字似乎不得在上），甚至可以围在里边（如"威"）。好消息是，语义线索的数量是有限的：大多数线索（包括"女"字旁），都属于一份200来个偏旁部首的清单里。[1]故此，除非一个方块字同时包含了两个语义成分（这种情况并不罕见），否则，语义线索是可以辨识出来的。

　　另一个问题是，方块字的发音和它语音线索的发音之间，存在很大的可变性。有时，一切很完美，语音线索和实际发音一样。还有一些状况也可以接受两者的辅音和元音都一样，只是声调不同。"妈"就是这样，它的语音线索（"马"）发三声，而不是一声。但两者的相似之处往往存在很大的阐释余地。"闻"就是一个很好的例子。我们看到下边是一个微型的"耳"（它起源于一只耳朵的图画），发音跟英语的ear非常类似，读作ěr。它是"闻"字的语义元素，过去用来指"听"，但现在意思转移到了"气味，嗅"，这种情况真是令人不解。这个字的上半部分是清晰可见的"门"字，如果作为独立的方块字，它读作mén。但现在，它只是个语音线索，而且还是个不合格的语音线索，因为这个复合字读作wén。在历史的某个阶段，这两个方块字的发音大概更为接近，或

1　严格地说，这份包含201～214个词条的清单里罗列的是"部首"，部首跟语义成分不是一回事，但就当前的目的而言，它是个足够好的近似品了。——作者注

许分别发音为/muən/和/miuən/。不幸的是，它们渐行渐远，给我们留下了一个非常不完美的语音线索。

这远不是最糟糕的情况。还有些字的发音发生的变化太大了，根本无法识别出最初的相似性是什么。一些人相信，"休"（"荫凉"或者"休息"的意思）字背后的故事就是这样：不是一个人在树荫下休息，而是某个发音上的相似性，只可惜我们再也找不回来了。倒不是说这会削弱故事的吸引力，而是说，作为记忆工具来说，它没那么有用。

6. 字就是词

真实的部分：实际上，所有的方块字都是有意义的，不像一些英语音节，比如der，本身并不表达任何意思，只充当单词的一部分（wonder、derby等）。许多方块字，在汉语（普通话）里都可以当作单词使用，或作为复合词的一部分。还有一些字，在现代语言里已不再常用，但在汉语的地域变体或历史变体中是常用的。

但不只如此：大部分汉语（普通话）词汇是复合词，由两个或两个以上的方块字构成。在今天的汉语里，大约88%的词语由不止一个方块字组成。在正文中，两个或两个以上方块字构成的词语所占比例较低，因为代词、介词和其他虚词等数量有限的单字词语出现得非常频繁。但在名词、动词和形容词中，单个方块字是极少的。

以"橡树"一词为例。第一个字"橡"可以单独视为一个词语，意思是"橡树"或"橡子"；第二个字的意思是"树"或"植物"。然而，一般来说，如果要指特定的这种树木，人们通常会使用复合词"橡树"而非单字"橡"。这是因为，"xiàng"这个发音下还包含了其他很多含义，如"雕像""朝向""大象"和"脖子"（颈"项"）。不过，因为所有这些同音字都对应着不同的方块字，故此，在纸上光写个"橡"字也就足够了，因为只有它，指的是树（或"橡子"，意思是"橡树的儿子/或橡树的蛋"）。换句话说，"xiàng"有很多不同意思的同音字，说话时必须要阐明澄清，故此，人们为它加上了"树"。在书面上，这不见得随时需要，因为"橡"本身包含了所需的一切信息。但现代汉语（普通话）遵循口语，故此，"橡树"这个词用两个方块字来表示。不过，直到20世纪初，人们在书面语言里仍然经常省略"树"字，因为它当时以古典汉语而非当代口语为基础。

（顺便提一句，请注意，复合字和复合词是非常不同的两种东西。在第5条之下，我们看到指代"母亲"的"妈"字是个复合字，由一个语义成分加一个语音成分构成，但它不是一个复合词，因为它只由一个音节构成：mā。而在第6条下，我们遇到了"橡树"这个复合词。它由两个完整的方块字构成，而且两者都需完整发音。构成这一复合词的两个字，同时也都是复合字，但这只是巧合。）

7. 所有的汉语分支，都采用相同的书写方式

真实的部分：直到1956年，各种汉语地方语言的使用者都使用（几乎）相同的汉字，并且通常有着相同的含义。故此，来自两种不同汉语方言地区的两个中国人（比如只会说普通话的北京人和只会说粤语的广东人），就算他们听不懂对方的语言，也能在书面上

彼此理解。汉语下的方言差异非常大，人们说不定很难辨识出某个具体的单词，但只要把它写下来，问题就解决了。这就是为什么华语电影要配上中文字幕，比方说，以粤语为母语的人就算听不懂普通话，一般也能读明白。

直到今天，情况仍然基本一样，此外还多了另一个便利因素：所有人都在学校里学过普通话，因此，就算不会说普通话的人，也能读懂普通话。我们不妨用口音差异极大的英语母语人士，比如说阿巴拉契亚美式英语和说利物浦英式英语的人来做个比较。要是他们碰到理解障碍，也会把自己说的话写出来以澄清问题。当然，汉语普通话和粤语之间的差异比英语任何两种地方口音的差异都要大得多。

認識了一個蠻不錯的男生
I met a pretty great guy.

普通话（加英语）字幕是中国电影的标配。这是中国台湾地区的一部浪漫喜剧片，名叫《我的蛋男情人》（又名《爱情冻住了》），主角是一名厨师和他的狗。

但不只如此：汉语的不同方言，在书写时存在一些语法差异，比如词序和助词的使用。此外，一些方言，尤其是粤语，也针对普通话里没有的词语发展了特殊的方块字。另一方面，汉语的大多数方言很少会被付诸书面。

更重要的是，1956年之后，中国大陆简化了数千个汉字。与此同时，中国的香港和台湾地区保留了传统的繁体字。许多简体字的字形，跟繁体字不一样，有些人认得其中一种，但无法轻松认出另一种。

不过，总体来说，有关书面汉语的这个普遍观点，比本章所罗列的其他观点更站得住脚。

8. 方块字很适合用来玩文字双关游戏

真实的部分：汉语普通话是玩文字双关游戏的理想语言，因为它蕴含着丰富的双关语资源：同音异形（义）字。

但不只如此：玩文字双关游戏的绝佳机会，并非来自方块字，而在于除了方块字之外的读音。在书面上，汉语（普通话）里的大多数同音异义词很容易区分。只要写出来，"the duck who orders a beer and tells the bartender 'to put it on my bill'"[1]这样的双关笑话就根本站不住脚了，因为两个听起来同音的单词（如上文例子中，表示"喙"的bill和代表"账单"的bill），是用不同的方块字来表示的。

另一方面，在汉语（普通话）中，你偶尔可以使用一个不正确

---

1 按照字面直译，这句话的意思是："鸭子点了一杯啤酒，对酒保说：'记在我账单上。'"

的方块字，与你打算说的那个字是谐音字，但仍能传达信息。这就像把The New World写成The Gnu Whirled一样，计算机会被卡住，但大多数人类读者不会，至少不会卡太久。

9. 那有没有可能抛弃方块字呢

真实的部分：不可否认，学习读写方块字比学习字母表要花更多的时间，不光把汉语当作第二语言的学习者是这样，对以汉语（普通话）为母语的人来说也是这样。

但不只如此：就算能证明转换到拉丁字母表是一桩极度有益的行动，事情也很难按这个方向发展。这倒不是因为中国文化特别保守（如某些东方学的陈词滥调所说），这是因为所有的文化在书写方面都是保守的。哪怕是极小的拼写改革，也会激发强烈的情绪。重大改革只有在革命时期才会出现——比如凯末尔领导下的土耳其。

中国人坚守他们"糟糕的书写系统"（这是《美国高等教育纪事报》的评价），会不会也有正确的地方呢？替代方块字最显而易见的选择是拼音，这是1949年之后设计出来的一套拉丁音标系统，学习汉语（普通话）的学生（他们使用拼音主要是为了找出方块字的发音）和母语人士（主要用于电话和计算机上输入方块字）对它都非常熟悉。尽管拼音煞费苦心地标明了每个音节的声调，如著名的四胞胎mā、má、mǎ、mà，但它无法区分大量的同音异形字，也即发音（包括声调）完全相同只是写法不同的字。故此，拼音会比方块字的书写方式造成更多的误解。

照道理说是这样。但且慢，别着急下结论：拼音里有一样方块字严重缺乏的东西，那就是空格。在汉语（普通话）里，我们所说的同音异形字，大多是发音相同的音节，而非词语。用方块字书写时，一个字到底是单独的一个词，还是一个更长词语的一部分，并不太明显。而在拼音里却没有这样的歧义。早些时候，我们提到"xiàng"可以是"橡""像""向""象"和"项"，但实际上，汉语（普通话）人士并不光说一个"xiàng"来指代上述任一概念。他们更常用"xiàngshù"来指代"橡树"，用"dàxiàng"来指代"大象"，"jǐngxiàng"指代"颈项"，"diāoxiàng"指代"雕像"，"fāngxiàng"指代"方向"。汉语拼音可以立刻把这些词识别出来，而在方块字文本中，它们有可能只是两个碰巧挨在一起的字而已。故此，拼音产生歧义的余地，比乍看起来要小得多。汉学家威廉·汉纳（William Hannas）引用汉语语言学家的说法，指出只有不超过1%的汉语词语是同音异义的。他们发现了70个单音节词语，总共有164种不同的含义，有可能造成真正的混淆，以及39个同音的多音节词语，涉及82种含义。考虑到拼音是一种高度规律化的拼写系统，发音具有二重性的词语（也即同音异义词），写起来也一样。

然而，这个问题很容易解决。欧洲语言也有同音异义词，想想英语里的there、their和they're（"那儿""他们的"和"他们是"），rode、road和rowed（"骑""路"和"划桨"），here和hear（"这儿"和"听"）。汉语（普通话）的同音字很容易通过书写区分，比如加上一个不发音的字母等方式；morning（早晨）和mourning（哀悼）就是这样用不发音字母"u"来区分的。当然，这种辅助工具会提高孩子们学习拼音的难度。不过，跟记住方块字比起来，这还是太简单了。

甚至，根本就没必要增加这种额外的辅助工具。越南语同样有许多同音异义词。跟拼音不同，越南语甚至根本不对词语的界限做标记，因为音节通常都是分开书写的。即便如此，越南人似乎也对自己的书写方式感到满意。

10. 现在，你已经知道关于方块字的所有知识了

恐怕并非如此。方块字跟其他书写系统的差异太大了，它们带来的问题，比我在这短短一章篇幅里能回答的要多得多。例如：在字典里，你会怎么按照某种顺序（请注意，我在这里没有使用"字母顺序"）来排列方块字所写的词语呢？（它涉及数笔画。）不把文字写出来，你怎样区分口语里的两个同音字？（提及使用该方块字的一个常见词语，类似"'重量'的'重'，不是'种植'的'种'"。）介绍一个方块字却不把它写出来，这能做到吗？（笔画本身有名字，但更常见的做法是将方块字的两个组成部分拆开来

一经掌握，汉字可发挥出无限的创意用途：乐高玩具稍有挑战性，咖啡拉花师傅能为自己的艺术找到无限新思路。

说，如本章第5个问题中所探讨。）布莱叶盲文怎么表现汉字？（用布莱叶盲文写拼音。）等等。

此外，还有很多其他的迷思，包括："每个方块字代表一个音节"（例外的情况有数百个，但官方并不接受大多数的例外），"人们不再创造新的方块字"（并非如此，人们仍在创造新的方块字，有些是正式的，有些是临时性质的）。此外还有一条："日语同样是用汉字书写的"。

真的吗？这是个值得单独用上一章来探讨的问题。

附录 再谈日语

一套缺乏系统的书写系统

如果伦敦的国王十字车站可以有一个9¾号站台（真的不只是在小说里），一本书当然可以有一章叫2b吧？我在这里插入一章的原因是，在进入世界上使用范围最广的语言之前，我想再谈谈另一位小号巨人——日语。这种语言有一个与众不同的地方，它的体系（既非魔法也非虚构）绝对比任何咒语、诅咒或魔符都更难学、更繁复。这里，我说的是日语的书写。我没有在"第13名 日语"一章中讨论它的原因在于，它以中文方块字为基础，我们前面已经看到过，这本身就是一项很大的挑战。

"以中文方块字为基础"，不应阐释为"跟中文方块字几乎相同"，因为日本文字比汉字有着更多的死结和疙瘩——多到人们普遍认为，日语的书写系统是目前最为复杂的书写系统。那么，就让我们直接走近这堵看似不可逾越的日本文字之墙，看看我们能不能神奇地翻墙而过吧。

日语里的汉字（Kanji）以及它们怎样发音

日本最早的文本完全用中文方块字书写，它是公元5或6世纪由韩国学者引入的。和不再使用汉字的越南语和韩语不同，日语从未替换汉字，而是增加了一些插件。建立在中文方块字基础上的书写系统，绝不可能简单。但由于日语和汉语（普通话）在结构与基本词汇上都有着根本性的不同，汉字本来并不特别适合日语。故此，用汉字书写，对日语产生了深远的影响。

那么，日本人决定使用中文方块字之后（也叫作"汉字"，日语发音为"kanji"[1]），发生了些什么情况呢？首先，汉字的发音线索丧失了。如我们在前一章所见，大多数汉字由语义和语音成分（为读者提供了解其意思和发音的线索）组成。在日语里，语义成分保留得很好，但语音部分就不行了。毕竟，这些字符现在要用来表示日语而非汉语单词，在一种语言里发音相似的词语，在另一种语言里可不见得非得发音相似。跟我们回到经典的例子：如果"妈"字在外形上借用了"马"，这是因为在汉语（普通话）当中，"妈"和"马"这两个词的发音类似，可在英语里，它们发音一点也不像——在日语里也一样。故此，跟汉语比起来，孩子和外国学生更难于记住日语里汉字的视觉形象和正确的发音关系。为了让书写变得更容易，第二次世界大战后的若干届政府都公布过"常用汉字"名单，规范汉字的书写，限制汉字的总数量。即便如此，如今的常用汉字仍然多达2136个。在实践中，至少还会用到另外1000个汉字。

那么，学日语的学生必须掌握全部2136个汉字的正确发音吗？如果只需要学这么多个，那就好了。许多汉字都有不止一个"读音"，通常其中只有一个是真正的日语。例如，"手"可以发音

---

1 在本章中，我会交替使用"字符"和"汉字"。我不会用"字符"来指代书面日语里的其他元素。——作者注

为/te/，这是本土日语读法。但在复合词"着手"（按字面意思是"touch hand"，意思是"开始"）中，第二个汉字的发音是/shu/而不是/te/。/shu/来自几百年前的汉语发音，也就是这个词被借用到日语中时的发音。这个词的前半部分"着"，发音是/chaku/，来自一个早已过时的汉字发音/chak/。但还是老样子，这个汉字也可以代表一个本土日语单词，如在复合词"着物"（"kimono"，字面意思是"穿在身上的东西"）当中，它发音为/ki/。

"chakubutsu"是怎么几乎成了"kimono"的

日语里每个汉字都有两种完全不同的发音，一种是本土的，另一种是输入的。挺糟糕，是不是？但实际情况比这还要糟糕。一些汉字的本土读音不止一种，而是两种，甚至更多。更重要的是，很多汉字是从中国的不同时期和不同地区不止一次借用而来的，于是有多种不同的发音。这2136个"常用"汉字虽说不是个个都有多种发音，但很大一部分都有两种日常使用的发音，在专业术语（比如佛教著作当中）里还有另外一两种发音。例如，汉字"泳"，意思是"游泳"，它有一个本土发音，用拉丁方式拼写为OYO，而来自中文的发音是EI。在"泳ぐ"（动词，"游泳"的意思）里，它读作"OYOGU"，而在"泳法"（游泳姿势）中读作"EIHŌ"。如果用英语来举例，那就像是"swimming"（指游泳这一行为）和"natation"（指游泳姿势）的拼写方式一样。有些汉字以读法众多而著称，这方面的纪录由"生"字保持，它有10多种读音，光是在日语本土单词中就有9种，还有更多种借用自中文，其含义极为丰富：从"出生"到"生丝"，甚至"学生"。

　　这一切意味着，阅读日语是一个持续不断的决策过程：发音要根据语境来判断。"着物"一词读作"kimono"，也可以读成/chakubutsu/，但读成后者，它就不传达任何意义；读者必须读成/kimono/，它才表示"着物"。英语里也有几十个必须通过上下文来推断正确发音的单词。它们叫作"同形异义词"，其中包括sewer（可以分别跟lower和viewer押韵）、sow（可以分别跟cow和low押韵）、著名的read（可以分别跟bead和bed押韵），以及为祝福我们本章的主人公，sake（可以分别跟make和Iraqi押韵）。但在英语里，一般的文本很少会出现这样的陷阱；而在日语里，绝大多数汉字都有着不同的读法。

　　是我说得太难，而实际上没那么难吗？毕竟，每当"手"是一个单独的词语时，它就读作/te/；而在复合词"着手"（/shuchaku/）就读作/shu/，因此最好关注整个词语而非单个字符。在英语里，多多少少也是这么做的，我们不知道"cha"这3个字母怎么发音，除非我们在单词里见到它：是CHARACTER（性格，/ˈkærəktər/，cha读作/kæ/）、CHAPTER（章节，/ˈtʃæptər/，cha读作/tʃæ/）、CHAMPAGNE（香槟，/ʃæmˈpeɪn/，cha读作/ʃæ/）、CHAOS（混沌，/ˈkeɪɒs/，cha读作/keɪ/）、CHAFE（摩擦，/tʃeɪf/，cha读作/tʃeɪ/）、CHAISE（双轮马车，/ʃeɪz/，cha读作/ʃeɪ/）、CHA-CHA（恰恰舞，/ˈtʃɑ: tʃɑ:/，cha读作/tʃɑ:/）、CHALK（粉笔，/tʃɔ:k/，cha读作/tʃɔ/），还是GOTCHA（明白了，/ˈgɒtʃə/，cha读作/ʃə/）（甚至CHANUKKA或者CHALYBEATE）？没错——只不过，日语不像英语和其他大多数语言那样，在单词之间有界限：日语里没有空格。这也就是说，两个相邻的字符可能属于同一个词语，也可能不属于同一个词语。尽管如此，任何有经验的日语读者仍能分辨出哪些字符属于同一个词语，哪些不属于，只不过，这需要密切留心上下文。读日语就跟读包含了大量SEWER、READ、SOW和SAKE的英语句子一样。

来个快乐的词尾

尽管2000多个汉字是最难掌握的部分，但日语的错综复杂程度可不只如此。汉语里，单词没有语法结尾，故此，也就不需要汉字来书写。反过来说，日语有很多词尾，作者们很早就注意到，忽略词尾，会让日语文本近乎无法理解。该怎么办呢？

他们最初尝试的解决方法是使用一个发音听起来像是结尾的汉字，不管它到底是什么意思。为更好地理解这在实践中是什么样子，这里不妨想象一下我们用英语做同样的事。我们的语言也有一些语法结尾，比如-ing，故此，要是我们出于某种历史偶然采用了汉字书写，我们也会产生跟日本人同样的需求。那么，我们该怎样书写有-ing词尾的单词呢，如buying？"buy"本身是"買"（日语里"买"的汉字写法，汉语普通话的发音是mǎi，但在此处并无关系）。-ing部分有点成问题，因为没有哪个汉字发音是/ing/。但借用一种外国文字必然会涉及一定程度的妥协，所以，我们找一个发音是/ying/的字来对付着用：妖（而且完全不管它在汉语里是什么意思）。故此，買妖就成了"buying"的正确拼写。

说回日本，这种早期的解决方法有两点不便之处。首先，它使人难以判断一个汉字到底是代表它通常的含义还是仅仅是为发音而用。日本作家和读者已经习惯了大量的歧义，所以，要不是因为第二点不便，他们恐怕不会太过在意这个问题：一遍又一遍地添加复杂的字符，却仅仅是为了一个词尾，这是件繁复的苦差事。在我们虚构出来的例子里，妖或/ying/这个字符由9个笔画构成，其他许多字符的笔画还要多得多。

很快，书写者们就想到了点子：简化字符，只保留语法功能，这样它们就跟真正的汉字有了区别。这种做法，一笔（这是个比喻说法，虽然由此产生的符号远比最初的汉字简单，但大多数符号还是由若干笔画构成）解决了上面的两个问题。

今天，这些简化的符号统称为假名[1]。虽然它们的形式和用途随着时间的推移发生了改变，但它们仍然是日语书面文字的重要组成部分，仅次于汉字。从严格的实用角度来看，日语光是用假名就足够了，因为口语的每一个词语和句子都可以用假名书写，[2]不需要使用任何中文字符。1945年—1965年间，日本政府及语言委员会有意完全废除汉字。但文化视角与严格的实用角度很不一样，文学作家们成功地扭转了委员会的立场，进而影响了政府的态度。如今，在日本人眼里，一个人要是完全用假名写作，是缺乏文化修养的表现。情况并非一贯如此：虽然传统上，汉字拥有更高的声望，但1700年前的某一段时期，只使用假名写作，会让作者显得像是个文化水平极高的……女性（我们在第13章中看到的日语性别差异，也包括了当时的书面语言）。由汉字简化而成的假名，如今叫作平假名，是日语目前使用的两种假名系统中的一种。

1　假名可以指单个符号（一个"字母"），也可以指单个符号所属的整套符号（也可以说是"字母表"）。——作者注

2　在书面日语中，有许多从汉语借用来的字词只能从书写上区分，它们的发音相同，但汉字写法不同。也就是说，除非上下文提供足够的线索，否则，大声朗读时，它们可能会让听众感到困惑。有人认为（比如我），让听者感到困惑的句子往往代表写得糟糕。从这个角度看，如果汉字的作用只是为了区分发音相同的词语的意思，那它对日语可谓弊大于利。——作者注

不同的场合使用不同的书写方式

等一下，两种不同的假名？但我刚才不是说，每一个日语单词，光用假名就够了吗？没错，我的确是这么说的。可日语还是有两种不同的假名：平假名和片假名。它们的样子几乎完全不同，但代表的却是完全相同的声音。46个平假名符号每一个都有对应的片假名，反之亦然。它们的区别（就跟字母表里的大小写字母的区别一样）不在于发音，而在于外表和功能。

从外表上说，平假名之所以叫作"平"（取其"光滑"之意）是有原因的。它的形状不是棱角分明的，而是弯曲的。它们带给书面日语独特的外观：中文是绝对印刷不出来つ、の或者お（分别读作/tsu/、/no/和/o/）的。片假名符号在中文里也不存在，但在他们眼里并不那么扎眼：刚才那三个平假名对应的片假名分别是ツ、ノ和オ。它们之所以称为"片"（取其"部分"之意），是因为它们取自其汉字源头的一部分（片段）。例如，"オ"来自"於"的左半部分。平假名的起源与此类似，但它以汉字草书为基础，而非印刷的方块字。

在功能上，两组假名也明显不同。平假名扮演了我们之前讨论过的重要角色，它阐明了词尾的语法（当结尾表示单词界限时，它也在某种程度上弥补了单词之间没有空格的问题）；当字符由于某些原因使用不便时也会用平假名来代替，可能因为书写者不知道正确的字符，也可能是读者（例如儿童）无法识别它；平假名还会被用来书写没有字符的单词；最后，平假名有时会作为一种阅读辅助工具被放置在汉字旁边——有一个叫FURIGANA（"指出假名"）或YOMIGANA（"读出假名"）的练习就突显了字符的可有可无。

日语键盘聪明极了，你可以输入平假名或罗马字母，它们会把单词转换成你想要的任何形式：片假名、平假名甚至是汉字（但如果是汉字的话，一般需要你在若干个同音字里进行选择）。

　　另一方面，片假名的作用是标记我们认为"困难而陌生的单词"，让它们变得容易理解。这类词来自除了中文之外的外语，通过借用或单纯引用进入日语，如技术和科学术语，包括物种和矿物名称；以及"boom"（嘣）和"swoosh"（嗖）等拟声词。片假名还可以用来强调一个词语。一言以概之，平假名是一种语法和发音辅助手段，片假名在功能上跟我们的斜体字类似。

优雅和不那么优雅的杂技

假名系统的美妙之处在于，每个符号代表一个音节[1]。问题是，在现代日语里，有超过100个不同的音节，而假名数量仅为46个，外加额外的一些符号。两者的不匹配，靠着正字法杂技解决了，只是姿态并不都足够优雅。

娇小的变音符完成了大部分工作，尤其是符号右上角的两种短笔画（在日语里叫DAKUTEN，通俗地说也就是"点"）。它软化了辅音，或者用更专业的说法是，它"增加了声音"。故此，か发音为/ka/（清音），而加上点之后，变成了が，发音是/ga/（浊音）。此外还有一种符号叫作"圈"（handakuten），会以不同的方式改变辅音。

比这些日文变音符更糟糕的是："一个假名，一个音节"的规则，碰到元音和辅音之间还有个/y/音节的时候，就会失效，比如/kya/，它写作きゃ，明显包含了两个元素。但娴熟的日语读者这时只看到一个假名：右边的符号比左边小，故此被视为左边符号的一部分。换句话说，这两个元素共同构成了合成符（或连字），跟英语里的ch很像。合成符由两个符号组成，但代表一个声音，有若干种语言（包括日语，但不包括英语）都将它们视为不可分割的整体。

---

1 从技术的角度说，它构成了音节表，就像我们在前文看到的印地语文字一样。但更严格地说，它又不是音节表，因为一个符号并不代表一个音节，而是一个音拍（mora），它指的是时间的语言单位。大多数日语音节都跟音拍一致，但有些以辅音或长元音（用拉丁文写的长音符号是：ā、ō）结尾的词，是两个音拍，故此，*Nippon*由两个音节组成，但每一个音节分别是两个音拍；*Tōkyō*也一样。日本人的假名灵感来自梵语所用的婆罗米文字（其中每个符号代表一个音节）。梵语是印度佛教典籍使用的语言。——作者注

Irashunal, shaw（不可理喻？ 的确）

2000多个汉字（其中大多数有一个以上的发音）；两套假名，各由100多个基本和复合符号构成，有时还会跟汉字并置——这显然足以让日语赢得"全世界最复杂的文字"称号了。但我们还没说完呢。

对我们大多数人来说，日语文本是一大片无法理解的海洋，有着幽暗的汉字波浪，以及颜色较浅的假名波峰。但每隔一阵子，我们又会看到一些熟悉的东西。首先是数字。更出人意料的，还有罗马字母。日语记者、博主、电子邮件写手和其他作者都觉得，偶尔加入用罗马字（他们这样称呼我们的字母表）写的词语完全是小事一桩。毕竟，他们的读者已经掌握了有这么多发音的符号，再加一份小小的附录（也就是我们的26个字母）也算不上什么。大部分用拉丁字母所写的单词，都是首字母缩写，有些是国际通用的，如km（千米）、CD或SMS（短信），有些是基于英语的日语创作，如OB和OG（分别指男校友和女校友），OL是"office lady"（白领丽人），也即在办公室工作的女职员。

还有另一项复杂的因素：日文可以垂直书写，此时竖直方向可以从右至左排列，或是在水平方向上从左到右。这也就是说，有些日语书籍是朝左边翻页的，跟欧洲语言一样；另一些日语书籍却是朝右边翻页的，跟阿拉伯语和希伯来语一样。

我可以再问一次，为什么这套复杂的书写系统还没有得到合理的重构？答案跟前文一样：修补书面语言，不管是拼写规则还是文字选择，都会唤起我们大多数人的保守反应，这种反应，只有碰到巨大的社会动荡时期才可能被克服。19世纪后半叶到20世纪上半叶，好几个组织都发起了假名或罗马字母运动，但都徒劳无功。

到20世纪40年代末，研究得出了明确的证据，采用罗马文字的教科书不会影响小学生的成绩，甚至还可能提高成绩。由于这一结果有悖于研究人员的预期与期待，立刻被雪藏起来。不可理喻是吗？的确。但正如我们所见，语言事关国家认同和文化。

第一名

英　语

15亿使用者

　　在英国及其一些前属地，特别是美国、加拿大、澳大利亚、爱尔兰、新西兰、南非和一些加勒比岛屿，有3.75亿以英语为母语的使用者。超过10亿的人以之为第二语言，主要来自（南亚、非洲等）其他前属地，世界其余地方也有，几乎所有国家都能找到大量讲英语的移民。

指代 在本书所介绍的其他语言里，英语的名称如下（按本书各章节的顺序）：ANH、YǑNGǑ、ĀŃKILAM、İNGİLİZCE、INGGRIS、ENGELISI、AŃGREZĪ、EIGO、KIINGEREZA、ENGLISCH、ANGLAIS、INGGERIS、ANGLIYSKIY、INGLÊS、INGREJI、'INGILĨZIYY、AŃGREZĪ、INGLÉS和YĪNG YǓ（英语）。

语系 英语是一种深受罗曼语影响的日耳曼语言，是印欧语系的一员。

书写方式 拉丁字母，几乎没有变音符号。它的拼写与其发音的关系以反复无常、难以捉摸而著称。

语法 作为一种印欧语言，英语的词形变化很少，词语分阴性/阳性的痕迹也很少。

发音 英语中不同元音的数量非常多（超过20个，包括双元音）。它的辅音集合大约为24个，属于正常情况。

外来语 英语从法语、拉丁语和古典希腊语中大规模地借用了词汇，从古诺尔斯语、西班牙语、意大利语、荷兰语、德语、阿拉伯语、希伯来语、波斯语和梵语中借用的外来词相对较少。

就其本身 英语有一个不寻常的地方，由于它的大量借用，所以没有任何一种语言跟它足够相似，能让说英语的人轻松学会。说葡萄牙语的人能轻而易举地学会西班牙语，我的越南语老师也向我保证，她觉得中文并不太难学。而以英语为母语的人，既有许多优势……但也有一个极大的缺点：大多数人只会说英语这一种语言。

1 英语

一种特殊的通用语

如我们在本书中所见，千百年来，在世界的许多角落，通用语都陪伴着我们。但没有哪一种语言，像今天的英语这样成功得如此耀眼。虽然并没有特别可靠的数据，但全球有差不多1/4的人会说英语——尽管不一定说得特别好。

而且，这个数字仍在不断增长：今天，中国的小学生甚至在汉字书写都尚未掌握的时候就开始学英语了；世界范围内出版的书籍中，1/5使用的是英语；超过80%的学术文章采用英语写作；几乎所有的国际大片和热门歌曲都用的是英语；互联网上访问量最大的网站中，大约一半的主页是英语；民用航空的官方语言是英语，南极洲的通用语言是英语，在月球上使用的唯一语言也是英语。在某种程度上，英语是巴别混乱状态的终结——或者更确切地说，它是语言变乱问题的终结。语言多样性所形成的墙仍然很高——如果你愿意，你甚至可以说它高耸入云——但它不再是与陌生人交流时坚不可摧的壁垒。而英语就是墙上的那道门。

是时候进行另一场对话了。作为一个以英语为第二语言的人，请允许我再次采用波斯语一章的形式与一位英语母语人士进行对答。

谢谢——很高兴回来。我们在讨论波斯语时，你解释了它是怎样在一片广阔的地区兴旺了几百年的。而我的母语英语是凭着什么样的特质，占据了今天这样的主导地位呢？

你怎么会觉得这个问题事关语言的特质呢？

当然是因为它成功啊。如果它没有一些出类拔萃的特质，就不可能这么成功，对吧？

成吉思汗、黑死病和《世界新闻报》在他们所在的时代都极其成功。油井让阿拉伯海湾从世界财富里分到了庞大的份额。如果条件合适，很多东西都能蓬勃发展。英语等了好几百年，靠着政治、经济和文化的发展才迅速蔓延开来。迟至15世纪末，只有300万左右的人口说英语——而且全都集中在英格兰，其他地方几乎没人使用它。当时没有人觉得英语有什么内在的特质，能让它注定成为全球通用语言。这个国家和它的语言都相当边缘化。直到17世纪初，英格兰和英语才逐渐展现出政治和经济上的潜力。

你说的是前往印度的英国商人吗？我是说，他们为大英帝国奠定了基础，并将英语传播到全世界，是这样吗？

在一定程度上确实如此。大英帝国幅员辽阔，是有史以来最大的帝国，它将英语的"根"和"芽"传播到了世界各地。但在大英帝国存在的大部分时期，最接近世界通用语言地位的是法语。英语直到第一次世界大战之后——也就是说，是在所谓的"英国世纪"正要结束的时候——才开始挑战法语的地位。其实，要等到第二次世界大战打完、美国世纪开始，英语才逐渐显得像是一种世界通用语言。它毋庸置疑的霸主地位来得更加晚，要等到冷战结束后，俄语不再是竞争对手，英语才登上宝座。

俄语？竞争对手？你一定是在开玩笑。

我没有。诚然，在资本主义阵营，俄语处在边缘地位，但在苏联的势力范围内，使用俄语的范围要广得多——20世纪70年代仍有很多人使用俄语。中国几乎也不重视英语。就连在拉丁美洲这个"美国的后院"，英语在那时也没什么存在感。当然，我并不是说英国在英语的扩张过程里没有发挥任何作用——它发挥过，尤其是在北美洲和英联邦国家。但在其他地方，英语是美国通过跨国公司、消费品、电视节目、电影和音乐传播出去的。英语的传播方式和其他通用语言大致相同，它跟随权力、金钱以及生活中的种种美好事物而渗透。靠着现代科技的发展，一种语言如今能够在世界大部分地区都获得强大的存在感。

Par avion（法语：航空邮递）：19世纪，邮政服务推广至全球，此时法语仍然是首选语言。

1/4的人会说英语。

是的，也许。这算下来差不多是15亿人：3.75亿人以它为母语，还有超过10亿人把它作为第二语言。这些数字听起来很真实，如果我们把那些英语说得很烂、让人难以理解，或是因为紧张而不愿意说英语的人都包括在内的话。

我仍然认为英语的崛起肯定是因为它的某些特质，尤其是它简单的语法。你自己就说过，因为语法简单，所以波斯语成了整个波斯帝国建筑工人的通用语言。

不完全是。我说的是，因为波斯语成了建筑工人的通用语，结果，波斯语的语法被大大简化了。它失去了大部分的"复杂形态"——简单地说，也就是它的词尾和单词的性别。回到维京人在英格兰定居并与当地女性结婚的案例，同样的事情也发生在英语身上，这些语言混杂的家庭就跟语言混杂的波斯建筑工地一样，带来了一种简化的语言。英语很少有词尾，也没有性别，这叫它变得更容易掌握。

所以它才成为一种世界性语言啊，正如我所言。

你的结论下得太早了。英语的简化发生在1000年前，而从那时起，除了最初保留的复杂细节之外，它又发展出了大量新的复杂细节。作为非英语母语使用者，我可以向你保证，英语语法比你想象的更古怪，更难懂，尤其是动词时态。比方说，现在进行时和一般现在时（如she's deciding和she decides）的区别。接下来还有was going to do、would do、have been meaning to do、was going to have it done和would have been going to do等无穷无尽的微妙之处。

英语没有政治边界。

我们真的会说"would have been going to do"（这是现在进行时的虚拟语气）吗？我有点说不准呢！

如果你都说不准，我又怎么说得准？类似的微妙细节还有很多。强变化动词，不光会改变元音，有时还会改变辅音。冠词（定冠词、不定冠词，甚至完全没有冠词），也比乍看上去复杂得多。介词的使用也很麻烦，比如"looking at someone"（看着某人）和"looking on someone"（指望某人）或者"looking to someone for"（寻求某人的帮助）。此外，还有那令人望而生畏的、广阔的动词短语领域，比如"getting by on something"（靠某事度日）、"getting along with someone"（与某人相处）和"getting on for so many o'clock"（接近、差不多几点了）。

但这些介词不是语法词尾吧？

它们是英语词汇的一部分，但这是另外一回事。而且介词非常多，我同意这是英语的光荣！当然，有些例子处在语法和词汇交汇的灰色地带。但英语词汇量庞大本身就是个问题。我敢肯定，在你内心深处，你认为这是个最值得骄傲的地方，但对我们非母语使用者来说，这太恐怖了。国际通用语言应该是高效的，而不是奢侈夸张的。经济，不浪费；节俭，不挥霍；俭省，不铺张；够用，不……

好了，你说到点子上了。词汇太多了，我知道你说的是这个意思。但也可以从这个角度看：我们的词汇混合了日耳曼语和罗曼语，比如get和obtain（都有"获得"之意），或是street和avenue（都有"街道"的意思）。这让它成为理想的通用语，不光德国人和斯堪的纳维亚人容易学，法国人和西班牙人也容易学。

你真的找说西班牙语的人问过他们是否认为英语容易吗？我有个强烈的预感：他们不会觉得英语容易。他们会发现，短语动词和介词无法理解，他们的舌头无法顺利发出所有英语元音的声音……倒不是说英语并不适合作为世界性语言。我的看法是，它并不特别合适。它有些优点，比如没有词尾和性别，但也有很多缺点：发音难、拼写混乱、词汇过多、语法相当古怪。

但它的优点呢？ 它用途广泛，适应性强。它很容易创造新单词，并从其他语言中吸收单词，还有它出名的平等主义、直截了当——不像法语，还有"你—您"之类的区别。

很遗憾地说，这是一堆毫无根据的老套说法，是对语言学知之甚少的人散布的。所有语言在有需要的时候都会创造新词。英语可以自由地从其他语言里借用是没错，可这也没什么好坏之分——借用只是扩展词汇的一种途径罢了。其他还有什么地方，英语能说得上灵活呢？身为局外人，我经常碰到一些合理的词序却遭到语法禁用的情况。比如，在许多语言里，"Her I like best to kiss"这样的语序都能很好地指明一个人最想亲吻谁，可在英语里你这么说，就会显得像是《星球大战》里的尤达大师（Master Yoda，总是说倒装句）。

至于平等主义——没错，英语没有语法上的人称差异，大多数欧洲语言都有，只是程度较轻；一些东亚语言就很麻烦了。但英语本身也并不直接，无关民主。在现实生活里，用英语交流需要语言礼仪知识。在很多语言里，你可以直接问别人想要什么，可在英语里，你必须问"they would like"或"would prefer"，你能"替他们做些什么""你能否帮助他们"，或者诸如此类令人费解的复杂公式。如果我在点一品脱啤酒时直接说"我想来杯啤酒"（I want a beer），其粗鲁程度可能不亚于对着法国服务员说"*tu*"。这还不包括大量的"请"和"谢谢"，大量的人际交流都需要它们来润滑。我不是说这是坏事——实际上，这挺适合我的——只不过，它也并不容易。

至少，英语不是汉语那样的声调语言吧，这肯定算是个优势！

在这一点上我同意你的看法。声调太难于把握了，所以，对一种全球性语言来说，没有声调是件好事。但英语发音的难点在其他方面。我花了好多年才能在说和听这两方面都能分辨清楚had和head、poor和pour、coughs和cuffs，或是leaf和leave之间的区别。

你就是故意要跟我抬杠，对不对？

不……真不是。我学越南语的时候就必须学习声调，我发现

英语里有数不清的"常见错误"。印度尼西亚网站"跟黛米一起学英语"很好地对它们做了解释。

它很难，但还是能学会。英语发音里的微妙之处同样如此，即便是到了现在，在表示强调的时候，我有时仍会把leave错误地读成/leaf/，把any读成/annie/，不一而足。我可足足练习了40年啊！真的，有很多人把英语作为第二语言来学习，并不意味着它很容易！这是项艰巨的工作，而且永无止境。

啊呀，我还以为我们已经为世界带来了理想的通用语呢。难道我们这些说英语的人完全受到了误导吗？

没必要对自己太苛刻。你对英语的感觉，属于另一种更宽泛的模式。一种语言（或者说，任何一种语言）获得广泛的主导性地位以后，不知不觉中，人们便开始奉承它：它有多么伟大、多么丰

富、多么具有音乐性，诸如此类。实际上，所有的主要语言，都有
着贫贱的出身：阿拉伯语来自沙漠部落，波斯语和梵语来自草原上
的马背民族，法语来自罗马士兵和被击败的高卢——然而，过了
几百年，这些语言就变成了历朝历代语言成就的顶峰。在使用者眼
里，阿拉伯语和泰米尔语是神圣的，拉丁语和希腊语是唯一适合文
学的语言，俄语是无产阶级浴火重生的语言，法语是唯一符合逻辑
的语言。

　　现在轮到英语了，人们说英语简单、易唱、直接、清晰、灵
活，外加其他很多优点。它很可能比俄语容易，比德语更适合用来
唱歌，比爪哇语更直接。但英语跟世界语和大多数克里奥尔语比起
来就没那么容易，用来唱歌不如意大利语，跟……（我不知道！）
比起来也没那么直接。直接与否，根本不是语言特征。荷兰人直白
得惊人，而同样使用荷兰语的佛兰德斯人就没那么直接了。

**世界经济重心正从美国转向亚洲。那么，一旦这种情况发生，
英语还将是世界语言吗？**

　　我敢肯定，至少在下一代人里，英语将继续保持现在的地位，
毕竟，眼下全世界就有数亿儿童正在学习英语。但在那之后会发
生些什么？这些孩子的孩子们还将学习英语吗？不一定。二三十年
后，如果他们觉得自己的孩子把时间花到别的地方去更有利可图，
学英语的趋势就会逐渐下降。这样的事情从前就发生过。我祖父用
法语给我父亲写信，因为他认为法语既有用又时髦。在我祖父是个
小孩子的时候，也就是20世纪初，情况的确如此，可到了50年代，
也就是他给儿子写信的时候，法语早就不复当初盛况了。这样的转
变贯穿整个人类文明史。

这就是为什么虎爸虎妈们如今会让孩子学习汉语。他们做得对吗？

他们相信普通话今天有用，明天会更有用。这一点是毫无疑问的。中国将成为下一个超级大国，把赌注押在它上面肯定不会输，所以，会说汉语必定是一项值得拥有的技能。但如果你的意思是，"汉语会成为全球性的通用语吗？"这就完全是另一回事了。很多人认为，经济上的主导地位将导致政治上的主导地位，而政治上的主导地位又将导致语言上的主导地位。但语言学家大多并不认同这样的观点。

为什么会这样呢？语言的推广不正是跟国力的强盛挂钩吗？

不完全是。大卫·克里斯托（David Crystal）和约翰·麦克沃特（John McWhorter）等著名语言学家认为，从前推动一些语言成为通用语的旧有政治和经济机制，这一回很难发挥作用。原因之一是，汉语太难了。不光对我们难，对东亚以外的大多数人都难，甚至对他们自己也很难，因为汉语的文字书写效率比较低。

还有别的什么原因吗？

有的。那就是临界值。过去，哪怕是最成功的通用语，要么仅在部分地区使用，比如中东的亚拉姆语或西罗马帝国的拉丁语，要么仅限全球精英使用，尤其是18—19世纪的法语，它是当时的全球外交语言。它们的普及，有赖于使用者的权力。等阿拉伯人征服中东地区，阿拉伯语取而代之，亚拉姆语便衰败下去，仅作为部分民族的母语存在了。法国在拿破仑战败之后失去影响力，外交官们也逐渐用英语取代了法语，尽管两者之间存在一个世纪的时间差。然而，今天的英语已在全球各地传播——这是一张由使用者构成的全球性网络：在西方和英联邦诸国拧结得紧密一些，在其他地区则较为松散。而语言跟其他各种通信设备一样，使用它们的人越多，它们就越有用。我怀疑，英语已经跨过了一个阈值，任何其他语言都没有机会成为新的通用语了。

那就是说，还是英语赢了？

暂时如此。

又来了！你刚刚才说没有任何其他语言能击败它。

我是这么说的。但英语现在的胜利并不一定意味着最终的胜利啊。还记得西欧的拉丁语碰到了什么样的情况吗？

它演变成了多种罗曼语言（Romance Languages）？

是的，它变成了法语、西班牙语、葡萄牙语和其他一些语言。但这只是故事的一半。故事的另一半是，略经简化的拉丁语，在此后的1000年里继续保持了通用语地位，只不过，仅限于宗教精英和知识精英使用。英语的未来可能也与此类似。

一方面，它可能会发展出地区变异版，在当地语言（比如印地-乌尔都语、斯瓦希里语或韩语）的影响下，最终变成彼此分离、互不理解的语言。就像如今众所周知的印度英语（Hinglish）、乌干达英语（Uglish）和韩国英语（Konglish）一样，兴许这便是英语未来的前兆。另一方面，随着英语母语人士所占比例越来越小，这种国际通用语的复杂性大概也会随之削弱。许多晦涩的习语，如"to nail one's colours to the mast"（公开表明自己的主张并坚持到底）或"not to put too fine a point on it"（打开天窗说亮话）等，将不再被视为这种语言的一部分，它们仍是本土英

这幅漫画来自黑山地区的一家网站，但世界任何地方的人都能理解它。左图英语："拜托，请发发好心，替我指一下这地方的方便之所怎么走？"右图全球语："劳驾，厕所。"

语的一部分，但不属于国际通用英语。如果说，到了一定阶段，某些语法特例会遭到抛弃，比如swim的过去式变成了swimmed、sheep的复数形式变成sheeps，我也并不会觉得惊讶。我猜，这在你听来简直像是对英语处以极刑……

极刑？要我说，这根本就是怪异啊。

可是这样的变化随时都在发生！shape的过去式曾经是shope，help是holp，laugh是low。复数形式也在简化：shoes从前是shoon，eyes是eyen，美国人更喜欢用cannons指代cannon，等等。不可否

认，有时候也会出现反向的发展，比如dived变成了dove，sneaked
变成了snuck。但在一种通用语里，永远是不规则形式变成规则形
式，而不是反过来。这样的过程说不定会持续下去。有可能连"she
saw"和"she has seen"之间的区别，都会逐渐变得只有少数人知
道和理解，进而彻底消失——谁说得准呢？而且，我很怀疑，把
red读成/ret/，把three读作/sree/，会变得完全可以接受。一旦这种国
际英语和本土英语有了足够大的差异，拼写说不定也会变得简单起
来，比如把debt、dumb和doubt里的b去掉，把tomb写成toom，最终
rhyme不再跟bomb押韵，而是跟doom押韵了。

真恐怖。还有什么其他更容易接受的场景吗？

有一种技术上的补救方式：即时机器翻译。

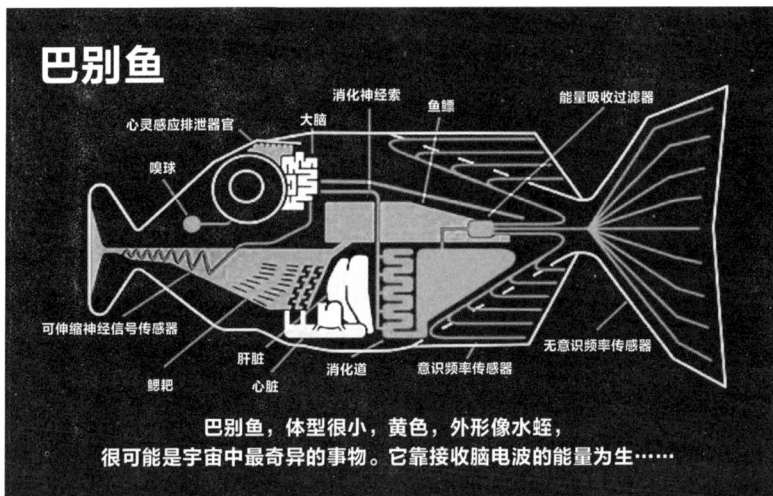

巴别鱼

心灵感应排泄器官　大脑　消化神经索　鱼鳔　能量吸收过滤器
嗅球
可伸缩神经信号传感器
肝脏　心脏　消化道　意识频率传感器　无意识频率传感器
鳃耙

**巴别鱼，体型很小，黄色，外形像水蛭，
很可能是宇宙中最奇异的事物。它靠接收脑电波的能量为生……**

哈，巴别鱼！《银河系漫游指南》里的宇宙翻译机！

完全正确。或者，更确切地说，它的硅质替代品：巴别芯片。

你对我说马来语、葡萄牙语或旁遮普语，我从耳机里听到的是我所选择的任何语言。唯一的问题是，我们现在还没法完全确定，它是否会像科幻小说或者谷歌的科学家宣传得那么顺畅。一些语言的机器翻译越来越好，但另一些语言的机器翻译还相当糟糕。而且，这些都基于书面文本。如果输入的是自然语言，又带有地方口音，还来自嘈杂环境，那么，如今的软件就会摔跟头了。

这些问题在几年内肯定会完善起来吧？

也许吧。经事实证明，机器翻译比预期中要复杂一些，但大型科技公司似乎的确在大步前进。如果巴别芯片成为现实，英语的通用语地位就将不保，因为不会再有太多人费心学习母语之外的任何语言。

那么，跟讲外语的人交流就像在看配音电影一样？

有一点不同：你同时还能听到原版语音。或者，更确切地说，会提前听到原版语音，因为我猜机器翻译会略有迟滞。

这样说来，人工智能有望出手搭救。要不然就是汉语取而代之，要不然英语会一直占上风，直到世界末日。再或者，它会变成一种缺乏特点的"全球语"，外加各种地方变体。你会怎么押注？

从中期来看，我认为，英语将继续保持主导地位，同时经历着地区性变化，外加巴别芯片将发挥越来越重要的作用。从长远来看，我预计人工智能将会取代它——在语言方面，当然还有许多其他方面。

那时英语的末日就到了吗？

不一定。本土式英语可能仍然是政治家、外交官、知识分子和商业上层人士等全球精英的标准用语。与此同时，亚洲和非洲国家的地方英语将变得越来越具有局部地域特色。但是巴别芯片可能会妨碍全球语的兴起。感谢上天创造了科技的奇迹，只不过是不太靠得住的奇迹。在我想来，机器翻译得到完善的时间不会太短，但是，再用10年左右的时间，它也许就足以让大量的人相信学习英语并非必要——而且，它几乎肯定会强化许多英语母语人士的信念：除了英语以外，不必再学其他语言了。

这难道不是一件好事吗？

这对双方来说都是巨大的损失！和现在一样，大多数英语母语人士将错过掌握双语的乐趣——思维的敏捷性、对其他文化的更好理解，以及第二语言带来的无尽惊喜。但依赖巴别芯片来理解英语的人也会输。哪怕你是荷兰人，英语也是一种学起来颇为恼火的语言，可一旦掌握了它，就是一件了不起的事。你可以阅读来自世界各地的经典文学作品，亲身体验很多最棒的电影。伊丽莎白一世的莎士比亚英语，或许会让我摸不着头脑，但要是给刚刚才牢骚满腹地抱怨英语词汇量太多的我塞上一本20世纪初幽默作家伍德豪斯的小说，一翻开书就碰到这样一句话，一定会让我乐不可支：Intoxicated? The word did not express it by a mile. He was oiled, boiled, fried, plastered, whiffed, sozzled and blotto.（这句话可译为："喝醉了？这个词根本没说到点子上。他微醺了，晕乎了，翻腾了，踉跄了，上头了，烂醉了。"）

让你的巴别鱼试试翻译这句话？

翻译后记

大语种的"傲慢"

　　本来2019年是图书出版不太景气的一年，到了年底，我本着"无论如何要活着啊"的心态，一鼓作气接下了若干本书的翻译。突然之间疫情又来了，于是这些工作成了我度过疫情的好伴侣。我本来就是自由职业者，宅在家里工作是我的常态，除了不能出门锻炼身体之外，基本上生活没有受到太大影响。在这期间，我自然也经历了许多心理上的震撼，很多事情不但无法采取行动，亦无法描述，只有依靠投身工作来暂时忘记这种巨大的无力感。今天是复工的日子，我看到朋友圈里已经有人发出上班路上堵车的照片了。好吧，我也要振作起来。

　　我在疫情期间翻译的书中，最有趣的就是本书，内容是通过全世界使用人数最多的20种语言，将世界多样性的图景展现在大家面前。书中有很多新奇的切入角度，都是以世界大语种之一的汉语为母语的我从来没有想过的事。

　　举例来说，使用人数排名第20名的语言是哪一种呢？不看不知道，一看竟然是——越南语。（我的心声是：哈？）为了写这本书，作者甚至花了几年时间业余学习越南语，但他却一直学不好。后来还专门到越南去待了几个月，还是学得东倒西歪。到了最后，他甚至开始怀疑学这种语言到底有什么实用性（一出了越南的国境就几乎没有人用了；从文学的角度而言，在西方世界也不受重视……作者的越南语老师对他说："越南的经济发展得很好。"这似乎并不能缓解作者的沮丧）。

从第20名往上数，还有好多种语言，是我完全不熟悉的，甚至从来没想到过的。比如，使用人数排名第18的泰米尔语、第16的爪哇语、第14的旁遮普语——天哪，我对南亚大陆和靠近南亚但算起来是东南亚的那些岛屿竟然毫不熟悉！第17名的土耳其语和第15名的波斯语——呃，我经常听说西亚，但其实没太多概念。第12名的斯瓦希里语，非洲唯一一种起源于非洲的重要语言，我差一点连它的名字都没听说过！（之所以说差一点，是因为我在很久之前，非常偶然地在豆瓣上关注了一位教斯瓦希里语的豆友，勉强算是听说过这种语言的名字。如果没有这种偶然性，我是真的不知道斯瓦希里语是什么的。）

在翻译这本书期间，我很明显地感到了身为压倒性大语种的母语使用者，我身上那种不自觉的"傲慢"。比如虽然我国和越南是极近的邻国，但除了边境地区，在我国学习越南语的人可能几近于无，学习西亚和东南亚语言的人，也是极少、极少、极少的。如今我国有很多派驻非洲的工作人员或是在非洲经商的人，但他们中学习当地非洲语言的人怕也是寥寥无几。按照美国作家彼得·海斯勒（Peter Hessler）描写埃及的《埃及的革命考古学》（*The Buried*）一书中所述情况，虽然我国江浙商人跑到埃及去做生意，很多都做得风生水起，但其中想到要学习埃及阿拉伯语的，也只有极少数中的少数。

我们对世界的了解，也受这种"傲慢"态度的影响。一个几千年前就实现了"书同文"的国家中的国民，怕是从来想不到泰米尔地区的人民为争取泰米尔语的法定地位而苦斗几十年的状况吧？我们大概也很少想到，在撒哈拉以南的非洲，人均能使用三种以上的语言吧？

　　反过来说，以汉语为母语的我们，根本没有办法想象当汉语失去母语地位之后会是什么情形。这一点，是我这几天在读马来西亚华裔作者黄锦树《雨》一书时产生的联想——固然是没有了历史的包袱，可他要从"无"中生出"有"来，从热带的雨林里赤手空拳开出一条路，那又是另一种孤绝勇猛的尝试了。

阎　佳

2020年3月于成都

主要参考文献及推荐阅读

总论

如果本书内容激起了你的好奇心，请试试下面的内容：

Languagesgulper.com：一个兼容并包的网站，详细介绍了几十种语言。

Bernard Comrie (ed.), *The World's Major Languages* (1990)。这篇文章介绍了36种语言，本书涉及的20种语言，有18种被收录其中。

Asya Pereltsvaig, *Languages of the World* (2012).

第二十名：越南语

为学习这门语言，我使用了许多资源，也找了不少可敬的老师：Phạm Bảo Thanh Huyền（我在 Hải Phòng 的 Huyen IELTS 通过网站 italki.com 找到的）和 Đặng Thanh Loan（也可以称之为 Saphire Dang，是通过河内的越南语教学小组找到的）。

对我最有用的书籍包括：Đỗ Thế Dũng 和 Lê Thanh Thủy 的 *Assimil's Vietnamesisch ohne Mühe*（德语版，2015；还有一个法

语版；遗憾的是没有英语版），以及Dana Healy的*Teach Yourself Vietnamese* (2003)。Gabriel Wyner的*Fluent Forever* (2014)和Alex Rawlings的*How to Speak Any Language Fluently* (2017)。对有志于学习任何语言的读者，都是很好的预备读物。购买字典之前，请务必浏览。我喜欢*Từ điển hiện đại*（由Nhà Xuất Bản Thời Đại出版），但它也是德语版，没有英语版。

*Anki*这款App，是学习词汇的好工具。我从越南回来之后没多久就发现了它，而且自此以后对它很着迷。除了iOS平台，它在所有平台都可免费使用。

不管你学什么语言，Forvo.com都很有用，在这个网站你可以听到以英语为母语的人士用数百种语言朗读单词和短语，包括越南语。

第十九名：韩语

我参考了许多资料，包括Young-mee yu Cho (1977)所著的*Sound Symbolism in Korean*和Ho-min Sohn（编著）的*Korean Language In Culture and Society*中的一章（2006）。

Mark Dingemanse在*Language and Linguistics Compass*（2012, pp. 654-672）中撰写的*Advances in the cross-linguistic study of ideophones*一文中，对拟态词做了很好的概述。

第十八名：泰米尔语

主要参考资源是Sumathi Ramaswamy的*Passions of the Tongue* (1997)。

第十七名：土耳其语

这一章的下半部分，借鉴了Geoffrey Lewis所著的*The Turkish Language Reform* (1999)，这本书读起来饶有兴味，强烈推荐。

第十六名 爪哇语

Benedict Anderson的*Language and Power* (1990)，论述了印度尼西亚的政治文化，为本章提供了许多素材。Soepomo Poedjosoedarmo所著的文章名为*Javanese Speech Levels* (bit.ly/*Soepomolevels*)。

第十五名：波斯语

Nicholas Ostler的*The Last Lingua Franca* (2010)有一章对波斯的历史做了有益的介绍。John McWhorter在*What Language Is* (2011)一书中用几页篇幅，颇有天分地讨论了波斯历史中的一些关键元素。

第十四名：旁遮普语

Andrea Bowden以及Jasmeen Kanwal和Amanda Ritchart两人所作的几篇学术文章，为这一章提供了信息。本书中提到的语调手册来自Moira Yip，书名很简单，就叫*Tone*（2002）。

第十三名：日语

Momoko Nakamura所著的*Gender, Language And Ideology*篇幅很

长，而且充斥着行话，但它对这一主题做了详尽的批判性讨论。我喜欢Yoko Hasegawa的*Japanese: A Linguistic Introduction*，它对日语做了很好的概述，其中第27章探讨了女性用语。

第十二名：斯瓦希里语

美国语言学家Leslie C. Moore在*Multilingualism and second language acquisition in the northern Mandara Mountains*一文（pdf版可见http://bit.ly/JonasfromJilve）中写了乔纳斯进入外部世界的故事，该文刊载在George Echu和Samuel Gyasi Obeng（编著）的*Africa Meets Europe: Language Contact in West Africa*（2014）一书中。我参考了不少有用的书籍，最值得推荐的是Herman Batibo所著的*Language Decline and Death in Africa*（2005）和Efurosibina Adegbija的*Language Attitudes in Sub-Saharan Africa*（1994）。

第十一名：德语

Tyler Schnoebelen的文章可以通过bit.ly/weirdtongues阅读。Michael Cysouw的文章可以在http://bit.ly/CysouwRARA找到；它也曾以书籍形式发表过，见Horst Simon和Heike Wiese的*Expecting the Unexpected* (2011)。

第十名：法语

Henriette Walther曾撰写过几本可读性极强的作品，包括*Le français dans tous les sens*（1988，此后多次再版）。Georg Kremnitz、Fañch

(!) Broudic和Carmen Alen Garabato合著的*Histoire sociale des langues de France* (2013)，不太好理解但涵盖内容极广。有关法语的英语作品可参考Jean-Benoît nadeau 和Julie Barlow的*The Story of French* (2006)。

第九名：马来语

我非常感谢James Sneddon所著的*The Indonesian Language*（2003），以及Simpson编撰的*Language and National Identity in Asia*（2007）一书中由Andrew Simpson执笔的描写印度尼西亚的章节。

第八名：俄语

Bernard Comrie的*The Indo-European Linguistic Family: genetic and Typological Perspectives*有着极高价值，它收录在Anna Giacalone Ramat和Paolo Ramat合著的*The Indo-European Languages*（1997）一书中。

第七名：葡萄牙语

Malyn Newitt所著的*A History of Portuguese Overseas Expansion, 1400—1668*（2005）和Milton Azevedo的*Portuguese: A Linguistic Introduction*（2005）是很有益的资源。

第六名：孟加拉语

有关孟加拉语文字的权威之作，仍然是Peter T.Daniels和William

Bright编撰的*The World's Writing Systems*（1996）。这是一本厚重而昂贵的大部头，它没有讲述的内容，就是不值得大家了解的（至少在当时是不值得发表的）。Henry Rogers的*Writing Systems: A Linguistic Approach*（2005）虽不如前一本书完整，但更好读，书价也没那么高。

第五名：阿拉伯语

第5章的诞生，主要归功于我书架上的词源学词典和若干网站：英语的etymonline.com、德语的*Duden*、西班牙语的*Coromines*、荷兰语的*etymologiebank.nl*、法语的*Larousse*，以及作为整体参考的维基百科。我还很感谢Clive Holes所著的*Modern Arabic*（2004）和Kees Versteegh的*The Arabic Language*（2001）。

第四名：印地-乌尔都语

如正文所述，我的主要参考资料是Alok Rai的*Hindi Nationalism*（2007）和Tariq Rahman的*From Hindi to Urdu*（2011）。

第三名：西班牙语

如果没有一书架的语法书，尤其是Olivia and Hill Press出版的"英语语法"系列，我不可能写出这一章，这套丛书以英语语法为基础，解释了9种外语。我还参考了E.O. Ashton的*Swahili Grammar*和Natalia Lusin的*Russian Grammar*。

第二名：汉语（普通话）

在诸多参考资料当中，我尤其喜欢1992年的一篇文章*Why Chinese is so damn hard*，作者是David Moser（bit.ly/MoserMandarin）和他所著的书*A Billion Voices: China's Search for a Common Language*（2016）。正文中提到的汉学家William Hannas的作品是*Asia's Orthographic Dilemma*（1997），J. Marshall Unger的作品是*Ideogram: Chinese Characters and the Myth of Disembodied Meaning*（2004）。

第2b章：日语

这里最重要的资料是Steven Hagers的*Schrift in Japan*（2005）。这是一本用荷兰语写就的简明日语书写系统史，针对的是对日语感兴趣的人。我在英语中并未发现类似资料。它值得翻译到非荷兰语世界。Yoko Hasegawa所著*Japanese, A Linguistic Introduction*（2014）的第四章对同一主题做了更简短的探讨。

第一名：英语

Nicholas Ostler的*The Last Lingua Franca*（2010）全面讨论了通用语的过去、现在和未来。关于英语语言的优秀书籍不胜枚举——事实上，光是David Crystal一人，写书速度就比老天爷的阅读速度还要快（出自诗人Adriaan Roland Holst）。

致　谢

　　如果没有我妻子、朋友、一群热情的志愿者和一大批专家的帮助，这本书写起来会难上加难，毫无乐趣（写书本来就是孤独的工作）。

　　大多数章节都经专业学者、母语人士或两者兼具的人修订。我特别感谢的是阿布希什克·阿坦（Abhishek Avtans，印地-乌尔都语）、加布里埃尔·范·登·伯格（Gabrielle van den Berg，波斯语）、阿忒·达格里（Ateş Dağlı，土耳其语）、史蒂芬·海格（Steven Hagers，日语）、洛特·豪克（Lotte Hoek，孟加拉语）、马腾·穆斯（Maarten Mous，斯瓦希里语）、慧妍（Phạm Bảo Thanh Huyền，我的越南语老师和朋友）、瑞·彭巴尔（Rui Pombal，葡萄牙语）、乔林·普鲁克（Joren Pronk，汉语）、提蒙·普鲁克（Tijmen Pronk，俄语）、乔治奎因（George Quinn，爪哇语）和斯蒂凡·魏宁杰（Stefan Weninger，阿拉伯语）。如果你发现了某些不够准确的地方，请原谅我，但别责怪他们，我可能偶尔疏忽了他们明智的建议。还要感谢英德拉尼尔·奥恰亚（Indranil Acharya，孟加拉语）和格尼什·戴维（Ganesh Devy，孟加拉语）、詹宁·伯恩斯（Janine Berns，法语）、安德烈亚·鲍登（Andrea Bowden，旁遮普语）和亚斯米·卡瓦尔（Jasmeen Kanwal，旁遮普语）、约瑞思（Jo Rees，日语）、吉塔·提瓦里（Geeta Tiwari，印地–乌尔都语）和詹尼克·范·登·瓦尔（Jenneke van der Wal，斯瓦希里语）等人提供了宝贵的信息。

跟20年前我执笔的第一本通俗语言学的图书相比，愿意分享自己专业知识的学者是越来越难找了。许多大学的工作量暴增，人们不得不审慎地选择想要投入到什么样的个人志向上。我对此完全理解，但此种情形导致的弊端在于，越来越多由社会负担经费的知识，仍局限在学术界的象牙塔里。这种超载，是一个非常有必要解决的问题。

如果没有另一群专业人士，也就是在Profile Books（或受其委托）工作的热爱书籍的人，本书是不可能问世的。我想向编辑乔纳森·巴克利（Jonathan Buckley）和马克·艾林罕（Mark Ellingham）致以谢意，感谢他们的"*meedenken*"，这是一个很难翻译的荷兰语单词，字面意思是"陪同思考"，但其实更接近"共同创作"。我还要感谢亨利·伊莱斯（Henry Iles，文字设计和排版）、詹米·基南（Jamie Keenan，封面设计）、Draughtsman公司的多米尼克·贝朵（Dominic Beddow，地图）、苏珊·希伦（Susanne Hillen，校对）、比尔·约翰考克（Bill Johncocks，索引）、德鲁·杰瑞森（Drew Jerrison，宣传）、佩妮·丹尼尔（Penny Daniel，语言权利）、Nurnberg Agency（语言权利）和安德鲁·富兰克林（Andrew Franklin，热情）。非常感谢我的经纪人卡洛琳·道奈（Caroline Dawnay）。我真想请他们所有人喝酒，庆祝庆祝，同时忘掉一两件烦恼的事——只可惜，我们相隔万里，没有哪家酒吧是我们都能拜访的。

我邀请了一些喜欢我上一本书*Lingo*的读者，和我一起展开本书的阅读冒险。他们中的许多人成为了忠实的读者，他们评论书中的章节，提供建议和鼓励，并温和地纠正我那并非母语的英语。他们是安娜·伦培（Anna Rempe）、伯纳德·丹森（Bernard Danson）、比尔·德菲利斯（Bill DeFelice）、夏洛特·艾伦曼姆（Charlotta Erenmalm）、丹里亚斯·豪（Danlias Howe）、埃德蒙·格利雷·埃文斯（Edmund grimley-Evans）、霍华德·廷代尔（Howard Tindall）、艾拉瑞亚·贝罗（Ilaria Bailo）、珍·詹宁斯（Jen Jennings）、卡斯提斯·斯密戈尔斯卡斯（Kastytis Šmigelskas）、凯瑟琳·迈尔斯（Katharine Miles）、迈克尔·克拉克（Michael Clarke）、迈克尔·罗林杰（Michael Loughridge）、雷亚·巴斯格特（Rae Bathgate）、兰迪·汉克（Randi Hacker）、鲁伊·彭巴尔（Rui Pombal）和斯塔瑞·鲁肯斯（Sterre Leufkens）。非常感谢，亲爱的读者们，多亏了你们，我才得以坚持到底！

在谈及我的核心社交圈之前，请允许我提一下友好的邻里健身房。我在这里发现，写一本书并不是先有10%的灵感，再挥洒90%的汗水，而是先挥洒90%的汗水，再激发出10%的灵感。

最后，我要感谢我最亲近的人，他们和我分享了跟本书有关或无关的所有快乐和悲伤的日子。他们自己都知道我说的是谁，所以我只提及他们的名字：马腾、凯琳和巴特、尼亚拉、斯坦、艾伦、埃里克——当然，还有马琳——他们陪伴我度过了人生中的大部分时光。

激发个人成长

多年以来，千千万万有经验的读者，都会定期查看熊猫君家的最新书目，挑选满足自己成长需求的新书。

读客图书以"激发个人成长"为使命，在以下三个方面为您精选优质图书：

1. 精神成长
熊猫君家精彩绝伦的小说文库和人文类图书，帮助你成为永远充满梦想、勇气和爱的人！

2. 知识结构成长
熊猫君家的历史类、社科类图书，帮助你了解从宇宙诞生、文明演变直至今日世界之形成的方方面面。

3. 工作技能成长
熊猫君家的经管类、家教类图书，指引你更好地工作、更有效率地生活，减少人生中的烦恼。

每一本读客图书都轻松好读，精彩绝伦，充满无穷阅读乐趣！

认准读客熊猫

读客所有图书，在书脊、腰封、封底和前勒口都有"**读客熊猫**"标志。

两步帮你快速找到读客图书

1. 找读客熊猫君

2. 找黑白格子

马上扫二维码，关注"**熊猫君**"

和千万读者一起成长吧！